D1753600

Johann Crüger

Praxis Pietatis Melica

Band I   Teil 3

Johann Crüger

Praxis Pietatis Melica
Edition und Dokumentation
der Werkgeschichte

Im Auftrag
der Franckeschen Stiftungen zu Halle

herausgegeben von Hans-Otto Korth
und Wolfgang Miersemann
unter Mitarbeit von Maik Richter

Band I   Teil 3

Verlag der Franckeschen Stiftungen Halle
Harrassowitz Verlag in Kommission

Johann Habermann

Gebätbüchlein
Berlin 1661

Text und Apparat

Verlag der Franckeschen Stiftungen Halle
Harrassowitz Verlag in Kommission

Abbildungsnachweise

S. 9: Berlin, Staatsbibliothek zu Berlin – Preußischer Kulturbesitz, Musikabteilung mit Mendelssohn-Archiv: 2 in: Slg Wernigerode Hb 425
S. 119: Halle, Universitäts- und Landesbibliothek Sachsen-Anhalt: Il 2383 (1)
S. 122 und 123: Stockholm, Musik- och theaterbiblioteket, Statens musikverk: Lit.-R D. 77
S. 125: Halle, Marienbibliothek: KmG 1671/01
S. 128: Berlin, Staatsbibliothek zu Berlin – Preußischer Kulturbesitz, Musikabteilung mit Mendelssohn-Archiv: Slg Wernigerode Hb 443
S. 157: München, Bayerische Staatsbibliothek: Res Liturg. 1374 a, Beibd.1
S. 172: Wrocław, Biblioteka Uniwersytecka we Wrocławiu: 582077
S. 199: Halle, Universitäts- und Landesbibliothek Sachsen-Anhalt: Il 2383 (2)

Gedruckt mit Unterstützung der Deutschen Forschungsgemeinschaft.

Bibliografische Informationen der Deutschen Nationalbibliothek:
Die Deutsche Nationalbibliothek verzeichnet diese Publikation in der Deutschen Nationalbibliografie; detaillierte bibliografische Daten sind im Internet über *http://dnb.dnb.de* abrufbar.

Bibliographic information published by the Deutsche Nationalbibliothek:
The Deutsche Nationalbibliothek lists this publication in the Deutsche Nationalbibliografie; detailed bibliographic data are available in the internet at *http://dnb.dnb.de*.

ISBN 978-3-447-10262-9

© Verlag der Franckeschen Stiftungen Halle 2017
http://www.francke-halle.de und *http://www.harrassowitz-verlag.de*

Das Werk einschließlich aller seiner Teile ist urheberrechtlich geschützt. Jede Verwertung außerhalb der engen Grenzen des Urheberrechtsgesetzes ist ohne Zustimmung des Verlages unzulässig und strafbar. Das gilt insbesondere für Vervielfältigungen, Übersetzungen, Mikroverfilmungen und die Einspeicherung und Verarbeitung in elektronische Systeme.

Printed in Germany.
Gedruckt auf alterungsbeständigem Papier
Einbandgestaltung und typographischer Entwurf: Hans-Joachim Petzak, Berlin
Satz: ortus musikverlag, Beeskow
Druck und Einband: Hubert & Co. (GmbH & Co. KG), Göttingen

Inhaltsverzeichnis

Gebätbüchlein (Berlin 1661)

[zwei mottoartige Zitate] 12

Gebät / so man zur Kirchen gehen wil 13
Anruffung zu GOtt / umb Geist und Gnade recht zu bäten 13

Morgensegen am Sonntage 14
Dancksagung für die Schöpffung 15
Vmb vergebung der Sünden 16
Vmb Erhaltung der Christlichen Kirchen 17
Gebät für die Prediger göttliches Worts 19
Für die Zuhörer göttliches Worts 20
Wider falsche Lehrer und Secten 21
Abendsegen am Sonntage 22

Morgensegen am Montage 23
Dancksagung für die Erlösung 24
Vmb rechten Glauben 26
Vmb das Reich Gottes 27
Für weltliche Obrigkeit 28
Für die Vnterthanen 29
Wider die Feinde der Christenheit 30
Abendsegen am Montage 31

Morgensegen am Dienstage 33
Dancksagung für die Heiligung 34
Vmb beständige Hoffnung 35
Vmb Christliche Demut 36
Für Christliche Eheleute 37
Für die Christliche Jugend 38
Gebät wider des Satans Reich 39
Abendsegen am Dienstage 40

Morgensegen am Mittwoch 42
Dancksagung für die Erkäntniß Christi 43
Vmb rechtschaffene Liebe 44
Für die Früchte des Landes 45
Für die Todsünder und Sünderin 46
Für die Krancken 47
Wider des Teufels Anfechtung 48
Abendsegen am Mittwoch 50

Morgensegen am Donnerstage 51
Dancksagung für Leibeserhaltung 52
Vmb Einigkeit des rechten Glaubens 53
Vmb zeitlichen Frieden 54
Für die Vngläubigen und Verführten 55
Für die Wolthäter 56
Wider der Welt Anfechtung 57
Abendsegen am Donnerstage 59

Morgensegen am Freytage 60
Dancksagung für das Leyden Christi 61
Vmb rechtschaffene Busse 62
Vmb Gedult in Leidenszeit 63
Für die Schwangern 64
Für die Gefangenen 65
Wider des Fleisches Anfechtung 66
Abendsegen am Freytage 67

Morgensegen am Sonnabend 68
Dancksagung für Gottes Barmhertzigkeit 69
Vmb ein seliges Ende 71
Vmb das tägliche Brodt 72
Für die bekümmerte Menschen 73
Für Wittwen und Weysen 74
Wider die Verzweifelung 75
Abendsegen am Sonnabend 76

Gebät sonderlicher Personen
Eines Seelsorgers 77
Gebät eines Pfarrkindes 78
Gebät einer Obrigkeit 79
Gebät eines Vnterthanen 80
Gebät eines Ehemannes 81
Gebät einer Haußmutter 82
Gebät eines Kindes 83
Eines Gesindes oder Dienstbottens 84
Eines Jünglings und Jungfrauen 85
Gebät eines schwangern Frauen 86
Eines Wittwers und Wittfrauen 88
Gebät eines Wanderers 89
Gebät einer angefochtenen Person 90
Zur zeit des Donners und Vngewitters 91
Gebät in Sterbensleufften 92
Gebät wider den Türcken 93
Eine offene Beichte 94
Gebät vor dem Abendmahl Christi 95
Ein anders / Gebät vor dem H. Abendmahl 96
Dancksagung nach dem Abendmahl Christi 98
Eine andere Dancksagung nach dem H. Abendmahl Christi 99
Gebät eines Krancken 100
Das ander Gebät 100
Das dritte Gebät 101
Das vierdte Gebät 101
Gebät der umbstehenden für den Krancken /
  der in Todeszügen liget 102

Vmb Vergebung der Sünden. Hieronymi 102
Ein anders / aus den Psalmen 103
Gebät / ehe man zur Beichte gehet 104
Dancksagung nach der Beichte 104
Gebät vor dem H. Abendmahl 105
Bey Empfahung des Leibes Christi 106
Bey Empfahung des Blutes Christi 106
Dancksagung nach dem heiligen Abendmahl 106

Ergänzungen zur Legende in Band I/2 109

Editorischer Bericht 113

Anhang I: Inhaltsverzeichnisse der Herangezogenen Ausgaben   143

Anhang II: Im *Gebätbüchlein* (Berlin 1661)
        nicht enthaltene Texte der Vorigen Ausgaben 153

Corrigenda zu Bd. I/2 213

D. Joh. Habermanns
von Eger.
Gebätbüchlein/
Auff alle Tage in der
Wochen nach eines ieden
Noth und Anligen/ wie auch auff
sonderliche Personen/
gerichtet.

Dabey noch mit angefüget einige andächtige Gebätlein für dieselbigen/ so sich zum Tische des HErrn begeben wollen.

Berlin/
Gedruckt und verlegt von Christoff Runge/
Im Jahr 1661.

D. Joh. Habermanns
von Eger.

Gebätbüchlein /

Auff alle Tage in der
Wochen nach eines ieden
Noth und Anligen / wie auch auff
sonderliche Personen /
gerichtet.

Dabey noch mit angefüget einige andächtige Gebätlein für diejenigen / so sich zum Tische des
HErrn begeben
wollen.

Berlin /
Gedruckt und verlegt von Christoff Runge /
Jm Jahr 1661.

[[2]]   Chrysost.

Gleich wie einem Kriegsmann nicht gebüret / ohne Wehr und Waffen[1] / wider den Feind zu gehen: Also sol kein Christ auffstehen und außgehen / er habe sich dann zuvor GOtt befohlen / und mit dem Gebät beschützet / wider die Feinde geistlich und leiblich / und sonderlich wider die / so in den Lüfften schweben.

Idem.

Wer recht und mit Andacht bäten wil / der muß sein Hertz / Sinn und Gedancken sampt dem Mund und Worten fein zusammen fassen / alle andere Weltgedancken fahren lassen / und also GOtt von Hertzen anruffen.

---

1 [320*] *„Ein feste Burg ist unser Gott" (vgl. den Editorischen Bericht, S. 134f.). Zur Autorenangabe „Chrysost[omus]" vgl. den Editorischen Bericht, S. 140–142.*

[3] Gebät / so[a] man zur Kirchen gehen wil.

Allmächtiger GOtt / himlischer Vater / Auf deine grosse güte wil ich in dein haus gehen / und anbäten gegen deinem heiligen Tempel in deiner furcht. HErr / leite mich in deiner
5 gerechtigkeit / richte deinen weg für mir her. Führe mich auf den steig deiner geboten / denn du bist mein Gott und HErr meines heyles. Lust habe ich zu deiner wohnung / und bin gern in der gemeine der heiligen / die dich loben und bekennen. Wie lieblich sind deine wohnungen / HERR Zebaoth? Meine[b]
10 seele verlanget und sehnet sich nach deinen vorhöfen. Kommt / lasset uns anbäten / und knyen / und niederfallen für dem HErrn / der uns gemacht hat / denn er ist unser Gott / und wir das volck seiner weide / und schafe seiner heerde. Erhebet den Herrn unsern Gott / bätet an zu seinem fußschemel / denn er ist
15 heilig. Jch bäte zu dir zur angenehmen zeit / Gott durch deine grosse güte erhöre mich mit deiner treuen hülfe / Amen.

Anruffung zu GOtt / umb Geist und Gnade recht zu bäten.

O Ewiger barmhertziger Gott / ein Vater unsers HErrn Jesu Christi / weil wir nicht wissen noch begreifen können / was und wie wir bäten sollen: Du aber überschwenglich thun kanst / über alles / was wir verstehen und bitten mögen: So schrey ich zu dir / geuß über uns aus / nach deiner ver-[4]heissung / den Geist der gnaden und des gebäts / der uns bey dir vertrete
25 mit unaußsprechlichem seuftzen / auf daß wir dich / mit dem munde und mit hertzen / andächtig im rechten ernst anruffen / und das angenehme lobopffer bringen. HErr / thue meine lippen auf / daß mein mund deinen ruhm verkündige. Erwecke meine seele und gemüth / daß ich nicht allein mit meinem munde zu
30 dir nahe / und dich nur mit den lippen ehre / aber das hertz ferne von dir sey: Sondern verleihe gnad / daß ich dich / als die rechtschaffene anbäter / im geist und in der warheit anruffe / mit hertzlicher aufmerckung meines gemüthes / ohne heuche-ley und ehrgeitzigkeit / und daß ich nichts von dir begehre /
35 denn allein / was dein göttlicher wille / dein lob und ehre / dazu meiner seelen seligkeit ist. Verleihe auch / daß alles / was ich

a so] wenn F[A] || **b** Zebaoth? Meine] Zebaoth / meine F[A]

von dir bitte / mit starckem glauben und gewisser zuversicht / von deiner milden güte zu erlangen / ich ungezweifelt hoffe: auch dir hierinnen nicht zeit / ziel oder masse der erhörung und hülfe setze: Sondern mich deinem gnädigen willen / der
5 allewege der beste ist / in allen dingen / mit starcker hoffnung und gedult / gäntzlich in demut meines hertzens unterwerfe. Darzu gib gnade / daß wir nicht für dir ligen mit unserm gebät / auf unsere gerechtigkeit / sondern auf deine grosse barmhertzigkeit / und im namen deines lieben Sohnes Jesu Christi /
10 in welchem wir freudigkeit haben / für deinen gna-[5]denstul zu treten / und dich mit kindlicher zuversicht unsern lieben Vater zu nennen. Stärcke uns / daß wir vom bäten nicht abgeschreckt oder laß und träge werden / umb unser unwürdigkeit oder anderer ursach willen. So hilf nu / gütiger GOtt / daß wir
15 an allen orten aufheben heilige hände / ohne zorn und zweifel / und embsiglich anhalten mit bitte / gebät / fürbitt und dancksagung / für alle menschen / damit wir umb deiner gnädigen zusagung willen / und nach deinem wolgefallen / empfahen allerley zeitliche und himlische gaben in Christo Jesu unserm
20 HErrn / der mit dir lebet und regieret in ewigket / Amen.

Morgensegen am Sonntage.

HERR himlischer Vater / ewiger GOtt / gebenedeyet sey deine göttliche krafft und allmächtigkeit / gelobet sey deine grundlose güte und barmhertzigkeit / gepreiset sey deine
25 ewige weißheit und warheit / daß du mich in dieser gefährlichen nacht mit deiner hand bedeckt / und unter dem schatten deiner flügel hast sicher ruhen und schlaffen lassen / auch für dem bösen feind / und allen seinen heimlichen listen und tücken bewahret / und gantz väterlich beschirmet. Darumb
30 lobe ich dich umb deine güte / und umb deine wunder / die du an den menschenkindern thust / und wil dich bey der Gemeine preisen. Dein lob soll allweg in meinem munde seyn / meine seele sol allezeit[a] dich meinen Herrn rühmen / [6] und was in mir ist / deinen heiligen namen preisen / und wil nimmermehr
35 vergessen / alles / was du guts gethan hast. So laß nun dir gefallen das lobopffer aus meinem munde / welches ich dir des morgends frühe in einfältigkeit meines hertzens bringe. Jch

a EV^A: alleziet *statt* allezeit

ruffe zu dir von gantzem gemüthe / du wollest mich heut diesen tag auch behüten für aller gefahr leibes und der seelen / und deinen lieben Engelein über mich befehl thun / daß sie mich behüten auf allen meinen wegen. Wehre dem bösen feind / und allen ärgernissen dieser welt / dazu steure meinem fleisch und blut / daß ich nicht / von ihnen überwältiget / etwan gröblich wider dich handele / und dich mit meinen sünden erzürne. Regiere du mich mit deinem H. Geiste / daß ich nichts fürnehme / thue / rede oder gedencke / denn allein das / was dir gefällig / und zu ehren deiner göttlichen Majestät gereichet. Sihe mein Gott / ich übergebe und opffere dir mich heut gantz und gar eigen in deinen[a] willen / mit leib und seele / mit allem vermögen und kräfften / innerlich und eusserlich / laß mich dein eigenthum seyn / regiere du mein hertz / seele und gemüth / daß ich nichts denn dich wisse und verstehe. Herr / frühe wollest du meine[b] stimme hören / früe wil ich mich zu dir schicken / und darauf mercken / frühe wil ich dich loben / und des abends nicht aufhören / durch JEsum Christum unsern HErrn / Amen.

Dancksagung für die Schöpffung. [7]

O Allmächtiger Gott / himlischer Vater / der du nicht geschaffen / nicht geboren / sondern vor allem anfang[c] in ewigkeit bist / ich anbäte dich / ich ehre / lobe / preise dich / und sage dir danck von grund meines hertzens / für alle deine wolthat / und sonderlich / daß du himmel und erden / Sonn und Mond und alle creaturen / dazu alles / was da lebet und ist / durch deine allmacht und göttliches Wort / geschaffen hast / durch deine weißheit regierest und erhältest. Auch dancke ich dir / daß du den gantzen erdboden / sampt allen erschaffenen creaturen / durch deine güte und barmhertzigkeit / dem menschlichen geschlechte dienstbar untergeben / und zu gut außgetheilet hast. Jnsonderheit aber lobe ich dich meinen Schöpffer und Herrn / daß du mich auch deine creatur zu einem vernünfftigen menschen nach deinem bildniß formiret und gemacht hast / mir leib und seel / und alle glieder / vernunft / verstand und alle sinne gegäben hast / und noch bewahrest.[d] Groß und

---

a deinen] deinem F^A || **b** EV^A: meinne *statt* meine || **c** vor allem anfang] von anfang F^A || **d** EV^A: bewahrest / Groß *(auch C^A) statt* bewahrest. Groß *(auch F^A)*

wunderbarlich ist deine güte an mir / der du mich / als ich noch in meiner mutter leibe verschlossen war / erhalten und ernehret hast / auch von dannen heraus gezogen / mich nicht blind / taub / stumm / lahm oder gebrechlich hast lassen gebo-
⁵ ren werden. Viel und mannigfaltig ist deine barmhertzigkeit an mir / daß du mich nicht zu einem vieh / welches ohne verstand und seele ist / gemacht und erschaffen hast. Wer kan die grossen thaten des Herrn außreden / und [8] alle seine löbliche werck preisen? Wer kan all sein lob erzehlen? Niemand ist /
¹⁰ der alle seine wolthaten außsprechen mag / und ob ich armer sünder dich nicht loben kan / so viel und hoch / als du würdig und ich schuldig bin / so wil ich darumb nicht schweigen / sondern deinen heiligen namen ohn unterlaß rühmen / so viel ich kan / und mir müglich ist / darzu so viel du gnade geben
¹⁵ wirst[a]. Jch wil deine gerechtigkeit / gnade und grosse barmhertzigkeit rühmen und preisen / so lang ich lebe / und weil ein lebendiger odem in mir ist / wil ich nicht vergessen / was du gutes an mir erzeiget hast. Meine zunge / die du mir erschaffen hast / sol deiner ehren voll werden / und immer
²⁰ sagen: Hochgelobet bist du in allen deinen wercken / hochgelobet ist deine göttliche Majestät. Jch dancke dem HErrn in seinem heiligthumb. Jch lobe ihn in der veste seiner macht / ich preise ihn in seinen thaten. Jch rühme ihn in seiner grossen herrlichkeit. Alles / was odem hat / dancke dem HErrn /
²⁵ Halleluja.

Vmb vergebung der Sünden.

O Barmhertziger GOtt / ewiger Vater / groß sind meine sünde / viel und mächtig ist meine missethat / meine übertretung sind unzehlich / denn all mein dichten und trachten von
³⁰ jugend auf ist nur zum bösen geneigt. Ach HErr / wer kan mercken / wie offt er fehlet? Sihe ich erkenne meine missethat / und meine sünde ist immer für mir[b]. Allein an dir hab ich gesündiget / und ü-[9]bel für dir gethan / auf daß du recht behaltest in deinen worten / und rein bleibest / wann du rich-
³⁵ test. Jch bitte aber deine unaußsprechliche mildigkeit / gehe nicht ins gericht mit deinem knecht / denn für dir ist kein

---

a darzu so viel du gnade geben wirst] so viel du gnade dazu geben wirst E[A], F[A] || **b** mir] dir C[A]

lebendiger gerecht. Wann du / HErr / wilt sünde zurechnen / Herr / wer wird bestehen? Denn sihe / auf tausend kan dir der mensch nicht eines antworten / sintemal all unsere gerechtigkeit für dir ist / wie ein beflecktes tuch. Derhalben erbarme
5 dich mein nach deiner güte / und tilge meine sünde nach deiner[a] grossen barmhertzigkeit / wasche mich wol von meiner missethat / und reinige mich von aller meiner sünde / umb deines namens willen. HErr / sey mir gnädig / heile meine seele / denn ich habe leider an dir gesündiget / gedencke /
10 Herr / an deine barmhertzigkeit / und an deine güte / die von der welt her gewesen ist. Gedencke nicht der sünde meiner jugend / und meiner übertretung / gedenck aber mein nach deiner grossen barmhertzigkeit / umb deiner güte willen. Gedencke auch / daß wir fleisch sind / ein wind / der dahin
15 fähret und nicht wieder kömmt / und laß ab von deinem zorn und grimm über uns. O gütiger GOtt / ich bekenne ja / daß nicht meine werck noch verdienst mögen außtilgen meine sünde / oder deine gnade erwerben / sondern allein das heilige leyden und sterben Jesu Christi / des unbefleckten Lämleins /
20 ist[b] eine reiche bezahlung für unsere mißhandelung / und sein blut / vergos- [10] sen[c] zur vergebung unserer sünden / ist eine abwaschung und reinigung unserer seelen. Auf solch vertrauen und hoffnung ruff ich zu dir / du wollst die übertretung deinem volck aus gnaden vergeben / die sünde bedecken /
25 unsere[d] missethat uns nicht zurechnen. Verzeihe mir auch die verborgen fehle / auf daß meine betrübte seele / und die gebeine / welche sehr erschrocken sind / wiederumb erfreuet und getröstet werden: Dann dein ist die barmhertzigkeit und vergebung / bey dir ist die gnade und viel erlösung. O HErr /
30 erhöre die stimme meines flehens / und verachte nicht das heulen meines hertzen / umb Jesu Christi willen / Amen.

Vmb Erhaltung der Christlichen Kirchen.

O Vater aller barmhertzigkeit / der du dir eine heilige Gemeine und Kirche auf erden durch dein wort und Heiligen Geist samlest und erhältest. Jch bitte dich / du wollest deine heerde /

---

a EV^A: diner *statt* deiner || **b** EV^A: Lämleins ist *(auch C^A, E^A–F^A) statt* Lämleins / ist || **c** EV^A: blut vergossen *(auch C^A) statt* blut / vergossen *(auch E^A–F^A)* || **d** unsere] unser F^A

das arme häuflein / so dein wort durch deine gnade angenommen / ehret und fördert / bey der rechten erkanten / reinen / und allein seligmachenden lehre / auch bey rechtem brauch der hochwürdigen Sacramenten / stet und vest erhalten / wider
5 alle pforten der höllen[a] / wider alles wüten und toben des leidigen teufels / wider alle boßheit und tyranney der argen welt. Erhalte dein schifflein / sampt deinen Christen / mitten auf dem ungestümen meer / unter allen wellen und wasserwogen / daß es nicht [11] sincke und untergeh / laß deine liebe Kirche
10 vest und unbeweglich stehen auf dem grundfels / darauf sie erbauet ist. O Gott Zebaoth / wende dich doch / schaue vom himmel und siehe an / und suche heim deinen weinstock / und halt ihn im bau / den deine rechte gepflantzet hat / und den du dir vestiglich erwehlet hast / auf daß sein gewächs außgebrei-
15 tet / und seine zweige groß werden / verzäune ihn mit deinem schilde / nimm uns deine schafe in deinen schutz / daß uns niemand aus deiner hand reisse / behüte uns für allen denjenigen / so da suchen vertilgung rechter lehre / aufrichtung und bestetigung ihrer schändlichen abgöttereyen. Laß dein
20 liebes wort / das helle und unwandelbare liecht / so uns itzt scheinet / nicht unterdrücket / oder außgelöschet werden / sondern thue hülfe durch deinen grossen außgestreckten arm / und erhalte deine Kirche und Gemeine unter so viel anstössen in der welt / auf daß du unter uns hie auf erden auch habest
25 ein volck / das dich erkenne / ehre und anbäte / deinem heiligen namen diene. Ach / HErr / schone deines volcks / und laß uns nicht entgelten unserer sünden / der du die missethat vormals vergeben hast[b] deinem volck / und alle ihre sünde bedecket / der du vormals hast allen deinen zorn aufgehaben / und
30 dich gewendet von dem grimm deines zorns. Tröste uns / Gott unser Heyland / und laß ab von deiner ungnade über uns. Beschütze deine Christenheit / welche sich [12] auf dich allein verlässet / daß die pforten der höllen sie nicht überwältigen / sey und bleib du mitten unter uns / und weiche nicht von dei-
35 ner Gemeine. Thue solches umb deines namens willen / daß er nicht entheiliget werde: Ja thue es umb JEsu Christi deines lieben Sohnes willen / Amen.

a EV^A: der höllen *fehlt (auch in C^A, F^A; ergänzt nach St 41)* || **b** EV^A: vergeben / hast *statt* vergeben hast

Gebät für die Prediger göttli-
ches Worts.

O Allmächtiger Gott / der du durch deinen lieben Sohn Jesum Christum uns befohlen / dich zu bitten / umb arbeiter in deine erndte / und uns erhörung gnädiglich zugesaget hast. Jch bitte dich / umb desselbigen deines lieben Sohnes willen / du wollest deiner lieben Christenheit rechtschaffene Diener und Prediger deines heiligen wortes mit[a] grosser anzahl und schaaren geben. Sende uns weise und schrifftgelehrte: Begnade die mit deinem Heiligen Geist / welche du schickest. Erfülle sie mit wahrem verstande deines wortes / daß sie uns den weg zum ewigen leben recht weisen / die heilige Schrifft unverfälscht außlegen / darzu uns für unrechtem glauben und menschentand / sampt allem gifft der seelen warnen / auf daß wir in reiner lehre und glauben lauter erhalten werden. Dann wie möchten wir sonst gläuben / von dem wir nichts gehöret hätten? Wie sollen wir aber hören ohne Prediger? Wie sollen sie aber predigen / wann sie nicht gesandt werden? Darumb / o hertzliebster Vater / setze [13] in deine Gemeine Gottesgelehrte Bischoffe / Christliche Pfarrherren / reine Prediger / treue hirten / fromme Lehrer und Seelsorger / welche durch deinen Heiligen Geist die Gemeine / so dein lieber Sohn mit seinem eigenen blut erworben hat / treulich weyden / das heilige Evangelion / dein theures wehrtes Wort zu ehren deines göttlichen namens / mit viel nutz und frucht verkündigen und außbreiten / die blöden gewissen trösten / wider alle anfechtung des Satans / und der argen welt / und die da mächtig sind zu ermahnen durch die heilsame Lehre / und zu straffen die widersprechen / auf daß sie den widersächern können gewaltigen widerstand thun / sie eintreiben und überwinden / des teufels reich zerstören und verwüsten. Welche auch der heerde und Gemeine Gottes dermassen fürgehen[b] / mit guten exempeln und gottseligem wandel / daß alle ärgernisse verhütet / und nicht iemand durch ein gottloses leben vom glauben abgehalten werde. O barmhertziger Gott / schicke uns ja nicht ins land einen hunger und mangel deines Worts / daß wir der reinen Prediger nicht beraubet werden. Laß uns nicht entgelten unserer undanckbarkeit. Behüte uns / lieber Vater / für den

---

a EV[A]: wortes / mit *(auch C[A]) statt* wortes mit || **b** fürgehen] vorgehen C[A]

bösen arbeitern / für den ungetreuen miedlingen / und allen / so von ihnen selbst kommen gelauffen / und nicht von dir gesendet werden / durch JEsum Christum unsern HErrn / Amen.

[14] Für die Zuhörer göttliches Worts.

O Gütiger Gott / du hast uns aus lauter göttlicher liebe dein[a] heilsames Wort und Evangelion klar und helle an tag gegäben / welches da ist eine geistliche speise unserer seelen / und eine göttliche krafft selig zu machen / alle / die daran gläuben / wie denn dein lieber Sohn spricht: Selig sind / die Gottes wort hören und bewahren: und so iemand mein wort wird halten / der wird den tod nicht sehen ewiglich. Derhalben bitte ich dich / für alle Zuhörer deines heiligen Evangelions: Eröffne unsere hertzen und ohren / daß wir dein wort nützlich und fruchtbarlich hören / mit gantzem fleiß und ernst achtung haben / lernen und begreiffen / was uns zu stärckung unsers glaubens / und zu besserung unsers lebens von nöthen seyn wil. Laß dein wort reichlich unter uns wohnen in aller weißheit. Gib deinen Geist und krafft zu der predigt des Evangelions / daß wir dieselbe lehre nicht / als menschen / sondern als Gottes wort annehmen / und wie die lieben kinder / wirdiglich darnach leben / zu ehren deinem heiligen namen. Laß den samen deines seligmachenden worts in unsern hertzen bekleiben / einwurtzeln / und viele früchte bringen. Wehre und steure[1] dem teufel / daß er denselben nicht von unsern hertzen reisse / und wir etwa vergeßliche Zuhörer / ohne glauben unfruchtbar bleiben. Auf daß wir nicht zur zeit der anfechtung / in creutz / ar-[15]mut und widerwertigkeit / verleugnen / als die wetterwendischen / welche eine zeitlang gläuben / und zur zeit der verfolgung abfallen. Darzu hilf weiter / daß dein göttlicher same bey uns / unter den sorgen / reichthumen und wollüsten dieses lebens nicht ersticke. Behüte uns / du frommer GOTT / daß wir nicht erfunden werden unter dem haufen der veräckter und spötter / die nach ihren eigenen lüsten in sicherheit wandeln / und das wort mit verkehrtem

---

a EV[A]: liebe / dein *(auch C[A]) statt* liebe dein

---

1 [317*] „Erhalt uns, Herr, bei deinem Wort"

hertzen / verstockten sinnen / zu ihrem verderben / und eigenem urtheil / anhören. O himmlischer Vater / verleihe gnade / daß wir alle heylwertige / nützliche lehre und straffe / alle treue ermahnung mit hertzenslust und freude / mit rechtem eyver und andacht / zu unser besserung anhören / in einem feinen guten hertzen bewahren / und frucht bringen in gedult / auf daß wir nicht allein hörer des worts / sondern auch thäter sind / und darinnen verharren bis ans ende / damit wir ablegen alle unsauberkeit und alle boßheit / und annehmen das wort mit sanfftmuth / das in uns gepflantzet ist / welches kan unsere seelen selig machen / durch Jesum Christum / Amen.

Wider falsche Lehrer und Secten.

Barmhertziger Gott / der du uns treulich gewarnet hast / daß wir uns hüten sollen für den falschen Propheten / so in schafskleidern zu uns kommen / inwendig aber reissende wölfe sind / und weil in den [16] letzten tagen / darinnen wir itzt sind / greuliche zeiten kommen werden / da sich der Satan in einen Engel des liechts / und die falschen Lehrer und trügliche arbeiter zu Christi Aposteln sich verstellen / welche das geberd eines gottseligen wesens haben / aber seine krafft veleugnen sie. Dazu / nach dem auch der abfall von der reinen lehre kommen / und der mensch der sünden / und das Kind des verderbens / der da ist der widerwertige / offenbar werden sol / so hilf / ewiger[a] Gott / daß wir die liebe zur warheit haben / alle lügengeister / sampt kräfftigen irrthumen und allen falschen schein vermeiden und fliehen / auf daß wir uns vom rechten glauben nicht bewegen / noch iemand das ziel verrücken lassen / sondern standhafftig bey deinem Wort / bis an unser ende verharren / und uns niemand in keinerley weise lassen verführen / weder durch lügenhaftige kräften / zeichen und wunder / noch mit allerley verführung zur ungerechtigkeit / daß wir uns nicht wegen und wiegen lassen / von allerley wind der lehre / durch schalckheit der menschen und täuscherey / damit sie an uns handtieren / und gedencken uns zu erschleichen. Behüte / lieber Gott / deine außerwehlten in dieser argen welt / daß sie nicht in irrthum verführert werden / verkürtze

a EV^A: hilf ewiger *(auch C^A) statt* hilf / ewiger

die bösen tage in diesen gefährlichen zeiten / bringe umb den Widerchrist / das boßhaftige kind aller verführung / mit dem Geiste deines mundes. Mache sein ein ende / durch [17] die erscheinung deines lieben Sohnes. Bewahre uns auch für allen rottengeistern und spaltungen / für den greulichen wölfen / die der heerde nicht verschonen / für männer / die da verkehrte lehre reden / und jünger an sich ziehen / für menschen / die von zerrütten sinnen sind / und zertrennung oder ärgerniß anrichten / für dem unkraut / welches der feind außsäet / für dieben und mördern der seelen. Laß uns deine stimme allein hören / derselbigen von hertzengrund in wahrem glauben und einfältigem gehorsam folgen / auf daß dein wort unser einige richtscheid und meßschnur sey / darnach wir alle lehr urtheilen / und von den frembden fliehen / keine lust an der ungerechtigkeit haben / so werden wir freudigkeit haben / und nicht zu schanden werden an jenem tage / da erscheinen wird Jesus Christus unser Heyland / Amen.

Abendsegen[a] am Sonntage.

Ewiger GOTT / barmhertziger Vater / ich hebe meine hände auf zu dir / wie ein abendopffer / und sage dir von hertzen lob / preis und danck / daß du mich diesen tag / und die gantze zeit meines lebens / für allem übel und unfall / durch den schutz deiner lieben Engelein[b] / wieder den bösen feind gnädiglich beschirmet hast. Jch bitte dich / du wollest mir vergeben alle meine sünde / wo ich unrecht gethan habe / und mich heint diese nacht ferner mit deinen heiligen Engeln umbgeben / daß sie sich zuringst umb mich [18] lagern[c] / und eine wagenburg umb mich schlagen / auf daß ich des bösen feindes fallstrick und argen list möge entfliehen. Laß mich / dein[d] armes geschöpff / deiner güte und barmhertzigkeit befohlen seyn. Schütze mich mit deinem außgestreckten Arm / denn von hertzen begehr ich dein des nachtes / darzu / mit meinem Geist in mir / wache ich allezeit zu dir. Jch harre deiner güte / und meine Seele hoffet auf dich lebendigen Gott / denn du bist meine zuflucht und treuer Heyland. Sihe / Herr / wir schlaffen oder wachen / so sind wir dein / wir leben oder sterben / so

---

a Abendsegen] Abendgebät F[A] || **b** Engelein] Engel C[A], St 57 || **c** EV[A]: *Custos S. 17: legern statt lagern* || **d** EV[A]: mich dein *(auch C[A], F[A])* statt mich / dein

bist du je unser Gott / der uns geschaffen hat. Darumb schreye
ich zu dir / laß deine gnade nicht fern von mir seyn / beschirme mich mit deinem schilde / erhalte mich / daß ich geruhig
lige / und sanfft einschlafe / und gesund wieder erwache.
5 Decke mich in deiner hütten^a zur bösen zeit / verbirge mich
heimlich in deinem gezelt / und erhöhe mich auf einem^b fel-
sen / so werde ich mir nicht grauen lassen. Vnd ob ich schon
wandele im finstern thal / werde ich kein unglück fürchten /
denn du bist bey mir / dein stecken und stab trösten mich. So
10 verleihe mir nu deine gnade¹ / daß mein leib schlafe / die seele
aber allezeit zu dir wache / und daß ich dich stets in meinem
hertzen habe / und du nimmermehr aus meinem gemüthe kom-
mest / auf daß mich die nacht der sünden nicht überfalle.
Bewahre mich für bösen schändlichen träumen / für unruhi-
15 gem wachen / und [19] unnützen sorgen / für argen schweren
gedancken und für aller quaal. Mein GOtt und Herr / in deinen
gnädigen schutz befehle ich dir mein leib und seele / meine
liebe geschwister / und alle die mir mit blutfreundschafft oder
sonsten verwandt seyn / du getreuer Gott und Vater / du hast
20 uns gemacht / wir sind deiner hände werck und schafe deiner
weide. Breite deine Hände^c über uns aus / und bedecke uns in
dieser nacht mit deiner gnade auf allen seiten / unterlege uns
mit deiner barmhertzigkeit / daß wir an seel und leib behütet
werden / Amen.

25 ## Morgensegen^d am Montage.

JCh preise dich / mein himlischer Vater / deinen heiligen
Namen wil ich allezeit erhöhen / dein lob sol immerdar in
meinem munde seyn / meine seele sol sich in dir rühmen / daß
du mich durch deine grosse gnade und barmhertzigkeit heint
30 diese nacht für allem übel und schaden an leib und seele behütet / und wider meinen widersacher / den^e bösen feind / gantz
väterlich erhalten hast. Denn wo du nicht mein schild und
beystand wärest gewesen / so hätte mich unzehlich unglück
verderbet / daß ich nicht gesund hätte mögen aufstehen.

a EV^A: hüten *statt* hütten *(auch* C^A, F^A*)* || **b** einem] einen C^A || **c** Hände *(auch* St 59*)*] güte F^A ||
d Morgensegen] Morgengebät F^A || **e** EV^A: widersacher den *statt* widersacher / den *(auch* C^A,
F^A*)*

1 [396] „O Gott, verleih mir deine Gnad"

Darumb dancke ich dir billich für deine gnädige beschützung / weiter schreye ich zu dir / aus grund meines hertzen / und mein gebät kömmt früe für dich / frühe suche ich dich / und bitte / du wollest mich mit allem / was mir zuständig ist / heut
5 ferner behüten für der list und [20] gewalt des teufels / für sünden / schanden und allem übel. Komm du mir zuvor in dieser frühstunde mit deiner gnade / sintemal ich ohne dich nichts vermag / und hilf / daß ich an diesem tage / alle meine werck in deinem namen Christlich anfahe / und seliglich voll-
10 führe / zu ehren deiner göttlichen Majestät / und zu nutz meines nechsten. Bewahre meine seele / vernunfft / verstand / sinn und gedancken / all mein thun und lassen / daß der leidige teufel mir nicht könne schaden. Beschütze mich für der seuche / die im mittag verderbet. Behüte mich für allen meinen
15 feinden / sichtigen und unsichtigen / daß sie mich mit ihren listen und tücken / mit bezaubern und vergifftungen / mit all ihrer gewalt und boßheit heimlich und öffentlich nicht können verletzen noch beschädigen. HErr Gott Vater / und Herr meines lebens / behüte mich auch für unzüchtigem gesichte / und
20 wende von mir alle böse lüste. Laß mich nicht in schlemmen und unkeuschheit gerathen / und behüte mich für unverschämten hertzen. Hilf / daß ich / durch dein gnade / das auge[a] / so mich ärgern wil / außreisse / und von mir werfe / durch ablegung böser und unreiner begierde des hertzens. Nim
25 von mir hinweg / alles / was dir mißfällt und mir schädlich ist / gib mir / was dir wolgefällt und mir nützlich ist / auf daß ich dir in wahrem glauben diene. Sihe / du treuer GOTT / ich ergebe mich dir heute gantz und gar nach deinem willen zu leben. [21] Mache du mich dir zu einem wolgefälligen opffer /
30 daß mein dienst dir angenehme sey / in Christo unserm HErrn / Amen.

Dancksagung für die Erlösung.

O HERR Jesu Christe / des lebendigen GOttes Sohn / der du bist das ebenbild und der glantz deines Vaters / nicht
35 gemacht noch geschaffen / sondern von ihm in alle ewigkeit geboren / in einem göttlichen unzertrennlichen wesen / glei-

---

a Hilf / daß ich / durch dein *(F^A: deine)* gnade / das auge] Hilf daß ich durch deine gnade das auge C^A

cher Majestät und herrlichkeit / ich anbäte dich / ich ehre /
lobe / preise dich / und dancksage dir für alle deine wolthaten / sonderlich aber / daß du zur bestimmten zeit / nach deinem göttlichen willen und wolgefallen / von Maria der reinen
und keuschen Jungfrauen / wahre menschliche natur an dich
hast genommen / mich armen verlornen und verdammeten
menschen erlöset / erworben / gewonnen / von allen sünden /
vom tode / und von der gewalt des teufels / nicht mit gold oder
silber / sondern mit deinem heiligen theuren blut / und mit
deinem unschuldigen leyden und sterben / und solches aus
lauter grundloser liebe / gnade und barmhertzigkeit / ohne alle
meine werck / verdienst und wirdigkeit. O lieber HErr Gott /
wie groß ist deine liebe gegen dem menschlichen geschlecht /
sintemal du Gerechter für[a] die ungerechten und gottlosen
gestorben bist. Wie kan doch grössre liebe immer seyn / denn
so einer sein leben lässet für seine freunde? Nun aber preisest
du deine allerhöchste überschweng-[22]liche liebe an uns /
daß du für uns gestorben bist / da wir noch sünder und deine
feinde waren / und hast uns durch deinen tod mit dem Vater
versöhnet / seinen gerechten zorn gestillet / und außgetilget
die handschrifft / so wider uns war / welche durch satzung
entstunde / und uns entgegen war / und hast sie aus dem mittel gethan[b] / und an das creutz gehefftet. Du hast außgezogen /
die Fürstenthum / und die gewaltigen der finsterniß / und sie
schau getragen öffentlich / und einen triumph aus ihnen
gemacht / durch dich selbst / dazu mit deiner heilwertigen
auferstehung der todten / hast[c] du wiederbracht unschuld und
ewiges leben / wahre gerechtigkeit und seligkeit / mir und
allen / die solches von hertzen gläuben. O du treuer Heyland /
laß dein heilig leiden an mir armen sünder nicht übel ange-
wendet seyn. Hilf / daß ich forthin[d] mir nicht selbst lebe /
sondern dir / der du für mich gestorben / und wieder auferstanden bist / daß ich auch von sünden auffstehe / und lebendig werde in dir / und dein eigen sey / in deinem reich unter
dir lebe / der du bist aufgefahren gen himmel / sitzest zur
rechten deines Vaters / immer und ewiglich / Amen.

a EV^A: Gerechter / für *(auch C^A) statt* Gerechter für *(auch F^A)* || **b** EV^A: gethau *statt* gethan ||
c auferstehung der todten / hast] auferstehung hast E^A, F^A (St 67: Aufferstehung von den
toden [auch Gg^A]) || **d** forthin] hinfort C^A, E^A–F^A

Vmb rechten Glauben.

HErr allmächtiger GOtt / ein Vater des liechtes / bey welchem keine veränderung noch wechsel des liechtes und finsterniß ist / von dem alle gute und vollkommene gaben zu uns herab kommen. Jch bit-[23]te dich / weil der glaube nicht iedermannes ding ist / du wollest durch deinen heiligen Geist / rechtschaffene erkäntniß deines Sohnes Jesu Christi / in meinem hertzen pflantzen und erhalten[a] / auch von tage zu tage mehren / daß ich erfüllet werde mit erkäntniß deines willens / in allerley geistlicher weißheit und verstand / auf daß ich würdig wandele in[b] allem gefallen / und fruchtbar sey in allen guten wercken / und wachse in denselbigen nach deiner herrlichen macht / in aller gedult und langmütigkeit mit freuden. Gib mir krafft nach dem reichthumb deiner herrlichkeit / starck zu werden / an dem inwendigen menschen und Christo beyzuwohnen / durch den glauben in meinem hertzen. O lieber GOtt / dieweil niemand deinen Sohn kennet / denn nur der Vater / und niemand kennet dich / Vater / denn nur derselbe dein Sohn / und wem ers wil offenbaren / so bitt ich dich / ziehe du mich zu ihm / und er führe mich zu dir. Gib mir erkäntniß deines heyls / die da ist in vergebung der sünden. Komme zu hülf meinem schwachen glauben / der so klein ist / wie ein senfkorn / auf daß er zunehme / und ich in dir eingewurtzelt und erbauet / darzu vest und unbeweglich sey. O frommer GOtt / der du das fünklein des glaubens in uns angezündet / und das gute werck in uns angefangen hast / ich schreye zu dir / du wollest es auch vollführen bis an das ende / daß wir je mehr und mehr reich werden [24] in allerley erkäntniß und erfahrung / auf daß wir seyn lauter und unanstößig bis auf den tag Christi / erfüllet mit früchten der gerechtigkeit / die zu seiner ehre geschehen. Erhalte / was du in uns gewircket hast / auf daß im creutz und anfechtung mein[c] glaube nicht abnehme. Mache mich beständig in wahrer Christlicher bekentniß / damit[d] ich das fürgesteckte ziel der seligkeit erreiche. Behüte mich / mein Gott / daß ich unter so viel irrthumen / spaltungen / und ketzereyen dieser welt nicht verführet

---

a pflantzen und erhalten] pflantzen / erhalten E^A–F^A || **b** in] zu E^A, St 69 || **c** EV^A: anfechtung / mein *statt* anfechtung mein *(auch C^A, E^A–F^A) – vgl. den nachfolgenden Fehler (verfehlte Korrektur?)* || **d** EV^A: bekentniß damit *statt* bekentniß / damit *(auch C^A, E^A–F^A) – vgl. den vorangehenden Fehler (verfehlte Korrektur?)*

werde. Bewahre mich für aberglauben und allem falschen gottesdienst / und daß ich in keinem artikel irre oder zweifele. Dazu so gib auch gnade / daß derselbe mein glaube nicht todt / werckloß oder unkräfftig sey / sondern thätig und geschäff-
5 tig / der durch die liebe außbreche / auf daß ich das ende des glaubens davon bringe / nemlich der seelen seligkeit / Amen.

Vmb das Reich Gottes.

BArmhertziger gütiger GOtt / ewiger Vater / der du uns geleh-ret und geboten hast / daß wir zum ersten und vor[a] allen
10 dingen nach[b] deinem Reiche und seiner Gerechtigkeit sollen trachten. So bitte ich dich / du wollest gnade geben / daß dein heiliges wort rein und lauter in aller welt geprediget werde / und wir unsere vernunfft unter dem gehorsam des glaubens gefangen nehmen / auch nach demselbigen heilig / als die kin-
15 der Gottes / zu deinem wolgefal- [25][c]len leben / auf daß dein reich in und zu uns komme / und gemehret werde / auch ihrer viel / so noch nicht an das wort gläuben / durch einen Christlichen wandel gewonnen werden. Hilf / lieber Gott / daß / die wir aus gnaden erlöset sind von der gewalt der fin-
20 sterniß / und versetzt in das reich deines lieben Sohnes Jesu Christi / an welchem wir haben die erlösung durch sein blut / nemlich / die vergebung der sünden / daß wir auch in seinem reiche bleiben / in rechter heilsamer lehre beständig verhar-ren / und würdig / als die kinder des liechtes / in aller gottse-
25 ligkeit und erbarkeit wandeln. Nach dem aber das reich Gottes nicht kommet mit eusserlichen[d] geberden / stehet auch nicht in worten / sondern in der krafft und im Geiste / so[e] verleihe gnade / daß wir durch dein seligmachendes wort und Heiligen Geist aufs neue von oben herab gezeuget und wiedergeboren
30 werden / als miterben des himmelreiches / auf daß wir recht gesinnet seyen / mit unserm gemüt im himmel wohnen / und stetiglich nach dem unvergänglichen / unbefleckten und unverwelcklichem[f] erbe streben. Hilf / daß wir geistlich arm und demütig seyen / leid tragen umb unser sünde willen. Gib

a vor] für C[A] || **b** EV[A]: dingen / nach *(auch C[A], F[A])* statt dingen nach || **c** EVb[A]: *Seite mit geringfügigem Textverlust* || **d** eusserlichen] eusserlich C[A] || **e** EV[A]: Geiste / So *(auch St 73 [Geist]) statt* Geiste / so *(auch C[A] [Geist], F[A])* || **f** unverwelcklichem] unvergänglichem C[A] *(Augensprung)*

uns hunger und durst / das ist / hertzliches verlangen nach der gerechtigkeit / und daß wir auch darneben sanfftmütig / barmhertzig / rein von hertzen / und friedfertig seyen / dazu umb der gerechtigkeit und warheit wil-[26]ᵃlen / allerley ver-
5 folgung und widerwertigkeit / böse nachrede / und unverdiente lästerung mit gedult leiden und überwinden. Behüte fürᵇ allenᶜ ärgernissen / dadurch dein heiliger name gelästert und geschändet / dein reich gehindert und geschwächet wird. Verleihe gnade / daß wir unsern glauben üben in allerley
10 wercken der lieb und barmhertzigkeit / gegen iedermann / und an jenemᵈ tage hören die fröliche und gnadenreiche stimme deines lieben Sohnes: Kommet her ihr gesegneten meines Vaters / ererbet das reich / welches euch bereitet ist / von anbeginn der welt / Amen.

15   **Für weltliche Obrigkeit.**

Ewiger GOTT / des gewalt und macht kein ende ist im himmel und auf erden / weil du durch deinen Heiligen Geist befohlen hast / daß bitte / gebät / fürbitte / und dancksagung geschehen sollen / für die Könige und alle Obrigkeit / sintemal sie alle
20 deine göttliche ordnung sind / denn es ist keine Obrigkeit ohn von dir lebendigen GOTT. So bitte ich dich itzt / auf deinen befehl / für die Römische Käyserliche Majestät / darzu für alle Könige / Chur= und Fürsten / sampt derselben Räth und Amptsverwandten / sonderlich aber für meine gnädige
25 Herrschafft und Obrigkeit / unter welcher schutz ich lebe / auch einen Erbarn Rath allhier / erhalte sie in langwieriger gesundheit und gottseligem Regiment / behüte sie für allem übel und schaden / des leibes und der seelen / [27] gib ihnen sämptlich gnade / daß sie mit erkäntniß deines göttlichen wor-
30 tes erleuchtet / treulich und fleißig ihres ampts wahrnehmen / uns bey der reinen lehre des Evangelions schützen. Erfülle sie mit deinem göttlichen rath / weißheit und verstand / daß sie die frommen und unschuldigen beschirmen / die bösen und ungerechten strafen / löbliche ordnung und gute policey / auch
35 zeitlichen landfrieden aufrichten und erhalten / damit gleich recht iedermann gehalten / und guter schutz gehandhabet

a EVbᴬ: *Seite mit geringfügigem Textverlust* || **b** Behüte für] Behüte uns für Cᴬ || **c** EVᴬ: allem *statt* allen || **d** jenem] seinem Cᴬ

werde / und in allen dingen deine göttliche ehre / der unterthanen wolfahrt und gedeyen / auch zucht / erbarkeit und gemei-
ner nutz gesuchet und gefördert werde / auf daß wir also in
gutem fried und ruhe / bey unser nahrung sicher und still / in
aller gottseligkeit mögen leben. Nach dem aber des Königes
und aller menschen hertz in deiner hand stehet / und du es
neigen kanst / wohin und wie du wilt / so bitte ich dich / allmächtiger GOtt / daß du aller tyrannen und ungütiger Herren
gemüth / ihr wunderlich und ungnädiges hertz / welches wir
mit unsern sünden verdienet haben / durch deine barmhertzigkeit gnädiglich wollest wenden und milde machen / daß sie
die armen elenden im lande nicht plagen / oder sie mit irgend
einer unbilligen auflage beschweren / sondern bedencken / daß
sie auch einen Herrn im himmel haben / für welchem kein
ansehen der person gilt / dem sie dermaleins rechenschafft
[28] müssen geben / wie sie auf erden gehandelt haben. Solches
zu betrachten wollest du ihnen geben und verleihen / umb Jesu
Christi willen / der da ist der richter der lebendigen und der
todten / mit welchem du lebest und regierest / sampt dem
Heiligen Geist in einem göttlichen wesen / Amen.

Für die Vnterthanen.

O Gnädiger GOtt und Vater / der du allen unterthanen geboten
hast / daß iedermann seiner Obrigkeit / so über ihn gewalt
hat / gehorsam seyn sol / und solches den menschen auflegest /
nicht allein bey vermeidung der strafe / sondern auch umb des
gewissens willen. Jch bitte dich / du wollest allen unterthanen
geben / solchen deinen göttlichen willen zu erkennen / daß ein
ieglicher mit einfältigkeit seines hertzens in allen dingen / so
nicht wider dein wort sind / seiner ordentlichen Obrigkeit
gehorsam sey / dieselbige ehre / als deine gute und heilige
ordnung / für sie bitte / ihr auch gern und willig reiche und
gebe / was ein ieder zu geben schuldig ist. Behüte uns / ewiger
Gott / daß nicht iemand seine Obrigkeit verachte / noch derselbigen in seinem hertzen fluche / weil du sie Götter pflegest
zu nennen / als die an deiner stat sitzen / und das Regiment
auf erden halten sollen. Denn alle widerspenstigen werden ein

schrecklich urtheil über sich empfahen / sintemal sie hiemit deiner göttlichen ordnung wiederstreben. Verleihe auch gnade / daß die ar-[29]men Vnterthanen nicht beschweret werden / mit neuen aufsatzungen / harten und^a schweren dienstbarkeiten / oder sonst mit gewalt und tyranney untertreten / damit nicht das liebe armut außgesogen und unterdrücket werde. Wo aber etliche von geschwinder Herrschafft mit bedrängniß / unbilligen auflagen / und bürden geplaget seyen / so wollest du / ewiger Gott / den armen unterthanen gnade erzeigen / daß sie solch ihr creutz mit sanftmut / als eine probe ihres glaubens und der gedult tragen. Wollest ihr schreyen und seuftzen erhören / ihre sachen richten / und ein gnädiges einsehen haben / wie du gethan hast mit den kindern Jsrael in Aegypten / welcher elend / jammer und angst / du endlich angesehen / und sie von ihrer schweren last / unter dem Könige Pharao / durch deine starcke hand väterlich erlöset hast. Behüte uns / barmhertziger GOtt / für heydnischer und unchristlicher Obrigkeit / für frembder Herrschafft / daß wir nicht dienstbar werden den ungläubigen und abgöttischen. Bewahre uns auch für allem joche der sünden / daß wir unsere glieder nicht begeben zum dienst der ungerechtigkeit / und die sünde nicht herrsche in unserm sterblichen leibe / damit wir nicht an leib und seele beschweret werden. Schütze und erhalte uns in aller unser noth / durch Jesum^b Christum unsern HErrn und Erlöser / Amen.

Wider die Feinde der Christenheit. [30]

OHErr Gott / warumb toben die gottlosen ohne ursach? Vnd die gewaltigen lehnen sich auf und rathschlagen miteinander wider dich und deinen Sohn Christum den Gesalbeten. Ach HErr / wie ist deiner feinde so viel / und viel setzen sich wider dein heiliges wort / dasselbige zu dämpfen / und an dessen stat ihre schändliche abgötterey und falsche lehre in die Kirchen einzuführen: Sie erdencken heimliche list und practicken / wie sie die bekenner deines Wortes mögen umbbringen. Sie haben böses im sinne / mit unglück gehen sie schwanger / laß^c sie einen fehl gebären. Sie lauren auf uns: wie ein löw des raubes

---

a EV^A: harten und und *statt* harten und || **b** EV^A: Jesnm *statt* Jesum || **c** EV^A: schwanger / Laß *(auch St 85, C^A) statt* schwanger / laß

begehret / also stellen sie unsrer seelen nach. Aufsperren sie
ihren rachen weit[1] / wie ein offnes grab / uns zu verschlingen.
O HErr Gott / übergib uns nicht in ihren willen: Denn sihe /
der gottlose hauffe spricht in seinem hertzen / du / HErr Gott /
5 habest unser vergessen / du habest dein antlitz verborgen /
derhalben stehe auf / Herr / erhebe deine hand / vergiß des
elenden nicht. Erwecke dich / HErr / warumb schläfest du?
Wache auf / und verstoß uns nicht so gar. Warumb verbirgest
du dein antlitz / vergissest unsers elendes und dranges ? Mache
10 dich auf / hilf uns / und erlöse uns / umb deiner güte willen /
daß der feind nichts an uns schaffe / und die kinder Belial uns
nicht können schaden. Errette uns von der hand der frembden / welcher lehre kein nütz ist / und ihre wercke [31] sind
falsch / denn sie lassen sich nicht weisen / daß sie gutes thäten.
15 Sie wollen nicht achten auf dich aller HERRN / noch auf die
wercke deiner hände / darumb wirst du sie einreissen und
nicht bauen / O HERR GOTT Zebaoth / streite wider unsere
bestreiter / gib unserer Christlichen Obrigkeit sieg und überwindung wider die feinde deines namens. Denn der sieg köm-
20 met vom himmel / und wird nicht erlanget durch grosse
menge / du kanst eben so wol helfen / durch wenig / als durch
viele. Derhalben zubrich den arm der gottlosen / mache ihre
anschläge zu nichte / daß sie es nicht hinaus führen / sondern
müssen sich schämen und zu schanden werden / sie müssen
25 zurück kehren / die dich hassen / und dein heiliges wort
gedencken außzurotten / sie müssen werden wie spreu für dem
winde / und dein heiliger Engel stosse sie weg / auf daß sie sich
nicht rühmen wider dich / und sprechen: Vnser hand hat solches gethan. Darumb lege du ehre ein auf erden[a] / und hilf uns
30 umb deines namens willen / daß er nicht entheiliget und gelästert werde / Amen.

Abendsegen[b] am Montage.

O Du starcker lebendiger GOtt / Vater unsers[c] HErrn Jesu
Christi / ich dancke dir / daß du mich heut diesen tag / durch
35 deinen göttlichen schutz / für allem schaden und gefahr gnä-

---

a EV^A: ein erden *statt* ein auf erden *(auch C^A)* || **b** Abendsegen] Abendgebät F^A || **c** EV^A: unsern *statt* unsers

---

1 [321*] „Wo Gott, der Herr, nicht bei uns hält"

diglich behütet hast / daß ich nicht bin kommen in feuers-
noth / daß mich wasserfluthen nicht ersäufft haben / [32] daß
mich wilde thiere nicht zurissen haben / daß ich nicht gefallen
bin in die schärfe des schwertes / daß mich die feinde nicht
ermordet / und böse leute nicht verwundet haben / daß ich von
dieben und räubern nicht erschlagen / noch beschädiget bin
worden / dazu auch / daß ich mich nicht habe zu tode gefallen / und sonst unfürsichtiglich zerstossen / oder in andere
wege verletzt bin worden. Jn summa / daß ich nicht kommen
bin in gefährlichkeit leibes und lebens / das alles hab ich allein
deiner barmhertzigkeit zu dancken / der du mich auf allen
meinen wegen und stegen behütest. Jch[a] bitte ferner / du wollest mir vergeben alle meine sünde / die ich wider dich gethan
habe / und mich sampt allen / so mir verwandt sind und zuge-
hören / heint diese nacht / und die gantze zeit unsers lebens /
auch gnädiglich bewahren / für aller angst und beschwerniß /
für des teufels list und geschwindigkeit / damit er uns tag und
nacht gedencket zu bestricken. Behüte uns auch für der schädlichen pestilentz / die im finstern schleichet / für furcht und
schrecken des feindes / für allem übel leibes und der seelen /
denn du bist mein gewaltiger schutz / meine grosse stärcke /
mein schirm wider alle pfeile des Satans /[b] mein liecht im finsterniß und schatten des todes / du bist unser waffen und
wehr[1] / unser nothhelfer / auf den wir hoffen. Darumb du
getreuer Gott / sey unser wächter / umbgib uns mit deinem
schutz / auf daß der teufel [33] uns nicht könne beschädigen.
Denn bey dir allein stehet unser heyl / zu dir allein heb ich
meine augen auf / daher mir hülfe kömmt. Meine hülfe kömmet vom Herrn / der himmel und erden gemacht hat. Sihe / wie
die augen der knechte auf die hände ihrer Herren sehen / wie
die augen der magd[c] auf die hände ihrer frauen / also sehen
unsere augen auf den HErrn / unsern GOtt / bis er uns gnädig
werde. Sey uns gnädig / HErr / sey uns gnädig / denn wir sind
arm und elend. Erleuchte meine augen / daß ich nicht im tod
entschlafe / der du lebest und regierest in ewigkeit / Amen.

a EV[A]: behütest / Jch *(auch C[A], F[A]) statt* behütest. Jch *(auch St 89)* || **b** mein schirm wider alle pfeile des Satans /] *fehlt in F[A]* || **c** magd] mägte F[A]

1 [320*] „Ein feste Burg ist unser Gott"

Morgensegen^a am Dienstage.

Gelobet sey GOTT der Schöpffer himmels und der erden / gelobet sey der Herr / der allein wunder thut / und gelobet sey sein herrlicher name ewiglich. Der den tag und die nacht /
5 durch seine göttliche weißheit / geschaffen und unterschieden hat / dazu verordnet / daß / so lange^b die erde stehet / sie nicht sollen aufhören / auf daß der mensch des nachtes möge seine ruhe haben / und am tage wieder an seine arbeit gehen. Herr / wie sind deine werck so groß und viel! du hast sie alle weißlich
10 geordnet / und die erde ist voll deiner güte. Für solche deine wolthaten sollen wir dir dancken / ehe die Sonn aufgehet / und für dich treten / wann das liecht herfür bricht. Darumb preise ich dich itzund auch / daß du mich in dieser nacht hast sicher schlafen [34] und ruhen lassen / und wieder frölich und gesund
15 erwachen / dazu für aller feindesgewalt und boßheit väterlich beschirmet. Jch bitte dich / du wollest meine seele in deine hand einschliessen / meinen leib / nach deinem wolgefallen gesund erhalten / und mich für allem übel und schaden behüten. O gütiger Gott / weil die stunde auch da ist aufzustehen
20 vom schlaf der sünden und aller ungerechtigkeit / sintemal unser heyl itzt gar nah ist / so hilf / daß wir ablegen die wercke der finsterniß / und anlegen die waffen des liechtes / auf daß ich erbarlich wandele^c / als am tage / nicht in fressen und sauffen / nicht in geilheit und unzucht / nicht in hadder und neid /
25 sondern daß ich anziehe^d Jesum Christum im wahrem glauben und Christlichem wandel. Derhalben wecke mich alle morgen / wecke mir das ohr / daß ich mit gläubigem hertzen dein heiliges wort höre / dasselbe in meinem gedächtniß behalte / auch daß ich meine ohren neige zu dem schreyen und flehen der
30 armen und elenden / dieselbigen in ihrer noth nicht verlasse. Vnd wann ich wieder in meiner angst zu dir ruffe / so erhöre du auch die stimme meines flehens / und verachte nicht das seuftzen in meiner letzten noth / laß mein gebät früh für dich kommen / neige deine ohren zu meinem schreyen. Erfülle uns
35 früh mit deiner gnade / so wollen wir rühmen und frölich seyn in dir unser lebenlang / durch denselben deinen lieben Sohn JEsum Christum unsern Herrn / Amen.

a Morgensegen] Morgengebät F^A || **b** EV^A: lauge *statt* lange || **c** ich erbarlich wandele] wir erbarlich wandeln F^A || **d** ich anziehe] wir anziehen F^A

[35] Dancksagung für die Heiligung.

O GOTT Heiliger Geist / der du vom Vater außgehest / und gesandt wirst von dem Sohn / bist mit ihnen gleichförmig / mit ewig in einem göttlichen und unzertheiltem wesen. Jch anbäte dich / ich ehre / lobe / preise dich / und dancke dir aus grund meines hertzens / für alle deine wolthaten / und sonderlich / daß du mich durch deine gnade zum heiligen Christlichen glauben beruffen und gebracht / dich selbest meiner seelen in meiner taufe eingegossen hast / und ohn aufhören in mir wirckest deine wercke. Jch bitte dich / weil ich nicht aus eigener vernunft noch krafft an Jesum Christum meinen Herrn gläuben / oder zu ihm kommen kan / du wollest mich lehren / in alle warheit leiten und führen /ᵃ den wahren glauben in mir mehren und ernehren / mit rechtem verstande deines wortes begaben / in wahrer anruffung und rechtem vertrauen heiligen / innerlichenᵇ friede des gewissens / mit ewigwährendem troste / neben aller freudigkeit und sicherheit geben und schencken. Schreibe du Jesum Christum in mein hertz / der du bist der lebendige finger GOttes. Vergewisse mich mit deinem gezeugniß / tröste mich wider alle furcht und blödigkeit des fleisches. Sey du mein treuer beystand wider des bösen feindes anklagung / stärcke mich wider die verzagung / auf daß ich also im glauben durch deine gnade derᶜ verheissung versi- [36] gelt werde / denn du bist das pfand unsers erbes / zu unserer erlösung. Verleihe uns auch rechte andacht und seuftzen zum gebät / daß wir mit wahrer zuversicht und kindlichem vertrauen schreyen und sprechen: Abba lieber Vater / gib uns rechte einfalt des hertzens / ohn alle gall und bitterkeit / der du in der gestalt einer tauben über unsern Herrn Jesum Christumᵈ am Jordan / in seiner heiligen taufe / erschienen bist / entzünde in uns das feuer der inbrünstigen liebe / der du¹ dich in feurigen zungen über den heiligen Aposteln schwebend hast sehen lassen / damit wir deine salbung empfahen. Erneuere mich an dem inwendigen menschen / daß ich durch dich / der du im wort und Sacrament kräfftig bist / möge wiedergeboren werden. Behüte mich für abgötterey und lügen / für allem irr-

---

a EVᴬ: führen den *statt* führen / den *(auch Cᴬ, Fᴬ)* ∥ **b** innerlichen] mit innerlichen *(!)* Fᴬ ∥ **c** EVᴬ: gnade / der *(auch Cᴬ, Eᴬ–Fᴬ) statt* gnade der *(auch St 97)* ∥ **d** Jesum Christum] JEsu Christo Eᴬ

---

1 „Komm, Heiliger Geist, erfülle die Herzen deiner Gläubigen" (HEK I/1,323)

thumb und ketzereyen. Nim hinweg die unreinigkeit meines gemütes. Lesche und dämpfe in mir alle fleischliche begierde / laß die sündliche lüste nicht kräfftig werden in meinem leibe / sondern mache du deine wohnung in mir / und herrsche in
5 allen meinen gliedern / begleite mich in das rechte vaterland[1] / Amen.

Vmb beständige Hoffnung.

MEin GOtt und Schöpffer himmels und der Erden / auf dich hoffe ich / laß mich nicht zu schanden werden / denn du
10 bist meine zuversicht / meine hoffnung von meiner jugend an / auf dich habe ich mich verlassen von mutterleibe[a] an / erfülle mich [37] mit aller freude und friede im glauben / daß ich durch trost und gedult der Schrifft in krafft des Heiligen Geistes völlige hoffnung habe. Tröste mich / daß ich nicht ver-
15 zage im creutz und leyden. Mache mich brünstig im Geist / frölich in hoffnung / gedultig in trübsalen. Erhalte mich durch dein wort / daß ich lebe / und laß mich nicht zu schanden werden über meiner hoffnung. Stärcke mich / daß ich genese / so wil ich stets meine lust haben in deinem heyl. Denn du bist
20 freundlich dem / der auf dich harret / und der seelen / die nach dir fraget. Es ist ein köstlich ding / gedültig seyn / und auf die hülfe des HErrn hoffen: Denn er wird des armen nicht so gar vergessen / und die hoffnung der elenden wird nicht verloren seyn ewiglich. Sihe / unsere Väter haben auf dich gehoffet /
25 und da sie zu dir schryen / wurden sie errettet. Sie hoffeten auf dich / und wurden nicht zu schanden. Derhalben hoffen auch wir auf dich / und schütten unser hertz für dir aus. Gott / du bist unsere zuversicht / bey dir ist gnade und viel erlösung / deine hand zu helfen hat kein ziel[2] / und ist auch nicht ver-
30 kürtzt. Darumb ist es gut auf den Herrn trauen / und sich nicht verlassen auf menschen. Wehe denen / so an Gott verzagen / und nicht vest halten / und dem gottlosen / der hin und wieder wancket. Wehe denen verzagten / denn sie gläuben nicht / darumb werden sie auch nicht beschirmet. Wehe denen / so
35 nicht be- [38] harren / wie wil es ihnen doch zuletzt ergehen?

a EVb^A: muterleibe *statt* mutterleibe *(EVp^A)*

1 [216*] „Nun bitten wir den Heiligen Geist" || **2** [59*] „Aus tiefer Not schrei ich zu dir"

Verflucht ist der mann / der seine hoffnung setzet auf menschlichen arm / oder eine andere creatur / oder auf eigene wercke: Denn die hoffnung der heuchler wird verloren seyn / und seine zuversicht vergehet / seine hoffnung ist wie ein spinnwebe. O gütiger Gott / verleihe / daß ich alleine darauf hoffe / daß du so gnädig bist / und mein hertz sich freue / daß du so gerne hilfest / stärcke uns / daß wir halten an der angebotenen hoffnung / als einen sichern und vesten ancker unserer seelen / und daß ein ieder / der solche hoffnung zu dir hat / sich auch reinige / gleich wie du rein bist / auf daß wir im künfftigen leben besitzen / und mit der that empfahen / was wir allhier gehoffet haben / Amen.

Vmb Christliche Demut.

O Allmächtiger GOtt / weil dir ein hoffärtiges hertz ein greuel ist / und ungestrafft nicht mag bleiben. Denn wer zu grunde gehen sol / der wird zuvor stoltz / und stoltzer muth kömmet vor dem fall. Du HErr Zebaoth / hast allezeit den hochmut geschändet und endlich gestürtzet. Du zerstreuest die hoffärtig sind in ihres hertzen sinn / aber den demütigen gibst du gnade / und erhebest die niedrigen aus dem staube: So bitte ich dich / verleyhe mir rechtschaffene Christliche demut / daß ich lerne sanfftmütig / und von hertzen demütig seyn / nach dem exempel meines HErrn Jesu Christi / welcher / ob er wol in göttlicher gestalt war / hielt ers [39] nicht für einen raub / Gott gleich seyn / sondern äussert sich selbst / und nahm knechtesgestalt an[1] / erniedriget sich selbst / auf daß wir durch ihn zum ewigen leben erhöhet / und auch solche demut von ihm lernen solten. Behüte mich für aller hofart / geistlich und fleischlich / laß sie nicht in meinem hertzen / noch in meinen worten herrschen / sintemal sie ist ein anfang alles verderbens. Denn hochmut thut nimmer gut / und kan nichts denn arges daraus erwachsen / und wer darinnen stecket / der richtet viel greuel an. Verleihe mir gnade zu bedencken / daß ich eitel schändlicher koth bin / was wil sich denn die arme erde und asche erheben? Dazu was hilft einem der pracht? Was bringet einem der reichthumb sampt dem hochmut? Es fähret ie alles dahin / wie ein schatte. O lieber Gott / bewahre mich für der

1 [104*] „Lobt Gott, ihr Christen, allzugleich"

geistlichen hofart und vermessenheit / welche nichts gutes / sondern einen jammer nach dem^a andern anrichtet. Laß mich nicht aufgeblasen und übermütig werden in den gaben / die du mir mittheilest / auf daß ich derselbigen nicht mißbrauche / oder iemand für mir verachte / denn wir haben ja nichts von uns selber / sondern alles / was wir haben / das kömmet von dir / und wie kan sich denn iemand rühmen / als der es nicht empfangen hätte? Darumb hilf / daß niemand weiter von sich halte / denn sichs gebüret zu halten / sondern daß wir von uns mäßiglich halten / unser sünde erkennen / und ein zerknirsch-tes / zer- [40] brochenes hertz haben / welches du nicht wirst verachten. Behüte mich auch für den ruhmrätigen / daß ich nicht der stoltzen spott / und der hofärtigen verachtung voll werde. Laß mich von ihnen nicht untertreten werden. Gib / daß wir uns allesampt demütigen unter deine gewaltige hand / auf daß du uns erhöhest zu deiner zeit / Amen.

Für Christliche Eheleute.

HEiliger GOtt / barmhertziger Vater / der du den heiligen Ehestand selbst eingesetzet hast / und lässest dir gefallen / daß mann und weib in ehlicher liebe beysammen wohnen / die welt erfüllen / deine kirche mehren / durch kinderziehen. Jch bitte dich / weil der Satan / ein feind aller deiner göttlichen ordnung / mit aller list diesem stand hart zusetzet / und sich gewaltig dawider leget / du wollest allen Christlichen eheleuten gnade verleihen / daß sie dich / den Stiffter dieses ordens / erkennen^b / und solchen trost in ihrem gewissen haben / daß sie in einem guten und dir angenehmen stande seyen / darinn sie dir auch können dienen und selig werden / auf daß sie desto williger mit allem wolgefallen thun / was ihrem beruf zustehet. Hilf / daß sie dich fürchten / in^c rechter lieb und einigkeit Christlich beyeinander wohnen / im^d schweiß ihres angesichtes ihr brodt essen / ihre kinder in aller gottseligkeit auferziehen / dazu auch das liebe creutz / welches in diesem stande nit aus-sen bleibet / in^e gedult miteinander tragen. Wehre dem eheteu-fel / daß er [41] solch dein geschöpff und ordnung nicht ver-

---

a EV^A: den *(auch C^A)* statt dem *(auch F^A, St 105)* || **b** EV^A: ordens erkennen *(auch C^A)* statt ordens / erkennen || **c** EV^A: fürchten in statt fürchten / in *(auch C^A)* || **d** EV^A: wohnen im statt wohnen / im *(auch C^A)* || **e** in] mit C^A

rücke noch verderbe / und nicht etwa die ehegatten ihres standes verdrossen und feindselig mache / und sie in sein netz durch unglauben ziehe / seinen samen / allerley zwyspalt und uneinigkeit / durch verbitterung ihrer hertzen / zwischen ihnen einsäe und menge / auf daß sie nicht / wider dein gebot / zu ehebruch und unzucht / oder einander zu verlassen / gereitzet / und in andere grosse sünde / schande und laster geführet und gestürtzet werden / oder sonst im zanck / hadder und zwytracht / mit verletzung ihrer gewissen / ungöttlich leben / dadurch das gebät und alle Christliche Vbung verhindert / die kirche geärgert / und der Heilige Geist betrübet wird. Hilf / barmhertziger Gott / daß alle uneinige Ehegenossen wieder in deinem namen versöhnet werden / einander von hertzengrund verzeihen / ihrer ehelichen verbündniß und pflicht sich erinnern / und beysammen wohnen in rechtschaffener liebe und treue / dein heiliges wort mit gantzem fleisse lernen / und dasselbige in ehren halten / in aller widerwertigkeit[a] auf dich hoffen und bauen / dich mit ihrem gebät und Christlichem wandel heiligen und preisen / damit sie in deinem dienst und wolgefallen erfunden werden / und nach diesem vergänglichen leben zu allen gottseligen Eheleuten versamlet werden in dein reich / Amen.

Für die Christliche Jugend.

Barmhertziger GOtt / ewiger Vater / [42] der du die kinder liebest / und sie durch deinen Sohn zu dir heissest bringen: denn aus dem munde der unmündigen und säuglingen wirst du dir ein lob zurichten und bereiten. Darumb hast du auch ernstlich geboten / daß man die jugend in deiner furcht und erkentniß solle auferziehen / und sie nicht verseumen. Jch bitte dich / umb deines lieben Sohnes willen / der ein kind uns zu gut geboren / und sein theures blut am stamme des creutzes[1] für die kinder / als auch miterben der gnaden / vergossen hat / du wollest gnade verleihen / daß alle Haußväter und Mütter / Schul= und Zuchtmeister / ihre kinder / gesinde / und alle jugend fleißig auferziehen in heilsamer lehre und erkäntniß

---

a EV^A: widertigkeit *statt* widerwertigkeit

1 [167*] „O Lamm Gottes, unschuldig"

deines willens / in guten freyen künsten und Tugenden / zu ehren deiner göttlichen Majestät / und zu ihrer seelen seligkeit / in aller zucht und erbarkeit / auf daß sie von kindheit dich ihren Gott / Schöpffer und Erlöser lernen von gantzem
5 hertzen fürchten / lieben / über alle ding vertrauen / und in deinen geboten wandeln. Verhüte auch / daß die liebe jugend nicht etwan durch falsche lehre und ungerechten Gottesdienst / oder durch unchristlichen wandel verführet werde. Bewahre sie für böser gesellschafft und truncken heit / für unzucht und
10 müßiggang / und daß sie durch böse exempel nicht geärgert werden. Gib auch gnade allen kindern / daß sie sich züchtigen und ziehen lassen / ihren Eltern / Oberherren und Lehrmei-
[43]stern gehorsam seyen / in einfältigkeit des hertzens annehmen weißheit und verstand / klug zu werden in der furcht
15 Gottes. Weil aber das menschliche hertz durch den fall unserer ersten eltern verderbet / und von jugend auf nur zum bösen geneiget ist / so nim hinweg die torheit / welche jungen leuten im hertzen steckt / daß sie nicht der angebornen seuche / und dem erbschaden zu viel einräumen / in ihrem muthwillen und
20 eigensinnen aufwachsen / widerspenstig und halsstarrig werden. Darumb / du heiliger Gott / pflantze in den hertzen aller jugend die furcht deines göttlichen namens / und der Heilige Geist / welchen sie in ihrer taufe empfangen haben / regiere und treibe sie zu allem guten / daß sie dein wort / dein gesetz
25 und gebot lernen / dasselbe auf ihr hertz binden / und an ihren hals hangen / als ihren schmuck / damit sie dir dienen in rechtschaffenem glauben und Christlichem gehorsam / hie zeitlich und dort ewiglich / Amen.

Gebät wider des Satans Reich.

HErr Jesu Christe / mildreicher Gott / weil der teufel ein Fürst dieser welt[1] ist / darzu ein starcker gewapneter / der seinen pallast bewahret / sein reich ohn unterlaß mit aller abgötterey / falscher lehre und lügen / mit allerley greulichen sünden und schändlichen lastern stärcket und mehret: So bitte ich
35 dich / der du bist der stärckeste / und hast den starcken höllischen Goliath überwunden / ihm seinen harnisch außgezogen

---

1 [320*] „Ein feste Burg ist unser Gott" / Joh 12,31; 14,30; 16,11 *(vgl. den Editorischen Bericht, S. 134 f.)*

[44] und genommen / darzu den raub außgetheilet und sein reich geschwächet. Du wollest auch forthin / durch deine göttliche krafft und allmacht / des teufels werck zerstören / uns für seinem reiche behüten / darinnen eitel finsterniß / unglauben / sünde / schande und allerley laster häufig und mit vollem schwange regieren und überhand genommen haben. O Christe Gottes Sohn / du rechter Simson / unser Held und Siegesfürst / der du durch deinen tod den ewigen tod in dem sieg verschlungen[a] hast / ihn beraubet seines stachels / und die hölle gantz siegloß gemacht / und diejenigen / so mit ketten der finsterniß gebunden waren / erlöset und heraus gerissen / dem feinde alle gewalt und macht genommen. Jch bitte dich / verleihe mir gnade / daß ich in deinem reich und reinem glauben gesund bleibe. Vnd / wie ich in meiner heiligen Taufe / dir meinem Herrn / und deinem heiligen Evangelio gehuldet und gelobet habe / und dagegen dem teufel / allen seinen wercken und wesen abgesaget / daß ich solchen bund auch beständig möge halten / dann wann du / Gott / mich mit deiner krafft stärckest / so steh ich / wenn du aber deine hand von mir abzeuchst / so lige ich danieder. Darumb ruffe ich zu dir / der du in diese welt bist kommen dein volck selig zu machen von ihren sünden. Laß die nicht verdammet werden / für welche du dein heiliges blut vergossen hast. Nimm von uns hinweg / was die sündliche natur an uns verderbet hat / [45] und erhalt in uns / was deine gnade gewircket hat. Hilf / daß wir die sünde nicht lassen herrschen in unserm sterblichen leibe / ihr gehorsam zu leisten in ihren lüsten. Vnd auch nicht begeben unsere glieder zu Waffen der ungerechtigkeit / damit wir nicht der sünden knechte und leibeigene werden. Gib gnade / daß wir allen untugenden von hertzen feind werden / denselben urlaub geben / uns aber selbst Gott ergeben / als die da aus den todten sind lebendig worden / die dir dienen hie zeitlich und dort ewiglich / Amen.

Abendsegen[b] am Dienstage.

HERR gütiger GOtt / heiliger Vater / des tages schrey ich zu dir mit meiner stimme / wann mir angst ist / ruffe ich zu dir / und des abends dencke ich an deine güte und treue / die

---

a EV[A]: verschlunge *statt* verschlungen || **b** Abendsegen] Abendgebät F[A]

du mir erzeiget hast. Vnd sonderlich preise ich dich itzund / daß du mich aus lauter gnade und barmhertzigkeit / ohn alles mein verdienst und würdigkeit / heut diesen verschienenen tag / für unzähligem schaden und gefahr / die mich hätten
⁵ können treffen / so gantz väterlich behütet hast / daß mich der Satan nicht mit einem bösen schändlichen[a] tod umbgebracht hat / daß ich vom ungewitter / hagel / plitz nicht bin versehret worden / daß mich grosse sturmwinde nicht beschädiget haben / und mich der böse feind im essen und trincken / mit
¹⁰ gift und andern seinen tausentkünstigen listen nicht verderbet hat / daß ich auch kein arm noch [46] bein entzwey gefallen habe / dafür sag ich dir itzt und allezeit lob und danck / und bitte dich umb das bittere leyden Jesu Christi / du wollest mir verzeihen alle mißhandlung / so ich heut wider dich gethan
¹⁵ habe / und mich die zukünfftige nacht fürbaß gnädiglich bewahren / für meinem widersacher dem leidigen teufel / für schrecken und entsetzen des nachts / daß mich kein ungethüm und phantasey bethöre / noch beschädige. Behüte mich auch / mit allem / was ich habe / für wassers= und feuersnöthen / für
²⁰ allem übel leibes und der seelen / laß mich geruhlich / ohn alle sorg und bekümmerniß / einschlafen / auf daß ich auch im finsterniß das liecht deines göttlichen glantzes über mich scheinen möge sehen mit den augen meines hertzens / denn du bist ein helles und warhafftiges liecht / welches da erleuchtet
²⁵ alle dunckelheit / die uns umbfangen hat / du[b] / Herr Gott / bist bey mir / du bist mein fels / meine burg / mein erretter / mein hort auf den ich traue / mein schild und horn meines heyls und mein schutz. Herr mein Gott / zu dir breite ich des nachts meine hände aus / eyle mir zu helffen / und schütze mich in
³⁰ dieser nacht / daß mein geist in sünden nicht entschlafe / und meinem leibe kein übel widerfahre / wecke mich zu rechter und bequemer zeit / daß ich das liecht des morgenden tages nach deinem gnädigen willen wieder erlebe und anschaue: denn du kanst allein mein leben fristen / und mich mit allerley
³⁵ se- [47] gen erfüllen / in Christo Jesu unserm Herrn / Amen.

a schändlichen] schädlichen F^A || **b** EV^A: dn *statt* du

Morgensegen[a] am Mittwoch.

Allmächtiger barmhertziger GOTT / nach dem alle deine creaturen dich ohn unterlaß loben und preisen sollen / welches auch thun die vögelein unter dem himmel / die früe gegen dem tage mit ihren zünglein und stimmlein aufs lieblichste dich ewigen GOTT / als ihren Herrn und Schöpffer rühmen. So dancke ich dir itzt auch[b] von hertzen / daß du mich heint diese vergangne nacht / und alle vorige zeit meines lebens unter deinem schutz und schirm / bis auf diese gegenwärtige stunde[c] erhalten hast / und mich aus dem schlaf und finsterniß dieser nacht erwecket / frölich und gesund hast lassen auffstehen. Jch bitte dich durch die heylwertige Auferstehung JEsu Christi von den todten / du wollest mich fürbaß[d] auch behüten / für allem unglück und übel / sampt allen / die mir mit blutfreundschafft und sonsten verwandt seyn / darzu mich in dieser früstunde mit deiner barmhertzigkeit erfüllen / daß ich heut mit freuden diesen tag in deinen geboten / ohn alle todsünde / zubringe. Erzeige mir deine gnade / wie ein thauwolcken des morgens / und wie ein fruchtbarer thau / der frühmorgens sich außbreitet und das land befeuchtet: Also wollest du deine güte über mich außstrecken / mein[e] träges gemüth erfrischen / daß ich wacker und frölich deinen [48] willen thue. Regiere mich mit deinem Heiligen Geiste / daß ich dir mit reinem hertzen möge dienen in rechtschaffener gerechtigkeit und heiligkeit / die dir gefällig ist. Behüte mich / daß ich heut nicht wider dich sündige / und etwan mein gewissen beflecke mit fleischlichen lüsten / welche wider die seele streiten / bewahre auch meine zunge für bösem / und meine lippen / daß sie nicht falsch reden oder triegen. Schandbare wort und narrenteiding[f] / die den Christen nicht geziemen / laß ferne von mir seyn. Hilf / daß ich mit meinen lippen niemand ärgere noch affterrede / urtheile oder verdamme / auch niemand lästere und schmähe. O daß ich könte ein schloß an meinen mund legen / und ein vestes sigel auf mein maul drucken / daß ich dadurch nicht zu fall käme / und meine zunge mich nicht verderbe. Gib gnade / daß ich mich selbst in mei-

---

a Morgensegen] Morgengebät F^A || **b** dir itzt auch] dir auch F^A || **c** EV^A: stnnde *statt* stunde || **d** EV^A: mich / fürbaß *(auch F^A) statt* mich fürbaß *(auch C^A)* || **e** EV^A: außstrecken mein *statt* außstrecken / mein *(auch C^A, F^A)* || **f** EV^A: narrerteiding *(auch C^A) statt* narrenteiding *(auch F^A)*

nem gebrechen erkenne und strafe / damit ich nicht in dein gestrenges urtheil und gericht falle. Solches verleihe mir / ewiger GOtt / durch Christum deinen Sohn / Amen.

Dancksagung für die Erkäntniß Christi.

JCh preise dich / Vater und HErr himmels und der erden / daß du dein heiliges wort / das liebe Evangelium / in welchem alle schätze der weißheit und des erkäntniß verborgen ligen / uns unmündigen und verachteten offenbaret hast / welches doch den weisen und klugen dieser welt un-[49]bekant ist / ja Vater / denn es ist also wolgefällig gewesen für dir. Vmb solche deine wolthat wil ich dich allezeit loben / der du mich von Christlichen Eltern hast lassen geboren werden / durch welche ich mit deiner hülfe zum rechten glauben kommen bin / und daß du die finsterniß meines hertzens mit dem glantz deines göttlichen lichtes erleuchtet / mich für aller falschen lehr und abgötterey errettet / auf daß ich sey ein miterb und mitgenoß deiner verheissung in Christo / durch das Evangelion / welches uns verkündiget den unerforschlichen reichthum deiner gnaden / und erleuchtet iedermann / daß wir erkennen / welches da sey die gemeinschaft des geheimnisses / das von der zeit her verborgen gewesen ist. Du hast uns gesegnet mit allerley geistlichem segen in himmlischen gütern / durch Christum / wie du uns denn erwehlet hast / durch denselben / ehe der welt grund geleget war / und hast uns wissen lassen das geheimniß deines willens / nach deinem wolgefallen / und dasselbige herfürbracht durch ihn / daß es geprediget würde / itzt / da die zeit erfüllet ist / durch welchen wir itzt hören das wort der warheit / nemlich das Evangelion von unser seligkeit / durch welchen wir auch haben freudigkeit und zugang in aller zuversicht durch den glauben an dich. Denn ausser demselben ist sonst in keinem andern heyl / ist auch kein ander name den menschen gegäben / darinnen sie sollen selig werden / denn [50] allein in dem namen Jesu / welcher ist der weg / die warheit und das leben / die thür und pforte zum himmelreich / der mit dem vollkommenen opfer seines unbefleckten leibes uns eine ewige erlösung / ohn all unsere werck und verdienst / erworben hat /

denselben hast du von den todten auferwecket / und gesetzet zu deiner rechten im himmel / über alle Fürstenthüm / gewalt / macht / herrschafft / und alles / was genennet mag werden / nicht allein in dieser welt / sondern auch in der künftigen. Jch bitte dich / du wollest uns bey solchem heylwertigen glauben und erkentniß vest erhalten. Denn dich erkennen / und deine macht wissen / ist eine wurtzel des lebens / Amen.

Vmb rechtschaffene Liebe.

O HERR Jesu Christe[a] / des lebendigen Gottes Sohn / du spiegel der göttlichen Majestät und ewigen klarheit / der du uns geliebet hast bis in den tod / und aus hitziger liebe am creutz für uns arme sünder gestorben / uns damit von dem ewigen tode erlöset / und ein fürbilde gelassen der rechten inbrünstigen liebe / die wir untereinander erzeigen sollen. Jch bitte dich durch deine grosse treue / du wollest unsere kalte hertzen erwärmen mit dem feuer deiner göttlichen liebe[1] / daß wir dich wahren GOTT / mit Vater und dem Heiligen Geiste / in einem ewigen und unzertrennlichen[b] wesen über alle dinge / und von gantzem hertzen lieb haben / dein wort halten / daß wir uns [51] auch nach deinem neuen gebot und exempel halten / untereinander[c] hertzlich lieben / uns damit rechtschaffene deine jünger und wahre Christen beweisen / die da wiedergeboren sind / nicht aus vergänglichem / sondern aus unvergänglichem samen / nemlich aus dem lebendigen worte / das da ewiglich bleibet. Verleihe / daß sich ein ieder Christ des andern / als glieder des leibes / mit brüderlicher liebe / und hertzlicher treue annehme / dazu / daß solche liebe nicht falsch oder erdichtet / sondern rechtschaffen und ungefärbet sey / daß wir uns untereinander / nicht mit worten noch mit der zungen / sondern mit der that und mit der warheit lieben[2]. Entzünde durch deinen Heiligen Geist unsere hertzen / daß wir nach deinem fürbilde auch unsere feinde lieben / und gutes thun denen / die uns hassen und verfolgen / und dir die rach in allen dingen mit gedult übergeben. O du Sohn Gottes /

---

a EV[A]: Christi *statt* Christe || **b** ewigen und unzertrennlichen] ewigen unzertrennlichen E[A]–F[A], St 133 || **c** exempel halten / untereinander] exempel untereinander E[A], St 133

---

1 „Komm, Heiliger Geist, erfülle die Herzen deiner Gläubigen" (HEK I/1,323) || **2** [216*] „Nun bitten wir den Heiligen Geist"

nimm von uns weg allen haß / neid / feindschafft: alle bitterkeit / sampt aller boßheit / laß fern von uns seyn: auf daß wir nicht das band der vollkommenheit trennen und auflösen. Hilf / daß wir einander von hertzengrund verzeihen / gleich
5 wie du uns vergeben hast. Vnd daß wir die Sonne nicht lassen untergehen über unserm[a] zorn / auch nicht raum geben dem lästerer. Gib gnade / daß wir dir dienen im rechtschaffenen[b] glauben / der durch die liebe kräfftig und thätig ist / auf daß wir in dir ewiglich bleiben und [52] du in uns / also / daß uns
10 weder tod noch leben / weder Engel noch Fürstenthumb / noch gewalt / weder gegenwertiges noch zukünfftiges / weder hohes noch tiefes / noch keine andere creatur von deiner ewigwährenden liebe abscheiden könne / der du lebest und regirest mit dem Vater und Heiligem Geiste in ewigkeit / Amen.

15 ## Für[c] die Früchte des Landes.

HErr Allmächtiger GOTT / du König himmels und der erden / der du durch deine überschwengliche güte den gantzen erdboden mit allerley früchten zierest und erfüllest / davon menschen und vieh ihre nahrung haben. Jch bitte dich umb deiner
20 barmhertzigkeit willen / du wollest unser land segnen und gebenedeyen / daß es seine früchte und vermögen gebe. Denn wir von uns selber nicht ein körnlein aus der erden könten herfür bringen / oder demselben helfen / wo du nicht das gedeyen gäbest. Darumb verleihe den lieben früchten ein gnä-
25 diges gewitter / daß sie wachsen und wol gerathen / behüte sie für hagel und ungewitter / für verheerung / für allerley ungeziefer und schaden. Laß das land nicht feyren in deinem zorn / daß es nicht wüste lige / und unfruchtbar bleibe. Schliesse den himmel nicht zu in deinem grimm / umb unser sünden willen /
30 daß er nicht werde wie eisen / und die erde / wie ertz / sondern gib uns frü= und spatregen / dazu fruchtbare zeitungen. Suche das land heim und wässere es / und mache [53] es sehr reich. Gottes brünnlein hat wassers[d] die fülle. O HErr / laß uns unser geträdig wol gerathen / denn also bauest du das land. Tränke
35 unsere furchen / und feuchte sein gepflügtes mit regen / mach es weich / und segne sein gewächs / kröne das jahr mit deinem

a EV^A: unsern *statt* unserm *(auch C^A, E^A–F^A)* || **b** EV^A: im rechtschaffenem *statt* im rechtschaffenen *(auch C^A; E^A–F^A: in rechtschaffenem)* || **c** Für] Vmb C^A || **d** wassers] wasser F^A

gute / daß deine fußstapfen triefen vom fett / so werden die wohnungen in der wüsten auch fett werden / daß sie triefen / und die hügel ümbher werden lustig seyn / die anger umbher werden voll schafe seyn / und die auen umbher werden dicke stehen mit korn / daß man jauchtzet und singet. So laß du lieber^a Gott / in deinen gnädigen schutz befohlen seyn den lieben samen und alle früchte des gantzen erdreichs. Erhalte^b sie im frost / kälte / eys / schnee / im wind / hitze und dürre / im regen und allem fürfallenden wetter / daß sie nicht beschädiget werden / behüte uns / für mißwachsung / für theurung / hunger und kummer. Sihe wir bekennen unsere sünden mit reuigen hertzen / und schreyen zu dir unserm Gott / du wollest hören im himmel / in dem sitze / da du wohnest / und gnädig seyn der sünden^c deines volckes / uns nicht verlassen mit leiblicher nahrung / sondern uns versorgen / auf daß wir in allen dingen deine göttliche krafft und milde hand mit dancksagung erkennen / und dich preisen / der du uns reichlich ernehrest an leib und seele / hie zeitlich und dort ewiglich / Amen.

Für die Todsünder und Sünderin.

Allmächtiger GOTT / barmhertziger / [54] gütiger Vater / der du nicht gefallen hast am tode des gottlosen / sondern wilt / daß er sich bekehre von seinem wesen / und lebe. Jch bitte dich für alle / die vom teufel verblendet / in seinem reiche gefangen / in allerley sünde / schand und laster leben / in wollüsten des fleisches und dieser welt ersoffen sind / welcher verstand verfinstert ist / und ruchloß / und ergeben sich der unzucht / und treiben allerley unreinigkeit. Verleihe ihnen / daß sie aus des teufels netz und garn gerissen / zum erkentniß deines göttlichen willens und ihrer seelen seligkeit gebracht werden / damit sie ihre blindheit und grosse sünde erkennen / und von hertzen busse thun. Hilf / du ewiger Gott / daß in der welt aufhöre / abgötterey / zauberey / fluchen / lästerung^d / mißbrauch deines heiligen namens / verachtung deines göttlichen wortes / ungehorsam / mord / todschlag / haß / neid / feindschaft / ehebruch / hurerey / unzucht / stelen / rauben / geitz /

---

a du lieber] dir / lieber C^A; dir lieber F^A, St 139 ‖ **b** EV^A: erdreichs / Erhalte *(auch C^A)* statt erdreichs. Erhalte *(auch F^A)* ‖ **c** sünden] sünde C^A ‖ **d** EV^A: fluchen lästerung *statt* fluchen / lästerung *(auch C^A)*

wucher / ligen und triegen / afterreden / hofart / verachtung / fressen / sauffen und dergleichen / dadurch die ehre deines göttlichen namens entheiliget und geschändet wird / die Christliche jugend und die einfältigen geärgert und verführet werden. Thue hinweg die verstockung und halsstarrigkeit der menschen / und erweiche mit deinem Geist das steinerne hertz. Gib uns sämptlich deine gnade / daß wir hertzlich erseuftzen über unsere sünde / und kommen zur erkentniß unser selbst / [55] und deiner grundlosen barmhertzigkeit / welche du allen / so sich zu dir bekehren / aus lauter gnade thust anbieten und erzeigen. Hilf / daß wir von uns ablegen nach dem vorigen wandel den alten menschen / der durch lüste in irrthumb sich verderbet / und dagegen uns erneuern im geist unsers gemüthes / und anziehen den neuen menschen / der nach dir ewigen GOtt geschaffen ist / in rechtschaffener gerechtigkeit und heiligkeit / daß alle menschen ablegen die lügen / und reden die warheit / sintemal wir untereinander glieder sind / und wer gestolen hat / daß er nicht mehr stele / sondern arbeite etwas redliches mit seinen händen / auf daß er habe zu geben dem dürftigen. Solches und dergleichen / was nützlich / heylsam und erbaulich[a] ist / das verleyhe uns durch Jesum Christum unsern HErrn / der mit dir lebet und regieret / in einigkeit des Heiligen Geistes / wahrer Gott von ewigkeit / Amen.

Für die Krancken.

O Starcker gewaltiger GOTT / der du bist eine krafft / welche in den schwachen mächtig ist / eine stärcke aller / die auf dich hoffen / eine treue hülfe in der noth zur[b] angenehmen zeit. Jch bitte dich für alle krancke menschen / die mit leibesschwachheit beladen / oder in todesnöthen sind / du wollest ihnen geben / daß sie deinen heiligen willen erkennen / mit gedult denselben annehmen / leiden und tragen / wollest sie auch durch deinen Heiligen Geist stärcken und trösten / [56] sie erquicken auf ihrem siechbette / und ihnen helfen von allen ihren kranckheiten. Erbarme dich ihrer nach deiner grossen güte / verzeihe ihnen umb des bittern leydens JEsu Christi deines lieben Sohnes willen / alle ihre sünden und missetha-

a EV^A: baulich *statt* erbaulich *(auch St 143)* ◇ erbaulich] erbarlich C^A || **b** EV^A: der *(Erratum, vgl. auch St 145, Fußnote c) statt* zur *(auch St 145)*

ten / damit sie dich erzürnet und etwa solche ihre kranckheit verursacht haben / und wann es deinem heiligen göttlichen willen / und[a] ihrer seel und seligkeit nicht zuwider ist / so wollest du ihnen wiederumb aufhelfen / sie an leib und seele gesund machen / und stärcken / denn so du wilst / kanst du sie wol reinigen. Du bist je unser bester artzt / unsere höchste zuversicht / und[b] wann aller menschen hülfe aus ist / so thust du am liebsten helfen. Derohalben so schaue vom himmel / und siehe an das elend und Jammer aller krancken. Laß es dir zu hertzen gehen / und schaffe rath / und ordentliche mittel / durch deine göttliche weißheit. Thue hülf mit deinem außgestreckten arm / daß sie mögen genesen und gesund werden. Welchen es aber nützlicher ist / aus diesem elend / nach deinem göttlichen willen / itzund abzuscheiden / denn allhier in diesem jammerthal länger zu wallen / die wollest du im rechten vesten glauben und starcker hoffnung / mit einem seligen ende zu dir in die ewige freude nehmen und versamlen. Stehe ihnen bey mit deinem Heiligen Geist / an ihrem letzten stündlein. Gib ihnen gnade / daß sie sich zum sterben wol und willig bereiten / auch mit empfahung [57] des allerheiligsten Abendmahls Christi / so viel müglich / versorget werden / und daß sie von hertzen begehren aufgelöset und bey dir zu seyn in der schaar der außerwehlten. Verkürtze ihnen ihres leibes pein und quaal / die sie itzt leyden / hilf ihnen überwinden alle schmertzen des todes / daß sie hindurch dringen zum ewigen leben. Verkehre ihre traurigkeit in freude / die nicht von ihnen mag genommen werden. Nimm ihre seele in deine hand / welche du geschaffen und erlöset hast / durch Jesum Christum unsern HErrn / Amen.

Wider des Teufels Anfechtung.

O Starcker gütiger GOtt himmlischer Vater / wir hören aus deinem göttlichen Worte / daß der teufel / der alte drache / die listige schlange / unser widersacher / umb uns hergehet / wie ein brüllender leue / und suchet / welchen er verschlinge / und ein tausentkünstler mit unzähligen tücken / nach unser seelen stellet / wie er uns in schande und laster / oder zur verzweifelung möge bringen. Denn sihe / er hat uns zu fahen

---

a EV[A]: nnd *statt* und || **b** EV[A]: zuversicht und *statt* zuversicht / und *(auch C[A])*

gestellet mit reichthumb / mit armut / mit wollüsten / mit bekümmerniß / mit begierde weltlicher ehre und hoheit / mit verlangen nach zeitlichem reichthum und gewalt / mit sorgfältigkeit des bauchs und der nahrung / mit aller ungerechtigkeit und sünden / er hat uns fallstricke gelegt in worten und wercken / tag und nacht / wo wir uns hinwenden / so schleichet er uns nach [58] mit seinen teuflischen versuchungen. Wir wachen oder schlafen / so ist er hinter und bey uns / sperret seinen rachen weit auf uns zu verschlingen. O HErr / wer mag entfliehen? Denn sihe / er wachet ohn unterlaß / und ruhet nicht: Wir aber / aus trägheit unsers fleisches / wachen nicht ämßig / daß wir ihm durch deine hülfe widerstand thun möchten. So eröffene nun unsere augen / daß wir erkennen / welch einen gewaltigen und listigen feind wir haben / denn wir nicht mit fleisch und blut kämpfen müssen / sondern mit dem Satan / der ein Fürst dieser welt[1] ist. Erbarme dich unser / du getreuer Gott / mache uns wacker und starck in der macht deiner stärcke / thue uns an mit deiner rüstung / daß wir bestehen können gegen dem[a] listigen anlauf des Teufels / ziehe uns an deinen Harnisch / ümbgürte unsere Lenden mit Warheit / leg uns an den Krebs der gerechtigkeit / und hilf / daß wir gestiffelt seyen mit dem Evangelio des friedens. Vor allen dingen aber gib in unsere hertzen den schild des glaubens / mit welchem wir außleschen können alle feurige pfeile des bösewichts. Setze uns auf den helm des heyls / und reiche uns zu das geistliche schwerdt / welches ist dein seligmachendes wort / damit wollen wir thaten thun / und mit dir wollen wir unsern widersacher / den[b] teufel / ritterlich überwinden / und in deinem namen ihn zuschmeissen. So du uns beystehest / fürchten wir uns nicht / wann gleich die welt untergienge / und [59] die berge mitten ins meer süncken / denn du bist unser helfer / der du lebest und regierest in ewigkeit / Amen.

a dem] den C^A || **b** EV^A: widersacher den *(auch F^A) statt* widersacher / den *(auch C^A)*

---

1 [320*] „Ein feste Burg ist unser Gott" / Joh 12,31; 14,30; 16,11 *(vgl. den Editorischen Bericht, S. 134 f.)*

Abendsegen[a] am Mittwoch.

O Du heilige Dreyfaltigkeit[1] / in einem göttlichen wesen / du bist mein leben / heyl und ewiger trost / dir sag ich mit mund und hertzen lob und danck / daß du mich diesen tag
5 über gnädiglich behütet hast. Jch bitte deine göttliche güte / du wollest alle meine missethat bedecken / allermeist aber / was ich heut wider dich und deine heilige gebot mit meiner zungen / mit unnützen / vergeblichen worten / mit afterreden oder sonsten gesündiget habe / und wollest mich diese zukünftige
10 nacht auch bewahren / für allem schaden und gefahr / denn zu dir allein hab ich alles mein vertrauen / du bist mein Herr und GOTT / in deine hände befehle ich mein leib und seele. So gebenedeye mich die göttliche Majestät / und beschirme mich die Heilige Dreyfaltigkeit / und erhalte mich die ewige einig-
15 keit / es beschütze mich die unmäßliche Barmhertzigkeit / es vertheidige mich die unaußsprechliche mildigkeit / es erfreue mich die unendliche süßigkeit / mich bedecke die höchste warheit Gottes / mich stärcke die tiefste erkentniß Christi / mich bewahre die grundlose gütigkeit des Herrn. Die gnade des
20 Vaters regiere mich / die weißheit des Sohnes erquicke mich / die krafft des Heiligen Geistes erleuchte mich / mein Schöpffer beystehe mir / mein [60] Erlöser helfe mir / mein Tröster beywohne mir / der Herr segne mich und behüte mich / der Herr erleuchte sein angesicht auf mich / und sey mir gnädig / der
25 HErr erhebe sein angesicht auf mich und gäbe mir friede. Dieser schutz und diese anruffung der einigen und ewigen Gottheit sey heut und allzeit zwischen mir und allen meinen feinden / sichtbarn und unsichtbarn / daß sie zu mir nicht können nahen / noch mich beschädigen. Gleich wie die wol-
30 ckenseul in der wüsten sich machte zwischen das heer der Egypter und das heer Jsrael / daß diese und jene nicht konten[b] zusammen kommen / damit den Kindern Jsrael kein leid widerführe / also wollest du zwischen mir und allen meinen feinden eine feurige mauer und unterscheid seyn / daß sie mich
35 nicht berühren. Erhalte mich auch an meinem letzten stündlein / wann meine augen nicht mehr sehen / meine ohren nicht mehr hören / und wann meine zunge nicht mehr redet / wann

---

a Abendsegen] Abendgebät F^A || **b** konten] könten F^A

1 [231*] „O heilige Dreifaltigkeit, o göttliche"

meine hände nicht mehr greifen / und die füsse nicht mehr gehen mögen / so stehe mir bey / du hochgelobte Dreyfaltigkeit / daß der böse Feind keine macht an mir finde / Amen.

Morgensegen[a] am Donnerstage.

Herr Jesu Christe / der du bist das ewige wahre liecht / welches da vertreibet die finsterniß des nachtes und schatten des todes / deinen namen wil ich rühmen / dir wil ich lobsingen und dancken / daß [61] du mich in dieser nacht so gnädiglich behütet / und aus der finsterniß an das liecht gebracht
10 hast. Mich hast du bewahret für dem grauen des nachtes / für des teufels schrecken und gespensten / für der schädlichen pestilentz / die im finstern schleichet / für mancherley seuchen und kranckheiten / die mir hätten können widerfahren / auch hast du meine seele mit deinem schild umbringet und bewa-
15 chet / wie ein hirte seine heerde bewacht. Darzu alles / was ich habe / ist durch deine grosse barmhertzigkeit unversehret behütet worden. Für solchen gnädigen schutz / und alle deine wolthaten / sey dir lob und preis gesaget / von deiner macht wil ich reden / und des morgens deine güte rühmen / denn du
20 bist meine höchste Zuversicht / meine veste burg[1] / meine starcke hülfe / mein treuer Gott / auf den ich traue. Du erfreuest mein hertz / und machst mir frölich mein angesicht. Jch bitte dich durch die[b] heilige geburt und Menschwerdung / du wollest an diesem tage deine barmhertzigkeit über mich lassen
25 aufgehen und herfür brechen / wie die schöne morgenröthe / und zu mir kommen / wie die frühregen. Erleuchte meine blinde natur und verdunckeltes hertz mit dem glantze deines göttlichen liechtes / auf daß in meinem hertzen aufgehe der rechte morgenstern und das warhafftige liecht / welches erleuchtet
30 die menschen zum ewigen leben. Behüte mich auch heut für allem übel / denn auf dich harre ich / meine seele war- [62] tet auf dich von einer morgenwache bis zur andern / sey du[c] mein arm frühe / dazu mein heyl zur zeit der trübsal. Sey du mein schirm wider die hitze / meine hütte wider den heissen mittag /
35 meine hut wider das straucheln / meine hülffe wider den fall.[d]

---

a Morgensegen] Morgengebät F^A || **b** die] deine C^A || **c** EV^A: bu *statt* du || **d** meine hülffe wider den fall] *fehlt in* St 159 (vgl. den Editorischen Bericht, S. 131)

---

1 [320*] „Ein feste Burg ist unser Gott"

Bewahre mich an leib und seele / daß mir kein übels begegne / und keine plage zu mir nahe / treibe ferne von mir alle böse geister / stehe du bey mir wider die boßhafftige / trit zu mir wider die Vbelthäter. O HErr unser GOTT / fördere das werck unserer hände bey uns / ja das werck unsrer hände wollest du fördern / und unsere arme stärcken / auch unsere Finger lehren halten deine gebot / daß wir heute nicht wider dich sündigen / Amen.

Dancksagung für Leibeserhaltung.

JCh dancke dir / König der Ehren und HErr himmels und der erden / daß du mich die gantze zeit meines lebens / von jugend an[a] bis auf diese gegenwärtige stunde so väterlich ernehret hast / und mir noch alle tage speise / tranck / kleider verschaffest / mich mit aller nothdurfft und nahrung des leibes und lebens reichlich und täglich versorgest. Denn siehe / nacket und bloß / dürfftig und elend bin ich aus mutterleib auf diese welt kommen. Du aber beschehrest mir / was zu[b] meiner unterhaltung von nöthen ist. Solcher aller deiner wolthaten bekenne ich mich gantz unwürdig und unverdient. HErr mein Gott / groß sind deine [63] wunder / und deine gedancken / die du an uns beweisest / dir ist nichts gleich. Jch wil sie verkündigen / und davon sagen / wiewol sie nicht zu zehlen sind / so sollen wir doch dein lob nicht verschweigen noch verbergen / sondern deine güte verkündigen unsern kindeskindern / und von deiner treue sagen unsern nachkömlingen / weil die welt stehet. Jch bitte dich / du wollest mich fürbaß auch nicht verlassen / sondern mir essen und trincken / darzu kleider anzuziehen / beschehren: denn du weissest / daß wir solcher deiner gaben / zu diesem zeitlichen leben / nicht können entperen / auch solche von uns selber ohn[c] dich nicht erwerben / sondern / wann du gibst / so samlen wir / und wann du deine hand auffthust / so wird alles gesätiget / was da lebet / mit wolgefallen. Deßgleichen verleihe auch / daß wir deiner milden gaben nicht mißbrauchen zur sünde / und uns nicht vollbrätig überschütten[d] / noch unsere hertzen beschweren mit fressen und sauffen / und mit sorgen der nahrung / damit wir nicht

---

a an] auff E^A || **b** EV^A: du *statt* zu || **c** EV^A: selber / ohn *statt* selber ohn *(auch C^A, E^A–F^A)* ||
d nicht vollbrätig überschütten] nicht überschütten E^A

dem Mammon dienen / und fallen in versuchung und stricke des Satans / und viel töhrichter und schädlicher lüste / welche versencken die menschen ins verderben und verdammniß. Behüte uns für dem geitz / welcher ist eine wurtzel alles übels /
5 daß wir uns desselben nicht lassen gelüsten / damit wir nicht vom glauben irre gehen / und uns viel schmertzen schaffen. O gütiger GOtt / gib gnade[a] / daß wir alle unsere sorgen[b] und anligen auf dich [64] unsern lieben Vater im himmel iederzeit werfen / und uns lassen genügen am täglichen brodt / und an
10 der milden gabe / sintemal es ein grosser gewinn ist / wer gottselig ist und lässet ihm genügen / in Christo Jesu unserm HErrn / Amen.

Vmb Einigkeit des rechten Glaubens.

O Barmhertziger GOtt / der du uns beruffen hast auf einerley hoffnung unsers berufs. Denn gleich wie ein Herr / ein glaub / eine tauf / ein Gott und Vater unser aller ist / ja wie du Vater mit Christo deinem lieben Sohn im Heiligen Geist einig bist / also sollen wir auch eins seyn in dir. Darumb rufe ich zu dir: Vereinige die hertzen aller gläubigen[1] / auf daß sie in dir
20 gleich gesinnet und einträchtig untereinander seyen / nach Jesu Christo im rechten einigen glauben. Erhalt uns bey rechtem verstande der heiligen Schrifft / daß wir unparteyisch allzumal einerley Rede führen / in einem sinne / und in einerley meynung einhellig bleiben / darzu fleißig seyen zu halten
25 die einigkeit im Geist durch das band des friedes / auf daß unsre hertzen zusammen gefasset werden in der liebe / bis wir alle hinan kommen zu einerley vollkommenen glauben und erkäntniß deines lieben Sohnes / der da ist das häupt der Gemeine / aus welchem der gantze leib zusammengefüget
30 wird / auf daß wir / als seine lebendige glieder / durch die liebe / aneinander hangen / und ein ieglicher seinem nechsten handreichung thue / [65] und diene mit der gabe / nach der gnade / die uns gegäben ist. Laß uns nicht in mancherley sinn und verstand deines wortes gerathen[c] / auf daß wir nicht sec-
35 ten und schändliche zerspaltungen anrichten / auch daß wir

a EV^A: gib / gnade *statt* gib gnade *(auch C^A, E^A–F^A)* || b sorgen] sorg C^A, F^A || c EV^A: wortes / gerathen *statt* wortes gerathen *(auch C^A)*

1 „Komm, Heiliger Geist, erfülle die Herzen deiner Gläubigen" (HEK I/1,323)

nichtes thun / durch zanck oder eitler Ehre / uns untereinader zu entrüsten oder zu hassen. Nimm von uns weg allen fleischlichen Eyver / feindschafft / neid / aufblehen / darzu den fürwitz in töhrichten und unnützen fragen / die nur eiteln zanck gebären / und nicht geringe ursach zur zwytracht geben / auf daß wir uns nicht selbst untereinander auffressen / und verzehren. Wehre des teufels gewalt / und aller menschen list und boßheit / so das band der einigkeit trennen und auflösen wollen. O lieber Gott / hilf / daß alle die / so vom rechten verstande abgewichen / und durch ihren verkehrten sinn / irrung und zerrüttung / oder ketzereyen eingeführet haben / sich mögen erkennen / und durch deine gnade wieder zu rechte kommen. Behüte uns für schwermereyen und rottengeistern / damit die kirche nicht betrübet / die einfältigen und unschuldigen hertzen / mit süssen worten / und prächtigen reden verwirret und verführet werden. Hilf / daß wir einmütiglich mit einem munde loben dich Gott und Vater unsers Herrn Jesu Christi / Amen.

Vmb zeitlichen Frieden.

Barmhertziger GOtt / ewiger Vater / der du bist ein Gott und liebhaber des [66] friedes / von dem alle einigkeit zu uns kömmet. Wir bitten dich / du wollest die gantze Christenheit auf erden gnädiglich[a] schützen und handhaben / wider alle feinde und blutgierige menschen / auf daß wir in guter ruhe erhalten / dir sicher und frölich in reiner lehr und heiligem wandel / allzeit dienen mögen. Wollest gnade verleihen / daß alle Stände und Potentaten der Christenheit / untereinander friedlich und einträchtiglich in aller gottseligkeit und erbarkeit leben / auf daß gute zucht / ordnung und policey nicht gehindert und aufgehaben / kirchen und schulen nicht zerstöret / das land nicht verwüstet und jämmerlich verheeret werde. Derwegen gib gnade / daß sich iedermann an dem seinen lasse begnügen / damit nicht etwan aus geitz / und begehren frembder land und leuten / aus hoffart / eiteler ehre oder fürwitz / aus feindschaft / haß oder andern ursachen / in diesen landen krieg und empörung / oder aufruhr entstehe / behüte uns für

a EV[A]: erden / gnädiglich *(auch C[A], F[A])* statt erden gnädiglich *(auch St 169)* unfried und blutvergissen / wehre allem bösen raht und willen unruhiger leute / so nichts gutes im sinne haben / mache sie zu schanden in ihren gedancken / daß sie zurücke müssen weichen / und ein ende nehmen mit schrecken. Strecke aus deinen arm uns zu beschützen / die wir nach deinem namen genennet sind / auf daß dein erbtheil nicht zerstreuet werde. Hilf deinen[a] gläubigen / die sich auf dich verlassen / und deinen namen anruffen. Erhöre uns in [67] der noth / und dein heiliger name[b] schütze uns / sende uns hülfe vom heiligthumb / und stärcke uns / aus Zion. Thue wol dem lande und städten / in welchen dein heiliges wort wohnet. Es müsse friede seyn inwendig in deinen mauren / und glück in deinen palästen. O gütiger GOtt / neige die hertzen aller menschen zu Christlichem friede und einigkeit / zu welchem du uns durch dein heiliges Evangelium beruffen hast. Da nun erweiterung oder verbitterung zwischen etlichen entstanden wäre / so hilf / daß sie je durch fügliche mittel und wege beygeleget und vertragen werden / zur ehre deines heiligen namens / und außbreitung deines worts / und zu förderung der gantzen Christenheit / auf daß sich die armen und elenden[c] im lande in dir freuen / und deinen namen rühmen / der du alleine wunder thust / und beweisest deine macht unter allen völckern / Amen.

Für die Vngläubigen und Verführten.

JCh bitte dich / mein himmlischer Vater / durch Jesum Christum deinen lieben Sohn unsern Herrn / du wollest dich gnädig erbarmen über alle ungläubige / wer und wo sie seyen / so noch in der Finsterniß wandeln / welche das liecht deines Evangelions nicht haben / die der teufel mit blindheit geschlagen / und ihr unverständiges hertz verfinstert hat / die entfrembdet sind von dem leben / das aus Gott ist / durch die unwissen- [68] heit / so in ihnen ist / und zu den stummen götzen[d] gehen / wie sie geführet werden / und deinen lieben Sohn JEsum Christum den gnadenthron aus[e] blindheit verflu-

---

a EV^A: *deine* statt deinen || **b** EV^A: *namen* (auch F^A) statt name (auch C^A) || **c** EV^A: *elendem* statt elenden || **d** EV^A: *götzer* statt götzen || **e** EV^A: *gnadenthron / aus* (auch C^A) statt gnadenthron aus (auch St 173)

chen und lästern. Derwegen / du getreuer GOTT / nim hinweg die decke / welche da hänget unaufgedeckt für den hertzen der Jüden / die sich stossen an den stein des anlaufens / und an den fels der ärgerniß. Erleuchte ihre augen / auf daß sie erkennen den wahren Meßiam der welt Heyland. Bringe die heyden und alle ungläubige / so dein wort für eine torheit achten / zu dem rechten schafstall und versamlung der Christen in die gemeinschaft der Heiligen / auf daß sie mit uns und allen Gläubigen / dich den Vater im Sohn / und den Sohn mit dem Vater im Heiligen Geist / einen wahren Gott und Herrn / ehren / preisen und anbäten. Eröffne das verständniß aller menschen / so ihre seligkeit und vertrauen / nicht einig und allein auf den rechten grund und eckstein Christum Jesum setzen / daß sie denselbigen / welchen du gesandt hast / erkennen mit rechtem glauben und wahrer zuversicht des hertzens für ihren Heyland und Erlöser annehmen / der mit seinem gehorsam und erfüllung des Gesetzes durch seinen bittern tod eine ewige Erlösung erworben hat. Wollst auch alle / so vom Christlichen glauben abgewichen / oder sonst mit etlichen stücken irrig / und mit falscher lehr behafftet sind / wiederbringen zu der ewigen warheit deines [69] wortes. GOtt aller gnaden / erbarme dich über alle die / welche des rechten glaubens nicht sind / so da sitzen im schatten des todes / und wandeln nach dunckelheit ihres sinnes auf unebener bahn. Suche das verlorne / bringe wieder das verirrte / erleuchte die verblendeten / eröffne die ohren der tauben / thue auf den mund der stummen / die dich nicht bekennen / richte auf die gefallenen / hole wieder die abgewichenen / versammele die zerstreuten / bringe zurechte die irrigen und verführten / umb deiner barmhertzigkeit willen / Amen.

Für die Wolthäter.

Gvtiger frommer GOTT / dieweil ich aus deinem göttlichen Worte höre und erkenne / daß du an aller undanckbarkeit mißfallen habest / und die strafe von dem hause des undanckbaren nicht bleiben werde / sintemal eines undanckbaren hoffnung wird vergehen wie ein reif im winde / und wie ein unnützes wasser verfliessen. So bitt ich dich / gib mir gnade / daß ich dir iederzeit von hertzengrund für alle deine wolthaten

dancke / auch gegen denen / so mir iemals gutes gethan / nicht
undanckbar erfunden werde / auf daß ich nicht in dein göttliches urtheil und gericht falle. Derhalben danck ich dir / O HErr
GOtt / allmächtiger Vater / denn du bist freundlich / und deine
5 güte währet ewiglich. Du bist treu / und hältest deinen bund in
tausent glied : Dir sey lob und preis für alle deine gaben / und
bitte [70] dich auch für alle menschen / die mir gutthat erzeiget / die mich von jugend auf erzogen und ernehret / die mich
gelehret / gestrafet und zum besten unterwiesen haben / die
10 mir förderlich gewesen mit worten und wercken / auch für
welche ich sonst schuldig bin zu bitten / derer namen und anligen dir wol bekandt sind. Du wollest sie dir / lieber Gott / alle
lassen befohlen seyn / ihnen wiederumb gutes thun an leib
und seele / hie zeitlich und dort ewig. Verleihe mir gnade und
15 deinen segen / daß ich ihnen zur zeit solche ihre wolthat könne
vergelten / und an ihren kindern wiederumb verdienen. Vnd
wie mir gutes widerfahren ist / daß ich auch also hinfort
andern leuten räthlich und behülflich sey / nach meinem vermögen / auf daß meine blätter nicht verwelcken / und ich
20 nicht / als ein dürrer unfruchtbarer baum außgerottet werde /
laß mich durch undanckbare leute / nicht unwillig / müde und[a]
laß werden / oder aufhören gutes zu thun an iedermann /
allermeist aber an den glaubensgenossen / weil du unser
himmlischer Vater auch gütig bist / und lässest die Sonne auf-
25 gehen über die bösen und über die frommen[b] / und lässest
regnen über die gerechten und ungerechten. Diesem deinen
milden exempel laß uns nachfolgen / auf daß wir uns beweisen
als deine rechtschaffene kinder / und mit wolthun verstopffen
die unwissenheit der töhrichten menschen / damit dein name
30 unter uns nicht entheiliget und gelästert / dei-[71]ne ehre
nicht geschändet werde / der du lebest und regierest / ein wahrer allmächtiger Gott von ewigkeit[c] / Amen.

Wider der Welt Anfechtung.

O Himlischer ewiger Gott / es ist leyder nichts gutes in der
welt / es ist nichts / denn eitel fleischeslust / augenlust[d] und
hofärtiges leben / darzu die gantze welt liget im argen / ist

---

a und] oder C^A || **b** EV^A: frommeu *statt* frommen || **c** von ewigkeit] von ewigkeit zu ewigkeit
C^A, St 179 || **d** EV^A: fleischeslust augenlust *statt* fleischeslust / augenlust *(auch C^A, F^A)*

voller ärgerniß und sünden. Darumb bitte ich dich / kehre mich ab von allen irrdischen dingen / und zeuch mich zu dir / auf daß ich der welt nicht mißbrauche / und dieselbige nicht lieb habe / noch was in ihr ist / sintemal sie doch endlich ver-
5 gehet / mit allem ihrem wesen. Hilf auch / daß ich mich nicht lasse ärgern böse exempel unartiger leute / so ich täglich in dieser welt für augen habe / auf daß ich nicht durch die weite pforte eingehe / und auf dem breiten wege wandele / welchen die welt gehet zum verdamniß und ewigem verderben. O hei-
10 liger Gott / der du mich von der welt erwehlet und abgesondert hast / daß ich nicht irrdisch gesinnet sey / sondern mit dem gemüte im Himmel wohnen solle / und trachten nach dem / was droben ist / nicht nach dem / was auf erden ist / gib gnade / daß ich mich dieser welt nicht gleich stelle / auch nicht
15 wandele nach ihrem lauf[1] / sondern mich verändere durch verneuerung meines sinnes / auf daß ich prüfen möge / welches da sey dein wolgefälliger und vollkommener göttlicher wille / und[a] denselben auch thue [72] von hertzengrund / damit ich fürsichtiglich wandele / als die weisen / und mich
20 schicke in die zeit. Laß mich von dir nimmermehr abgeschieden werden / weder durch der welt freundschaft noch feindschaft / weder durch ihre gunst noch abgunst. Verleihe / daß mir die welt gecreutziget werde / und ich der welt / durch absagung und vermeidung all ihrer lust[b] und befleckung / und
25 derselbigen gantz und gar absterbe. Vnd wann mich die welt hasset und verfolget / daß ich nicht kleinmütig oder ungedültig werde / denn sie deinen lieben Sohn Jesum Christum zuvor gehasset hat. Diß exempel laß meinen trost seyn neben gewissen merckzeichen / daß ich nicht von dieser welt bin. O gütiger
30 Gott / hilf / daß wir allesampt verleugnen das ungöttliche wesen / und die weltliche lüste / und züchtig / gerecht und gottselig leben in dieser welt / und warten auf dieselbige hoffnung und erscheinung der herrlichkeit des grossen Gottes unsers Heylandes Jesu Christi / der sich selbst für uns gegäben
35 hat / auf daß er uns erlösete von aller ungerechtigkeit / und reinigte ihm selbst ein volck zum eigenthum / das fleißig wäre zu guten wercken / Amen.

a EV^A: nnd statt und || **b** lust] list F^A

1 „Dies ist der Werlet Lauf" (W III,902)

Abendsegen[a] am Donnerstage.

GELobet sey GOtt der Vater durch Jesum Christum im Heiligen Geist / ein einiger ewiger Gott / der durch seine mannigfaltige güte / mich armen sünder und elenden menschen heut
5 diesen tag gantz genä-[73]diglich bewahret hat / für allen feurigen pfeilen des Satans / die des tages fliegen / für der seuche / die im mittage verderbet / darzu für dem[b] jähen schnellen tod / und für allem schaden väterlich behütet. HERR / deine güte reichet so hoch der Himmel ist / und deine
10 warheit / so weit die wolcken gehen. Jch bitte dich / mildreicher GOtt / du wollest mir aus gnaden verzeihen / alles / was ich heut wider dich gethan habe / es sey mit wercken / worten oder gedancken: Wollest auch deine barmhertzigkeit zu mir richten / und mich die zukünftige nacht lassen schlaffen und
15 ruhen / daß ich dich / der du bist die ewige ruhe / nun und nimmermehr verlasse / sondern in dir bleibe durch den glauben / und unter deinem schirm sicher wohne / auf daß sich der böse feind nicht dürfe zu mir nahen / und mir keinen schaden könne zufügen. Herr / du bist mein licht und mein heyl / für
20 wem solt ich mich fürchten? Du bist meines lebens krafft / für wem solte mir grauen? Auf dich verläßt sich mein hertz / und mir ist geholfen. Du bist mein trotz und gewaltiger schutz: Deine rechte hand stärcket mich / deine rechte tröstet mich / und unter dem schirm deiner arme habe ich zuflucht. Sihe /
25 mein GOTT / des tages ruffe ich / so antwortest du mir / und des nachtes schweige ich auch nicht / und du erhörest mich. Wann ich mich zu bette lege / so denck ich an dich / wann ich erwache / so rede ich von dir / denn du bist mein helfer / und unter dem schat-[74]ten deiner flügel ruhe ich / meine seele
30 hanget dir an / deine rechte erhält mich. O gütiger Gott / verleihe mir gnade / daß / wann mein sterbstündlein herzu nahet / und ich ins todbette zur ewigen ruhe mich sol niederlegen / daß ich durch deine hülfe im rechten vesten Glauben getrost und unverzagt möge seliglich zum ewigen leben einschlaffen.
35 Jndeß erhalte mich dir / daß ich allezeit wache / nüchtern und mäßig lebe / und in Christlicher bereitschafft erfunden werde / sintemal ich nicht wissen kan / zu welcher stunde du unser

a Abendsegen] Abendgebät F[A] || **b** dem] den F[A]

Gott kommen wirst / und mich von hinnen abfordern. Solches[a] verleihe mir / umb Jesu Christi deines lieben Sohnes unsers HErrn willen / Amen.

Morgensegen[b] am Freytage.

GEbenedeyet sey GOtt mein Schöpfer / gebenedeyet sey GOtt[c] mein Heyland / und gebenedeyet sey GOtt mein höchster Trost / der mir gibt gesundheit / leben und segen / der mein schutz und hülfe ist / und mich an leib und seele / nach seiner grossen und hochberühmten barmhertzigkeit / in dieser
10 vergangenen nacht / für mancherley des Satans beschädigung behütet / und gesund an diesen tag hat kommen lassen. Jch bitte dich / himmlischer Vater / durch den blutigen schweiß Jesu Christi deines lieben Sohnes / du wollest mich heute diesen tag auch in deinen göttlichen schutz nehmen / mich
15 beschirmen und handhaben / innerlich und eusserlich / daß [75] mir kein arges widerfahre / denn in deine hände thu ich befehlen heut und alle tage meine arme seele / meinen elenden leib / mein dürftiges leben / meine sinne / vernunft / verstand und anschläg / alle meine gedancken / wort und wercke / mein
20 thun und lassen / meinen eingang und außgang / mein gehen und stehen / mein sitzen und ligen / meinen willen und rahtschlag / mein dichten und trachten / meinen glauben und bekentniß / und was ich außwendig und inwendig bin und vermag / das ende meines lebens / den tag und die stunde mei-
25 nes todes / mein sterben und auferstehen. O Herr Gott / schaffe du mit mir / wie du wilt / und weissest / was[d] zu deiner ehr und meiner seligkeit das beste ist. Vnd so ich etwan aus gebrechligkeit würde sündigen / so bitte ich dich / du wollest deine barmhertzigkeit nicht von mir nehmen / deine gnade
30 nicht von mir wenden / deine hülfe mir nicht entziehen. Denn es ist sonst kein ander Gott noch helfer / vor dir ist kein ander gemacht / so wird auch nach dir keiner seyn: Du / du bist der erste und der letzte / und ausser dir ist kein Gott. Darumb ruffe ich zu dir allein: Laß deine güte über mich walten / laß mich
35 frühe hören deine gnade / denn ich hoffe auf dich. Leite mei-

a abfordern. Solches] abfordern: Auf daß ich würdig werden möge zu stehen für des Menschen Sohn / und nicht zu schanden werde in seinem gericht. Solches C[A] || **b** Morgensegen] Morgengebät F[A] || **c** EVp[A]: gebenedeyet GOTT *statt* gebenedeyet sey GOtt *(EVb[A])* || **d** was] daß F[A]

nen fuß auf rechter strassen / daß ich nicht wandele im rathe
der gottlosen / noch trete auf den weg der sünder / noch sitze /
da die spötter sitzen / sondern daß ich alle meines hertzens lust
und liebe habe zu dei-[76]nem wort und geboten / und in den-
5 selben mich übe tag und nacht / durch unsern Herrn Jesum
Christum / Amen.

Dancksagung für das Leyden Christi.

JCh dancke dir / HErr JEsu Christe / wahrer GOTT und
Mensch / daß du mich armen sünder und verdammten men-
10 schen / ohn alle meine wercke / verdienst und würdigkeit erlöset hast / durch dein heiliges leyden / sterben und blutvergiessen. O HErr JEsu Christe / wie groß ist dein leyden! Wie schwer
ist deine pein! Wie viel ist deine marter! Wie tief sind deine
wunden! Wie bitter und schmertzlich ist dein tod! Wie unauß-
15 sprechlich ist deine liebe / damit du mich deinem lieben Vater
versöhnet hast / da du am ölberg blutigen schweiß für grosser
todesangst geschwitzet / daß die blutstropffen auf die erde
gefallen / und daselbst von allen deinen jüngern verlassen / in
die hände der schnöden Jüden und gottlosen schaar / dich wil-
20 lig für mich ergeben / welche dich so gar hart[a] und vest[b]
gebunden / von einem ungerechten richter zum andern un-
barmhertzig geführet / daselbst bist du fälschlich verklaget /
verurtheilet / verspeyet / verhönet / und mit fäusten in das
angsichte geschlagen worden. Du bist umb unser missethat
25 willen verwundet / und umb unsrer sünde willen zerschlagen /
gegeisselt / und mit dornen gekrönet / und jämmerlich zugerichtet / wie ein armer wurm / der nicht einem menschen ähnlich gewesen. Denn du [77] warest der allerverachteste und
unwehrteste / voller schmertzen und kranckheit / also daß es
30 auch ein heydnisches hertz erbarmet hat / und gesaget: Sihe /
welch ein mensch ist das? Du bist von wegen meiner mißhandlung / mitten unter zweyen übelthätern gerechnet / und als ein
fluch aufgehencket / an händen und füssen mit nägeln durch-
graben / darzu in deinem höchsten durste mit eßig und gallen
35 geträncket / und mit grossen schmertzen hast du deinen Geist
aufgegäben / auf daß du unsere schuld bezahlest / und wir

---

a dich so gar hart] dich hart C[A], F[A] || **b** vest] grausamlich C[A], F[A] ◇ so gar hart und vest] hart
vnd vngeschwungen St 193

durch deine wunden geheilet würden. Für diese alle deine marter und pein sage ich dir lob und danck / und bitte dich / laß dein heiliges bitter leyden an mir armen sünder nicht verloren seyn / sondern daß ich mich dessen von hertzen tröste und
5 rühme / auch dasselbe also begehe und betrachte / daß alle böse lüste in mir außgeleschet und gedämpffet: dagegen aber alle tugenden eingepflantzet und gemehret werden / auf daß ich der sünden abgestorben / der gerechtigkeit lebe / und deinem mir gelassenem fürbilde nachfolge / in deine fußstapffen
10 trete / das übel mit gedult ertrage[a] / und das unrecht mit gutem gewissen leyde / Amen.

Vmb rechtschaffene Busse.

GNädiger barmhertziger GOTT / du bist gedultig / von grosser güte und treue / du beruffest uns täglich / durch die
15 gnadenpredigt deines wortes / zur Christlichen bekehrung / und lässest in deinem na-[78]men allen leuten verkündigen busse und vergebung der sünden: darzu auch / so hast du mit uns gedult durch deine langmütigkeit / und unaußsprechliche barmhertzigkeit / in dem daß du die sünder nicht plötzlich
20 überfällest / auf frischer that und mißhandlung / mit deinem gerechten zorn und gerichte dieselbigen zu strafen / sondern giebest raum und frist zur bekehrung / damit niemand über dich billich zu klagen habe / und dich beschuldigen könne. Denn es ist je nicht dein wille / daß iemand sol verloren wer-
25 den / sondern / daß sich iedermann zur busse bekehre / und das ewige leben habe. O lieber Gott / du weissest unsers fleisches trägheit / und des hertzens härtigkeit / daß wir durch die erbschuld dermassen verruckt / und so tief in die sünde gefallen seyn / daß wir von uns selber nicht können aufstehen /
30 oder wiederkehren: Darumb bitte ich dich / durch die wunden Jesu Christi unsers Herrn: Bekehre mich / so werde ich bekehret: denn du bist mein Gott / und so ich bekehret werde / thu ich busse. Heile du mich / Herr / so werde ich heil: Hilf du mir / so ist mir geholfen. Sihe ich bin wie ein verirret und
35 verlornes schaf / suche deinen knecht (magd) auf daß ich nicht vergesse deiner gebot. Beschneide du die vorhaut meines hertzens. Entsündige[b] mich / daß ich rein werde / wasche mich /

a ertrage] vertrage C[A], F[A] || **b** EV[A]: Eutsündige *statt* Entsündige

daß ich schneeweiß werde. Schaffe in mir / Gott / ein reines hertz / und gib mir einen neuen gewissen geist. Verwirf mich nicht von dei-[79]nem angesichte / und nim deinen Heiligen Geist nicht von mir. O lieber Gott / siehe mich an in der masse /
5 wie du angesehen hast Mariam Magdalenam / die bußfertige sünderin / als sie lag zu deinen füssen / und hertzlich weinete über ihre missethat. Verleihe mir ernstliche reu und leid über meine sünde / auch einen wahren glauben / mit rechter zuversicht auf deine gnade / dazu würdige frucht der busse. Laß
10 mich die zeit meiner heimsuchung erkennen / und den reichthumb deiner güte nicht verachten / auf daß ich die angenehme zeit / und den tag des heyls nicht verseume / und mich nicht verziehe / zu dir / meinem Gott und Herrn / zu bekehren / meine busse nicht schiebe von einem tage auf den
15 andern / noch auf das letzte stündlein / sondern daß ich itzt und heute den tag mich bekehre und bessere / Amen.

Vmb Gedult in Leidenszeit[1].

Allmächtiger gütiger Gott / der du bist eine stärcke der schwachen / ein heyl der krancken / eine krafft der mühse-
20 ligen / ein trost der betrübeten / eine freude der traurigen / eine zuflucht der verlassenen / eine hülfe der angefochtenen / ein leben der sterbenden / ein Gott der gedult und alles trostes / du siehest und weissest / daß wir von natur schwach / blöd und verzagt sind / und im creutz ohn deine göttliche hülf
25 und beystand nicht können bestehen. Derwegen ruffe ich zu dir / wann du mir kranckheit / oder sonst widerwertigkeit / nach deinem göttlichen [80] willen und wolgefallen / zuschickest / du wollest mich auch darinnen vest im glauben und beständig in der gedult erhalten. Verleihe mir gnade / daß ich
30 deine väterliche hand und züchtigung möge erleiden mit sanfftem geiste und stillem hertzen. Gib mir gedult / welche mir hoch von nöthen ist / in leydenszeit[1] / und lehre mich / daß ich dir meinem Gott still halte / wann mir es übel gehet / damit ich die trübsal nicht achte für ein zeichen deiner ungnade /
35 und in meinem hertzen nicht etwa wider dich murre / oder sonst unleidig werde / sondern laß mich erkennen / daß / welchen du / Herr / lieb habest / denselbigen thuest du auch züch-

1 [291*] „Vater unser im Himmelreich"

tigen / zu seiner besserunga: Denn die trübsal bringet gedult / gedult aber bringet erfahrung / erfahrung aber bringet hoffnung / hoffnung aber lässet nicht zu schanden werden / und selig ist der mann / den du / GOtt / strafest. Darumb sol sich niemand weigern der züchtigung des Allmächtigen / denn du verletzest und verbindest. Du zuschmeissest / und deine hand heylet: Aus sechs trübsalen wirst du mich errettenb / und in der siebenden wird mich kein übel rühren. So hilf nu / ewiger barmhertziger Gott / daß ich in gedult meine seele möge besitzen / und in gewisser hoffnung unabgewendet bleiben / auf daß ich / mit kindlicher zuversicht / dein väterliches hertz / unter dem creutz verborgen / möge erkennen / mit allerley krafft mächtig und gestärcket werde / nach der herrlichen grossen [81] macht deines ruhms / und zu aller gedult und langmütigkeit / in aller anfechtung / widerwertigkeit und leyden / gewapnet möge bestehen / und frölich mit danckbarem gemüth / in aller noth dich preisen / auf daß / die wir mit Christo Jesu / deinem lieben Sohn / allhie leyden / auch mit ihm zur ewigen herrlichkeit erhaben werden / Amen.

Für die Schwangern.

Jmmlischer Vater / Allmächtiger Gott / der du / nach deiner ewigen weißheit / dem weiblichen geschlechte auferleget hast / daß es mit kummer und schmertzen solle kinder gebären / und die welt mehren. Jch bitte dich / du wollest ihnen deinen göttlichen willen und wolgefallen zu erkennen geben / daß sie solche ihre schmertzen und traurigkeit mit gedult tragen und leyden: Wollest auch ihre traurigkeit in freude verkehren / durch einen frölichen anblick ihrer geburt / damit sie nicht mehr gedencken an die angst / umb der freude willen / daß der mensch zur welt geboren ist. So hilf nu / allmächtiger GOtt / beyden der mutter und dem kinde / denn ohne deine hülfe und beystand ist es sonst gantz verloren / wann gleich die gantze welt gegenwärtig da stünde. Verleihe / daß die frucht wolgeschaffen und gesund ohne tadel und gebrechen auf die welt komme. Wehre dem bösen feinde / der nicht gerne siehet / daß ein kind lebendig zur welt geboren werde / auf daß er seine tyranney nicht an ihnen übe. Behüte alle schwangere

a EVA: desserung *statt* besserung || **b** EVA: erreten *statt* erretten

Chri-[82]stenfrauen für einer unzeitigen geburt und schrecklichem ungeheuren anblick. Gib auch deine gnade / daß dem armen kindlein nach seiner fleischlichen geburt die[a] heilige taufe widerfahre / dadurch es geistlich zum ewigen leben wiedergeboren / und eine neue Creatur in Christo Jesu werden möge. Stärcke alle Wöchnerin und Säugerinnen mit deiner krafft und macht / daß sie wieder zu ihrer leibesgesundheit kommen und genesen / dich den rechten und einigen nothhelfer preisen und rühmen / mit verkündigung deiner wolthaten / und ferner dir lernen vertrauen / der du nahe bist allen denen / die dich mit ernst anruffen. Wo aber durch dein verhengniß / nach deinem verborgenen und unerforschlichen willen / eine mißgeburt sich zutrüge / oder sonst übel gelünge / so verleihe / barmhertziger GOtt / den betrübeten eltern / daß sie solch ihr schweres creutz mit gedult tragen / und nicht in verzagung an deiner gnaden fallen / sondern es für eine probe ihres glaubens und der gedult achten / dich für ihren gnädigen GOtt erkennen und halten / der du die sünd und missethat vergiebest / und mitten im zorn denckst du der barmhertzigkeit. Vnd wann du iemand betrübet hast / so erfreuest du ihn hernach wieder / denn nach der züchtigung findet man gnade / durch Jesum Christum deinen Sohn unsern HErrn / Amen.

Für die Gefangenen. [83]

O Ewiger barmhertziger Vater / der du bist ein Gott im himmel und herrscher in allen königreichen / in deiner hand ist macht und gewalt / niemand ist / der wider dich stehen mag. Jch bitte dich für alle / so umb deines göttlichen worts und der warheit willen / oder sonst unter dem Türcken gefangen sind / die hart und übel geplaget / mit schweren dienstbarkeiten beladen / und gequälet werden: Du wollest sie mit deinem Heiligen Geiste in ihren hertzen trösten / sie von den grausamen banden und hartem joche ihrer gefängniß durch deine göttliche gewalt und barmhertzigkeit erledigen. Wollest mittel und wege schaffen / wie du wol kanst und weissest zu thun / damit sie erlöset werden. O HErr / bringe wieder die gefangene und verstossenen / umb deines namens willen / auf daß sie dancken deinem namen / und rühmen dein lob. Ach daß der Herr das seuftzen

a EV[A]: geburt / die *(auch C[A], St 205)* statt geburt die

der gefangenen hörete / und loß machte die kinder des todes. Ach daß der Herr sein gefangen volck erlösete / so würden die armen elenden leute sich freuen / und voll grosser freude seyn / wie die träumende / und würde ihr mund voll lachens / und ihre zunge voll rühmens seyn. Da würde man sagen unter den Heyden: der Herr hat grosses an ihnen gethan / deß sind wir frölich. Herr / wende das gefängniß der elenden / wie du die wasser gegen mittage trocknest / denn du bist allein unser helfer / und ein GOtt der heerscharen. Welche a-[84]ber ihr gefängniß nach deinem göttlichen und unerforschlichen willen / zur bewährung ihres glaubens und übung der gedult / länger sollen leiden / die wollest du trösten / ihr joch lindern / und ihnen geben / daß sie gnade finden / bey denen / die sie gefangen halten / mit ungezweifelter hoffnung / du werdest sie nicht ewig verstossen. Jnsonderheit erhalte sie bey wahrem Christlichen glauben / wider alle falsche lehre / daß sie sich in aller noth der erlösung ihrer seelen / aus dem ewigen gefängniß / und von höllischen banden / gäntzlich trösten und von hertzen freuen. O gütiger Gott / errette unsere seele von den ketten der finsterniß / und stricken des todes / der du lässest verkündigen den gefangenen eine erledigung / den gebundenen eine eröffnung / und ein gnädiges angenehmes jahr zu predigen befohlen hast / hilf / daß wir in der freyheit bestehen / damit uns Christus befreyet hat / und uns nicht lassen wiederumb in das knechtische joch fangen / auch nicht der sünden leibeigen werden / Amen.

Wider des Fleisches Anfechtung.

BArmhertziger / sanftmütiger GOTT / ewiger Vater / du weissest / daß in meinem fleische nichts gutes wohnet / sintemal ich gantz in sünden empfangen / und aus sündlichem samen gezeuget bin / darzu mein fleisch und blut also verruckt ist / daß ich aus eigener vernunfft nicht kan vernehmen / noch verstehen / was des Geistes ist. Jch [85] ruffe zu dir / du wollest mir offenbaren das rechte erkentniß deines lieben Sohnes / auf daß ich dein heiliges wort und geistliche dinge / nicht nach meinem fleischlichen verstande / richte oder urtheile / auch nicht fleischlich gesinnet sey. Hilf / daß ich meinen leib beteube / das böse fleisch zwinge / und es creutzige sampt den lüsten und begierden / auf daß mich regiere dein Heiliger Geist / und ich demselben folge in wahrer gerechtigkeit / weil ich / und alle / die Christo deinem Sohn angehören / nicht fleischlich / sondern geistlich seyn sollen / und schuldener sind / nicht dem fleische / sondern daß wir nach dem Geiste leben sollen / auf daß wir nicht an der seelen sterben müssen. Nach dem aber das fleisch allewege gelüstet wider den geist / und den geist wider das fleisch / und die stets beyeinander sind und zu kampff ligen / so hilf / du getreuer Gott / daß[a] der Heilige Geist / welchen du mir in meiner heiligen taufe / und durch dein liebes wort geschencket hast / in mir herrsche über das fleisch / und die oberhand gewinne / und ich demselben allezeit unterworfen sey / auch durch seine krafft möge des fleisches geschäffte tödten / mit allen affecten und wollüsten / daß ich hinfort nicht nach meinem eignen willen in eitelkeit meines sinnes wandele. Laß mich nicht von sünden und wercken des fleisches gefangen und überwunden werden / und ob ich unterweilen vom fleische und blute übereilet / oder aus schwachheit in [86] sünde möchte fallen und strauchlen / so gib gnade / daß ich durch deine göttliche hülfe und einsprechen des Heiligen Geistes / mich endlich wieder aufraffen möge. Verleihe / daß mein leib nicht geil / frech und ungezämet werde / sondern daß ich ihn casteye durch nüchtern und mäßiges leben / ihn unter dem joch deiner geboten bezwinge / auf daß ich mich mit deiner gnade reinige / von aller befleckung des fleisches und des gemüthes / und fortfahre mit der heiligung in der furcht / damit der geist sampt der seelen und leib erhalten werde unsträflich auf die zukunft unsers HErrn Jesu Christi / zur ewigen herrlichkeit / Amen.

Abendsegen[b] am Freytage.

GElobet sey der HErr / der alleine wunder thut / und gelobet[c] sey sein herrlicher name ewiglich / und alle lande müssen seiner ehren voll werden. Jch wil täglich rühmen von GOTT / und des abends sol ihm mein mund dancken für und für. Denn wann ich schreye / so erhöret er mich / und wann ich flehe / so neiget er seine ohren zu mir / wann ich bäte / mercket er auf meine stimme. Der HErr ist eine zuversicht und stärcke / eine

a EV[A]: das *statt* daß || **b** Abendsegen] Abendgebät F[A] || **c** thut / und gelobet] thut / gelobet F[A]

hülfe in den grossen nöthen / die mich troffen haben. Darumb sag ich dir / ewiger Gott / lob und preis / daß du mich heut diesen tag väterlich behütet hast / für allem unfall und schaden / so mir hätten können begegnen. Mein hertz ist frölich /
5 und meine seele preiset dich umb alle deine güte [87] und barmhertzigkeit / meine zunge sol ihr gespräch von dir haben / und immer sagen: Hochgelobet sey Gott / gesegnet sey dein heiliger name. Jch bitte dich / du wollest mir aus gnaden nachlassen / alles / was ich heut wider dich gesündiget habe / und
10 mich diese zukünftige nacht / sampt allem / was mir zustehet / auch schützen. Sey du mein schild und mein schatten über meiner rechten hand. O HErr / behüte mich für allem übel / behüte meine seele / sey mir gnädig / denn auf dich allein traue ich. Jch hoffe auf den Herrn / und ruffe zu GOtt dem
15 Allerhöchsten / zu Gott / der meines jammers ein ende machet. Sihe / der mich behütet / schläfet nicht. Sihe der hüter Jsrael schläfet noch schlummert nicht.[a] Er wird meinen gang erhalten auf rechter bahne / daß ich nicht strauchele / und meine tritte nicht wancken / er wird meinen fuß nicht gleiten lassen /
20 denn sein wort ist ein licht auf meinen wegen[b]. O Herr Gott / erhebe über mich das licht deines antlitzes / auf daß ich mich lege / und schlafe gantz mit frieden / und sicher möge wohnen unter deinem schirm / denn du allein / HErr / hilfest mir. Auf deinen namen wil ich mich nu zur ruhe nieder legen / und
25 meine augenlieder lassen schlummern / du HErr GOtt / wirst mich frölich wieder erwecken / zu lob und ehre deiner göttlichen Majestät / durch Jesum Christum deinen lieben Sohn / unsern HErrn / der mit dir lebet und regieret in einigkeit des Heiligen Geistes / von ewigkeit zu ewigkeit / Amen.

30 [88] **Morgensegen**[c] **am Sonnabend.**

O Du wahrer unsterblicher GOTT / Vater unsers HErrn Jesu Christi / zu dir erhebe ich mein gemüthe / mit schuldiger danckbarkeit / deine gerechtigkeit wil ich nicht verbergen in meinem hertzen / von deiner warheit und von deinem heil wil
35 ich reden / ich wil nicht verhölen deine güte und treue für der grossen Gemeine / und alles / was du mir gutes gethan hast /

---

a EV[A]: schlummert. *(Zeilenumbruch)* nicht. *statt* schlummert *(Zeilenumbruch)* nicht. || **b** auf meinen wegen] auf meinem wege C[A] || **c** Morgensegen] Morgengebät F[A]

wil ich nicht verschweigen. Denn es ist ein köstlich ding dem
HErrn dancken / und lobsingen deinem namen / du Höchster /
des morgends deine gnade / und des abends deine warheit verkündigen. Darumb preiset dich meine seele / daß du mich in
dieser nacht / durch deine überschwengliche barmhertzigkeit /
beschützet[a] hast. Gesegnet bist du / HErr GOtt Zebaoth / der du
dich genädig erzeigest / allen / die nach dir fragen / und dein
heyl lieben / gesegnet ist dein grosser name in allen landen /
der unser schutz und hülfe ist. Gesegnet sind alle deine
wercke / die du an den menschenkindern thust. Jch bitte dich /
du wollest mich heut den tag auch behüten / daß mir der böse
feind keinen schaden zufüge / und die hand der gottlosen mich
nicht berühre. HErr GOtt mein Heyland / frühe wach ich zu
dir / frühe ruff ich zu dir. Hilf / daß ich die wercke meines
beruffs / und was mir befohlen ist / fleißig und treulich außrichte / zu deinem lobe und meines nechsten besserung / damit
ich das liecht dieses tags [89] nicht mißbrauche zur sünde /
dich nicht beleidige mit meinem thun und lassen / und den
bund meiner heiligen taufe nicht übertrete. Verleihe mir auch
gnade / daß ich mich hüte für den sechs stücken / die du has-
sest / und für dem siebenden / daran du ein greuel hast / als
da sind hohe augen / falsche zungen / hände / die unschuldiges
blut vergiessen / ein hertz / das mit bösen tücken umbgehet /
füsse / die behende sind schaden zu thun / falscher zeuge / der
frech lügen redet / und der hadder zwischen brüdern anrichtet.
Für solchen und dergleichen lastern bewahre mich / mein
Gott / und gib gnade / daß alles mein thun und lassen dir
gefalle in Christo Jesu deinem lieben Sohn / unsern HErrn / der
mit dir lebet und regieret in einigkeit des H. Geistes / von ewigkeit zu ewigkeit / Amen.

Dancksagung für Gottes Barm-
hertzigkeit.

O Du Heilige Dreyfaltigkeit / wahre einigkeit / die du bist
unterschiedlich in dreyen personen / und doch einig im
wesen / ein HErr und ein Gott in gleicher Majestät und herrlichkeit / wir anbäten dich / wir ehren / loben / preisen dich /
wir dancken dir aus grund unserer hertzen / für alle deine

---

a EV[A]: barmhertzigkeit beschützet *(auch C[A], F[A], St 221)* statt barmhertzigkeit / beschützet wolthaten / die du uns erzeiget hast. Es ist je billich und recht / und ist heylsam / daß wir dir / o heiliger Vater / an^a allen orten / und zu iederzeit dancksagen / durch Christum unsern HErrn / welchen da loben die Engel / und anbäten die Ertzengel / und alle [90] Chor der himlischen heerscharen / die gewaltigen und Fürsten im himmel / und alle kräfften der erden / und sonderlich deine heilige Christliche kirche / im gantzen umbkreise der welt / lobet und preiset dich ohn unterlaß mit hohem gezeugniß: Mit denselben wollest^b auch unsere stimme zulassen / unser gebät / lob und dancksagung / die wir itzt thun / umb deine^c grosse barmhertzigkeit annehmen / welche / so hoch der himmel über der erden ist / über uns alle morgen neu aufgehet / denn da wir todt waren in sünden / hast du uns sampt Christo lebendig gemacht / und erzeiget den überschwenglichen reichthumb deiner gnade / durch deine güte über uns. O wie ist die barmhertzigkeit des HErrn so^d groß / und lesset sich so gnädig^e finden / denen / die sich zu ihm bekehren: Wer kan seine barmhertzigkeit erzehlen? Man kan sie weder wehren noch mehren / sie ist ja so groß / als er selber ist. Er strafet und züchtiget / er lehret und pfleget / wie ein hirte seiner heerde. Er erbarmet sich aller / die sich ziehen lassen / und fleißig Gottes wort hören. Wie sich ein vater über kinder erbarmet / so erbarmet sich der Herr über die / so ihn fürchten. Wo ist ein solcher Gott / wie du bist? Der die sünde vergiebt / und erläßt die missethat den übrigen seines erbtheils / der seinen zorn nicht ewiglich hält^f. Denn er ist barmhertzig / er wird sich unser wieder erbarmen / unser missethat dämpfen / und alle unsere sünde^g in die tiefe des meeres werfen. Solche dei-[91]ne güte / und über alle massen reiche barmhertzigkeit / welche von der welt her gewesen ist / und in alle ewigkeit währet / wollen wir rühmen und verkündigen von geschlecht zu geschlechte / und dich preisen / daß du gnädig und barmhertzig bist / gedültig und von grosser güt und treue. Jch bitte dich / laß mich armen sünder bey dir auch barmhertzigkeit^h erlangen / der du lebest und regierest in ewigkeit / Amen.

a EV^A: Vater an *statt* Vater / an *(auch C^A, E^A–F^A)* || **b** wollest] wollst C^A; wollstu E^A–F^A || **c** deine] deiner E^A || **d** EV^A: HErrn / so *statt* HErrn so *(auch C^A, E^A–F^A)* || **e** sich so gnädig] sich gnädig E^A–F^A || **f** hält] behält E^A–F^A || **g** sünde] sünden C^A, E^A–F^A || **h** dir auch barmhertzigkeit] dir barmhertzigkeit E^A

Vmb ein seliges Ende.

OGütiger Gott / du hast dem menschen ein ziel gesetzet zu leben / welches er nicht kan übergehen / denn er hat seine bestimmete zeit / die zahl seiner monden stehet bey dir / alle unsere tage hastu gezählet / welche doch schnell dahin fahren / wie ein strom / nicht anders / als flögen sie dahin / alle unsere jahre sind wie ein rauch oder schatten / der da plötzlich vergehet. Der mensch ist doch wie graß / welches bald verdorret / und wie eine blume auf dem felde verwelcket. So lehre mich nu erkennen und zu gemüthe führen / daß ein ende mit mir haben muß / und mein leben ein ziel hat / und ich davon muß. Sihe meine tage sind einer hand breit bey dir / und mein leben ist wie nichts für dir. Wie gar nichts sind alle menschen / die doch so sicher dahin leben. HErr / lehre mich bedencken / daß ich sterben muß / und allhier in dieser pilgerschafft keine bleibende stat habe. Thue mir kund mein kurtzes und vergängliches wesen / daß ich offt und viel gedencke an mein [92] ende / auf daß ich in dieser welt nicht mir selbst / sondern dir lebe und sterbe / damit ich im glauben wacker und frölich erwarte den tag meiner heimfahrt / und der erscheinung deines Sohnes JEsu Christi / und geschickt zu derselbigen / mit heiligem wandel und gottseligem wesen / eile. Begnade mich mit einem seligen abschiede / wann mein stündlein[1] herzu nahet / daß ich seliglich sterbe / und ein vernünftiges ende nehme / in wahrem bekentniß / daß mein verstand und sinne nicht verruckt werden / und ich nicht aberwitzige reden / oder lästerwort wider dich meinen Herrn / und wider meine seligkeit führe. Behüte mich auch für einem schnellen bösen tode / und für dem ewigen verdamniß. Laß mich nicht plötzlich und unversehens mit meinem letzten stündlein überfallen werden / sondern daß ich mich zuvor mit wahrer buß und rechtem glauben bereite / und wann dasselbige kommt / so mache mich freudig und unverzagt zu dem zeitlichen tode / der mir nur die thür aufthut zum ewigen leben. Vnd laß mich deinen diener alsdann im friede fahren / denn meine augen[a] haben deinen Heyland gesehen / welchen du bereitet hast für allen völckern / ein liecht zu erleuchten die Heyden / und zum preise deines

---

a EV^A: angen *statt* augen

1 [477*] „Wenn mein Stündlein vorhanden ist"

volcks Jsrael. Gib / daß mein letztes wort sey / welches dein lieber Sohn am creutze gesprochen: Vater / in deine hände befehl ich meinen geist. Vnd wann ich nicht mehr reden kan / so erhöre doch mein letztes seuftzen / durch Jesum Christum / Amen.

[93] **Vmb das tägliche Brodt.**

Allmächtiger GOTT / zu dir / unserm Vater im himmel / schreyen wir deine elende kinder auf erden / du wollest uns das tägliche brodt / und was zur leiblichen erhaltung und nothdurft gehöret / durch deine grundlose barmhertzigkeit geben und mittheilen. Verleihe gnade und segen zu aller arbeit / zu allem handwerck und gewerb / auch zu dem löblichen bergwerck: Denn dein segen machet reich / und wo du nicht das haus bauest / so arbeiten ümbsonst / die daran bauen. Hilf / daß wir das netz unsers beruffs in deinem namen außwerfen / und uns gelinge: Bewahre alle wandersleute die zu lande und wasser müssen ferne umbziehen / und ihre nahrung suchen / daß sie sampt hab und gut behütet werden. Darzu so gib gnade / daß iedermann / im kaufen und verkaufen / mit gutem gewissen / ohne vortheil und betrug handele / und daß ein ieder etwas redliches arbeite / auf daß er habe zu geben dem dürftigen. Laß dir alle treue dienstboten und arbeiter befohlen seyn / stärcke sie an leib und seele. Behüte uns für untreues[a] gesinde / hilf / daß wir aller deiner gaben mit dancksagung seliglich gebrauchen / und uns nicht mit dem Mammon und seinem unseligen dienste beschweren / noch mit der leidigen bauchsorge martern und plagen. Gib den armen gedult in ihrer armut / daß sie nicht wider deinen göttlichen willen murren / auch nicht neidisch werden [94] auf die reichen und wolhabenden / oder sich sonst an deinen geboten vergreifen. Verleihe den reichen / daß sie nicht stoltz seyn / auch nicht hoffen auf den ungewissen reichthum / sondern auf dich lebendigen Gott / der du uns dargiebest reichlich allerley zu geniessen / daß sie gutes thun / reich werden an guten wercken / gerne geben / behülflich seyn / schätze samlen / ihnen selbst einen guten grund aufs zukünftige bauen / daß sie ergreifen das ewige leben. O Herr Gott / zweyerley bitte ich

a untreues] untreuen F^A

von dir / du wollest mirs^a nicht weigern / ehe ich sterbe: Abgötterey und lügen laß ferne von mir seyn / armut und reichthum gib mir nicht / laß mich aber mein bescheiden theil speise dahin nehmen. Jch möchte sonst / wo ich zu satt würde /
5 dich verleugnen und sagen: Wer ist der Herr? Oder wo ich zu arm würde / möcht ich stehlen / und mich an den namen meines Gottes vergreifen / dafür behüte mich / lieber GOtt / durch Jesum Christum deinen lieben Sohn / Amen.

Für die bekümmerte Menschen.[b]

HErr himmlischer Vater / weil der teufel unser abgesagter feind die bekümmerten hertzen nicht lässet unangefochten / sondern alle ihre noth zu seinem vortheil pfleget zu gebrauchen / und sie mit seltzamen wunderlichen gedancken plaget / auf daß er ihre gewissen schüchter mache / verstricke / und sie
15 zur verzweifelung möchte bringen. So bitt ich dich demütiglich / durch den to-[95]deskampf und blutigen schweiß Jesu Christi / du wollest dich aller schwermütigen und angefochtenen leute gnädiglich annehmen / ihre blöde und zaghaftige gewissen / mit deinem Heiligen Geiste durch dein wort auf-
20 richten / dazu alle ihr^c anliegen / nach deinem väterlichen göttlichen willen / wenden / ihre Thränen abwischen / und durch deine tröstung ihre seelen ergötzen / auf daß sie nicht etwan neben ihrer äusserlichen noth und beschwerung / durch anregung des bösen feindes / aus schwachheit ihres fleisches /
25 gröblich fallen in grosse und geistliche gefahr ihrer seelen / in mißglauben und verzweifelung / oder in andere grosse schand und laster kommen. O du getreuer GOTT / der du niemand lässest versucht werden über sein vermögen / sondern wie hart iemand versuchet wird / so schaffest du / daß es also ein ende
30 gewinne / daß ers ertragen könne. Jch schreye zu dir / du wollest den arglistigen schlangenkopf des teufels unter unsere füsse zutreten und zuknirschen / seine gewalt und geschwindigkeit / die er an den armen Christen wil üben / und begehret sie wie den weitzen zu sichten / die wollest du schwächen und
35 zumalmen. Stehe bey dem armen menschlichen geschlecht / umb deines lieben Sohnes willen / der auch für uns / und uns

a mirs] mir F^A || **b** EV^A: Menschen *statt* Menschen. || **c** alle ihr] all ihre F^A

zu gut in seiner menschheit ist versuchet worden[a]. Hilf / daß wir deiner warhafftigen verheissung und göttlichen beystandes / in aller noth und gefahr / zu ieder zeit [96] uns von hertzen trösten / und auch derselbigen deiner gnad und hülfe empfindig werden in der that / damit wir dem geschwinden anlauf des Satans mit starckem glauben widerstehen / und ihn durch deine krafft ritterlich überwinden / durch des Lammes blut / und das wort unsers zeugnisses / nemlich / durch das Evangelion / siegen / damit das heyl und die krafft / und das reich und die macht sey allein unsers Gottes / der du lebest und regierest in ewigkeit / Amen.

Für Wittwen und Weysen.

O Frommer treuer GOTT / der du dich selber nennest einen Vater der weysen / und einen richter der wittwen / nimmest dich ihrer noth an / und schaffest ihnen recht. Hast uns auch geboten durch dein wort / daß wir sie nicht betrüben noch beleidigen sollen / sintemal sie vorhin von der welt verlassen / und betrübete leute sind. Jch bitte dich / du wollest dir alle arme wittwen und elende weysen in deine gnade lassen befohlen seyn / sie versorgen und ernehren / mit speise / kleider und aller nothdurft / auch sie beschützen und vertheidigen / wider alle / so sie bedrengen und heraus treiben / laß sie genade finden bey aller Obrigkeit / damit den weysen recht geschaffet / und der wittwen sachen geholfen / ihr recht nicht gebogen oder verkehret werde / sondern rettung von ihrem widerpart / und billigen schutz / in aller rechtmäßigkeit erlangen. Hilf / daß sich ihre vormunde und vorsteher ihrer mit ernst annehmen / und [97] ihnen gutthat von iedermann erzeiget werde. Auch daß ich mich an ihnen nicht versündige / sondern ihnen gutes und kein übels thu. Sintemal ein reiner und unbefleckter Gottesdienst ist / weysen und wittwen in ihren trübsalen besuchen / und sich von der welt unbefleckt behalten. Wollest auch deine göttliche gnade verleihen / daß alle einsame wittwen zu ieder zeit ihre hoffnung auf dich lebendigen Gott / ihren Vater und Herrn / in aller noth und anfechtung / stellen / dem gebät und flehen anhangen tag und nacht: Dazu allen guten wercken / als rechtschaffene gottselige Wittwen / nachkom-

a EV[A]: versuchet / worden *statt* versuchet worden *(auch C[A], F[A])* men / sich für wollüsten hüten / und nicht etwa mit reden / geberden / die ihnen nicht geziemen / oder andern bösen exempeln ärgerniß geben / oder sich verdächtig machen und sünde auf sich laden. Deßgleichen hilf auch / daß alle Weysen in deiner göttlichen furcht und zucht / erbarlich zu allem guten und gottseligkeit erzogen werden / ihren Vorstehern und zuchtmeistern gehorsam seyen / und sich ziehen lassen / in aller redlichkeit aufwachsen / treue ermahnung / guten raht / und väterliche strafe annehmen / damit sie für schand und laster behütet werden. Bewahre auch alle Christliche eheleute und kinder / daß sie nicht durch das schwerdt in deinem grimme / oder sonsten durch unzeitliches absterben ihrer Eltern / zu armen wittwen und elenden weysen gemacht werden. Nim dich unser mit gnaden an / umb [98] Jesu Christi deines lieben Sohnes willen / Amen.

Wider die Verzweifelung.

O Barmhertziger GOTT / nach dem ich offt muthwillig deine heilige gebot überschritten / dich meinen Gott und HErrn verachtet / erzürnt und häftig beleidiget habe / daher mir mein gewissen hart beschwert und verwundet ist / daß ich darob fast kleinmühtig und zaghafftig bin / wiewol mir dein heiliges wort vergebung meiner sünden / aus lauter gnaden / unwiderruflich zugesagt: So ist doch mein glaube schwach / und der Teufel starck / der mir gern allen trost stelen / und aus dem hertzen reissen wolte. Derwegen ruffe ich zu dir / o heiliger Vater / laß mich an deiner göttlichen gnade nun und nimmermehr verzagen / daß ich nicht in die allergrösseste sünde des unglaubens und der verzweifelung falle / oder drein willige. Stärcke mich / daß ich mitten im tode auf dich mein leben hoffe / und an deiner barmhertzigkeit und hülfe nicht verzage / auf daß ich nicht / wie der gottlose Cain / meine sünde grösser achte / denn sie mir könten vergeben werden. O Christe Gottes Sohn / du lebendiger brunn aller gnaden / der du überfliessen thust mit eitel quellen der barmhertzigkeit / zu dir ruffe ich von gantzem gemühte: Mehre meinen[a] glauben / auf dein heiliges leyden und sterben. Denn das ist je gewißlich und unwidersprechlich wahr / daß ein tröpflein deines allerheilig-

a Mehre meinen] Mehre mir meinen C^A

[99]sten blutes für mich vergossen / viel kräfftiger und mächtiger ist / weder alle meine grössesten und mächtigsten sünden. Siehe mich an mit den augen deiner barmhertzigkeit / wie du angesehen hast den lieben Petrum / nach dem er dich verleugnet und sich verflucht hatte / auf daß ich nicht / wie Judas der verrähter / verzweifele / und sünde in den Heiligen Geist begehe. O Gott Heiliger Geist / du milder schatz / stehe mir bey in meiner letzten noth / wann mich der böse feind anklagt / und mein gewissen mich beschuldiget / wann mich erschreckt der höllen anblick / und ich mit eitel todesnöthen und greulichen anfechtungen umbfangen bin. Wann mich die gantze welt verlässet / und alles wider mich stehet / so tröste mich / daß meine hoffnung mir nicht entfalle. Bekräfftige mein hertz mit deinem gezeugniß und versigelung / daß ich vestiglich gläube eine vergebung der sünden / die mir und allen / so der verheissung GOttes trauen / widerfahren wird. Laß mich des bundes meiner heiligen taufe eingedenck seyn / und mich der angehefteten zusagung[a] (Wer da gläubet und getauft wird / der wird selig werden) von hertzengrund annehmen und trösten / Amen.

Abendsegen[b] am Sonnabend.

LOb sey dir / du höchster und unsterblicher Gott / lob sey deiner milden güte und barmhertzigkeit / lob sey deiner ewigen weißheit und warheit / der du mich diesen [100] tag für allem schaden und übel behütet hast. Jch bitte dich / du wollest deine güte / so du an mir angefangen hast / gnädiglich vollenden / und mich heint diese nacht auch lassen ruhen unter deinem höchsten schirm / und mich mit deinen fittigen bedecken. Laß meine zuversicht seyn unter dem schatten deiner arme / daß ich kein unglück fürchte. HErr / du bist mein gut und mein erbtheil / mein heyl stehet[c] in deinen händen / hilf mir durch deine güte / daß nicht furcht und zittern über mich komme / und mich grauen des nachtes nicht überfalle. Sey du mir gnädig / denn auf dich trauet meine seele / und unter dem schatten deiner flügel habe ich zuflucht. Jch suche den HErrn in meiner noth / meine hand ist des nachtes außgestreckt und lässet nicht

---

a EV^A: zusagung. *statt* zusagung || **b** Abendsegen] Abendgebät F^A || **c** stehet] stehe C^A

ab / denn meine seele hat³ sonst keinen trost / so weiß ich auch von keinem helfer weder im himmel noch auf erden / denn von dir allein. Zu mitternacht / so ich erwache / gedencke ich an deinen namen / daß er so lieblich ist / und an deine güt und
5 treue / die du mir erzeiget hast / und dancke dir für die rechte deiner gerechtigkeit. Wann ich betrübet bin / so denckeᵇ ich an Gott / wann mein hertz in ängsten ist / so rede ich von meinem Heylande / denn er führt meine seele aus dem verderben / und errettet mich von den banden des todes. HErr Gott mein
10 Heyland / ich schreye tag und nacht für dir / daß du mir vergeben wollest alle meine mißhandlung / damit ich [101] diese wochen wider dich gethan habe. O Herr / errette meine seele umb deiner barmhertzigkeit willen. Du bist gnädig und gerecht / und unser Gott ist barmhertzig / der Herr behütet die
15 einfältigen: Wann ich niderlige / so hilft er mir auf. So befehl ich nun mein leib und seel in deine hände. Du treuer GOtt / du hast mich erlöset / durch Jesum Christum unsern Herrn / Amen.

Gebät sonderlicher Personen.
Eines Seelsorgers.

OGetreuer Gott / barmhertziger Vater / der du mich armen unwürdigen Diener zum heiligen predigampt beruffen / und zu einem menschenfischer gesetzet hast / daß ich viel seelen zum himmelreich fahen solle / und mich durch ordentliche
25 mittel zu diesem meinem pfarrvolck / das Evangelium zu verkündigen / außgesondert hast. Jch bitte dich / du wollest mich untüchtigen menschen mit deiner gnaden tüchtig machen / zu führen das ampt des neuen Testamentes / auf daß ich ein treuer diener und haußhalter über deine göttliche geheimniß sey /
30 und meinem ampt wol fürstehe. Nicht gezwungen / sondern willig: Nicht umb schändliches gewinnes willen / sondern von hertzengrund / aus liebe deines heiligen namens: und daß ich meine mir befohlene schäflein / mit heilsamer lehr / treulichᶜ weyde / der schwachen warte / die krancken hei-[102]le / das
35 verwundete verbinde / das verirrete wiederhole / und das verlorne suche / und die / so von einem fehl übereilet sind / wie-

---

a EVᴬ: hast *statt* hat || **b** dencke] gedencke Cᴬ, Fᴬ || **c** EVᴬ: lehr treulich *(auch Cᴬ) statt* lehr / treulich

der zu rechte helfe / mit sanftmütigem Geiste. Sende mir deinen Heiligen Geist[a] / der mir mund und weißheit gäbe zu reden / und dein wort unterschiedlich zu theilen. Laß mich nicht ein leeres Jnstrument und werckzeug deiner gnaden seyn / sondern wircke du durch mich kräfftiglich / und gib das gedeyen reichlich. O lieber Gott / du hast mich zum wächter gesetzet über dein volck. Hilf / daß ich den gottlosen warne / und die übelthäter deine wege lehre / daß sich die sünder zu dir bekehren / und ihrer viel zu deinem reiche gewonnen werden. Verleihe auch / daß ich deinem worte gleichförmig und gemäß lebe / und ein fürbild werde der heerde / auf daß ich nicht den andern predige / und selbst verwerflich werde / damit ich nicht mit unchristlichem wandel ursach gebe deinen feinden / deinen namen zu lästern / oder sonsten ärgerniß anrichte. Gib mir und allen meinen zuhörern deinen Heiligen Geist / daß wir im wahren glauben / furcht und liebe wachsen / und in vester hoffnung mit bußfertigem leben / beständig bis an unser ende verharren / und also miteinander die unverwelckliche krone der ehren empfahen / wann erscheinen wird der Ertzhirte / Christus Jesus unser Heyland / welcher mit dir lebet und regiret in einigkeit des Heiligen Geistes / Amen.

Gebät eines Pfarrkindes. [103]

O Ewiger Gott / himmlischer Vater / ich bitte dich für meinen Seelsorger / daß du ihm gäbest dein wort mit freudigem aufthun seines mundes / unerschrocken wider alle irrthüme / falsche lehren und mißbräuche zu reden / auf daß er uns das geheimniß des Evangelions offenbare und verkündige / allen falschen wahn aus unserm hertzen reisse. Erhalte ihn bey reiner heilsamer lehre / und in Christlichem wandel / daß er uns für gehe zum ewigen leben. Behüte seinen leib und gesundheit / auf daß er uns lange zeit mit frucht und nutz könne fürstehen / und dein göttliches wort ohn allen scheu / furcht und entsetzung / ohne heucheley / nicht aus gunst / haß / neid und eigennutz möge predigen / sondern die reine warheit lauter sagen / und die laster strafen / wie sichs gebüret / damit ich und andere viel zu deinem reiche gewonnen werden. Eröffne mir mein hertz und ohren / daß ich mit lust und liebe / mit

a EV^A: Giste *statt* Geist

andacht meines gemüthes / und hertzlicher aufmerckung / deinem heylwertigen worte zuhöre / und nach demselbigen in rechtem glauben gottselig wandele / und frucht bringe / zu deinen göttlichen ehren. Nim von mir allen überdruß / und des hertzen trägheit / und sencke[a] in mein gemüthe einen rechten hunger und ernstliches verlangen nach dem überschwencklichen reichthum deiner gnaden / so uns in der reinen predigt fürgetragen wird. Gib mir gnade / daß ich meinen seelsorger erkenne und halte [104] für einen haußhalter deiner göttlichen geheimniß / auf daß ich dein[b] wort aus seinem munde annehme / nicht anders / als von dir selbst / und nicht verachte das heilige ampt / welches du den menschen befohlen hast / auch daß ich dein wort nicht geringer achte von wegen etlicher gebrechen deß / so es prediget und verkündiget. Hilf / daß ich alle väterliche straf und ermahnung / von meinem prediger / gütlich und willig aufnehme / dieselbige mit wolmeynung verstehe / mich daraus bessere / von meinen sünden abstehe / und nicht die züchtigung hasse noch verwerfe / oder diejenige / so mich strafen / anfeinde noch lästere / erhalte uns allesampt in wahrem glauben und Christlichem leben / daß wir darin wachsen / täglich zunehmen / und beständig bis an unser ende verharren / und durch deinen lieben Sohn Jesum Christum ewig selig werden / Amen.

Gebät einer Obrigkeit.[c]

GRoßmächtiger GOtt / HErr himmels und der erden / der du mich in den stand der Obrigkeit gesetzet / und mir gewalt über meine unterthanen / sie zu regieren / gegäben hast. Jch bitte dich / du wollest mir ein weises und verständiges hertze geben / daß ich dein volck richten möge / und verstehen / was gut und böse ist / darzu mit starckem muthe / ohn alle scheu und ansehen der personen / dem rechten nachjagen könne. Verleihe mir rath und krafft / zu thun / was dir gefällig / und meinen unterthanen nütz- [105] lich ist / und zu gutem frieden gereicht. Laß mich bedencken / daß ich meine gewalt nicht von mir selbst / sondern von dir / dem allerhöchsten Gott / habe / und daß ich das gerichte nicht den menschen / sondern dir dem

---

a EV[A]: schencke *(Erratum, vgl. auch St 257, Fußnote f) statt* sencke *(auch St 257)* || **b** EV[A]: sein *statt* dein || **c** EV[A]: Obrigkeit *statt* Obrigkeit.

Herrn im himmel halte / und du auch bey mir im gericht sitzest / und sehest alles / was ich thu / welcher du auch dermaleins werdest fragen / was ich handele / und forschen / was ich ordene / sintemal ich deines reiches amptmann bin / und in solchem mir befohlenem ampte eine kurtze zeit zu leben habe / denn es endlich also gehet: heute König / morgen[a] todt. Nach dem aber gar ein scharfes gerichte gehen wird über die Oberherren / so ihr ampt nicht führen / und nicht thun nach dem / das der HErr geordnet hat / und die gewaltigen werden gewaltig gestraft werden. Denn der / so aller Herr ist / wird keine person ansehen / noch die macht scheuen. Er hat beyde die kleinen und grossen gemacht / und sorget für alle gleich. So hilf nun / barmhertziger ewiger GOtt / daß ich mich dein heiliges wort weisen und züchtigen lasse / meinem ampte wol fürstehe / niemand gewalt und unrecht thue / noch lasse geschehen / und daß ich nicht irrig etwan der ungerechtigkeit beyfall gebe / oder mich vom rechten wege lasse neigen und abführen. Sey du mein höchster rathgeber / wie ich ein stilles / friedliches regiment in aller gottselig=[b] und erbarkeit führen solle. Sende mir vom heiligen sitze deines thrones solche weißheit / daß [106] sie bey mir sey eine mithelferin / auf daß ich wisse / was dir gefällig und angenehm sey / welche mich sicher leite in allem meinem thun / und durch ihre macht bewahre / daß mein werck dir / O HErr / angenehm werde in Christo Jesu / Amen.

Gebät eines Vnterthanen.

GNädiger und barmhertziger Gott / der du alle Obrigkeit eingesetzet und verordnet hast / sie auch durch dein heiliges wort bestetigest. Jch bitte ich für meine Herrschafft / unter welcher schutz und schirm du mich gesetzt hast / du wollest sie in rechtschaffener erkentniß des Christlichen glaubens vest und unbeweglich erhalten / mit langwieriger gesundheit und gottseligem regiment und sonst mit allen gnaden und wolfahrt / an leib und seel segnen / auf daß wir unter ihrer regierung in gutem fried und gemach zur ehre deines heiligen namens ein geruhiges und stilles leben führen in aller gottseligkeit und erbarkeit[1]. Verleihe ihr / lieber GOtt / weißheit und

a EV^A: König morgen *statt* König / morgen *(auch C^A)* || **b** EV^A: gottselig *statt* gottselig=

verstand / zu thun und zu lassen / was dir wolgefällig ist / und zu gutem friede dienet. Erhalte sie in ihrem ampte / welches du ihr befohlen hast. Beschirme sie mit deinem gnädigen schutze / wider alle ihre feinde und mißgönner / die ihnen nach ihrem leben trachten / und ihrem ampt nachstellen / mit listen und heimlichen tücken. Hilf ihr das creutz und alle widerwertigkeit in ihrem stande tragen und überwinden. Deßgleichen wollest auch al- [107] len leibeserben und erbnehmen thun / sie bey langem leben mit guter gesundheit / in deiner furcht seliglich erhalten. Verleihe mir und meines gleichen / allen unterthanen / ein gehorsames hertze / daß wir unsere Obrigkeit / darzu die hauptleute von ihr gesandt / und alle Magistrat / für deine göttliche ordnung erkennen / ehren / fürchten / und ihnen mit aller gebürlicher unterthänigkeit gehorsam seyen / und nicht wider sie auflehen / und dich erzürnen. Denn wer sich wider die Obrigkeit setzet / der widerstrebet deiner ordnung / und solche werden über sich ein urtheil empfahen. Gib mir auch gnade / daß ich mit willigem hertzen ohn alles falsches / dem gewalthaber reiche / was ich ihm schuldig bin / nach dem / wie uns geboten ist: Gebet iedermann / was ihr schuldig seyd / schoß / dem schoß gebüret. Behüte uns für aufrührischen leuten / bekehre die hertzen der abtrünnigen[a]. Hilf / daß wir dir GOTT dem Allerhöchsten über alle ding / und unsrer Obrigkeit nach dir gehorsam seyen / und aus diesem zeitlichen leben in dein reich kommen / Amen.

Gebät eines Ehemannes.

Allmächtiger gütiger Gott / der du den heiligen ehestand selbst eingesetzet / und durch deines lieben Sohnes Jesu Christi erstes wunderzeichen verehret und gezieret hast / als einen stand / der dir angenehm ist / in welchem auch viel heiliger Ertzvä- [108] ter und Propheten gottselig gelebet / und dir wolgefallen haben. Weil denn du mich auch in der heiligen ehe berahten / zur haußhaltung verordnet / und ein sonderliches wolgefallen an den dreyen stücken hast / nemlich / wann brüder eines sind / die nachbarn sich lieb haben / und mann und

---

a EV[A]: abtrünnigen *statt* abtrünnigen

1 [318*] „Verleih uns Frieden gnädiglich … Gib unsern Fürsten"

weib sich miteinander wolbegehen. So bitt ich dich von hertzengrund / verleihe mir / daß ich in Christlicher lieb und einigkeit / mit vernunft bey meinem weibe / als dem schwächsten werckzeuge / wohne / derselben ihre ehre / als auch miterbinnen der gnade des lebens gäbe / sie sampt kinder und gesinde ziehe / zu deinem erkentniß und göttlichen ehren / in aller zucht und erbarkeit. Dazu so gib gnade / daß sie mir in allem guten und zu aller gottseligkeit folgen / und sich ziehen lassen. Wehre dem eheteufel / daß er nicht zwytracht und zanck zwischen uns einmenge / und wo wir etwan / aus schwachheit übereilet / uneins würden / so hilf / daß wir uns bald mit einander wieder versöhnen / in deiner furcht. Gib mir gnade[a] / daß ich mich keines andern ehegemahls und weibesbildes lasse gelüsten / oder dieselbige mit einem bösen auge ansehe / ihrer zu begehren. Behüte mich / mein weib / kinder und gesinde / für kranckheit / nach deinem göttlichen willen. Du wollest auch mir / deinem knechte / verleihen[b] / daß ich meines berufs fleißig warte[c] / im schweiß meines angesichts mein brodt esse / und michs nicht[d] lasse verdriessen / ob es [109] mir sauer muß werden / denn du hast es also geschaffen. Verleihe auch glück und heyl zu meiner nahrung / daß dieselbige durch deinen segen / ohn anderer leute nachtheil / gemehret werde. Beschere mir fromm gesinde / und treue arbeiter / behüte mir hauß und hoff / und alles / was du mir gegäben hast. Hilf uns auch das creutz in unserm stand gedültig tragen / und nach diesem leben versamle uns in dein reich zu allen gottseligen eheleuten / Amen.

Gebät einer Haußmutter.

GVtiger Gott / getreuer Vater / weil du mich aus gnaden in den heiligen ehestand / zur haußhaltung beruffen hast / darinnen ich dir meinem Gott auch dienen und gefallen kan. So gib mir deiner dienerinnen gnade / daß ich deine göttliche furcht stets für meinen augen habe / und dich meinen Schöpfer und Erlöser / über alle dinge liebe und vertraue / nach dir aber meinen mann fürchte / ehre und liebe / und mich keines

---

a Gib mir gnade] Gib gnade E[A] || **b** EV[A]: knechte verleihen *(auch C[A], F[A]) statt* kneche / verleihen *(auch E[A])* || **c** EV[A]: warte *(Zeilenumbruch)* (im *statt* warte / *(Zeilenumbruch)* im || **d** michs nicht] nichts mich F[A]

andern lasse gelüsten. Hilf / daß nach deinem gebote mein
wille meinem manne unterworfen sey / demselbigen zu gehorchen in aller billigkeit / und daß der verborgene mensch meines hertzens unverruckt mit sanftem stillem Geiste und mit
allen tugenden geschmückt sey / wie vorzeiten die heiligen
weiber gewesen / die ihre hoffnung auf GOtt setzten / und
ihren männern gehorsam waren. Gib mir deiner magd einen
keuschen züchtigen wandel / in der furcht und demut / daß
[110] ich in aller gottseligkeit mit freundlichen und sittigen
worten / den zorn und unmuth meines hauswirts könne ablehnen und versühnen / und ihm mit glimpf begegnen / dazu
meine kinder und gesinde mit sanftmut / zu lob und ehre deines heiligen namens auferziehn / und daß sie mir folgen mit
willigem hertzen zu allem guten. Hilf auch / daß ich meinem
mann eine getreue gehülfin sey / und die nahrung / so du uns
aus gnaden thust bescheren / fleißig zusammen halte / und
nichts verwahrlose / sondern helfe arbeiten und schaffen / was
mir zuständig ist in meinem beruf / auf daß ich habe zu geben
dem dürftigen / und meine hand außbreiten könne[a] zu den
armen. Behüt uns für untreuen arbeitern und bösem gesinde /
die unser nahrung schmälern und vergeuden[b]. Verleihe mir
auch gnade / daß ich das creutz im ehestande gedültig trag /
und nicht bald schüchter oder abgeschreckt werde / wo sich ein
leiden erhübe. Sintemal durch anfechtung und widerwertigkeit
unser glaube bewähret wird. O HErr Gott / in deine allmächtige gewalt befehl ich dir mich / meinen lieben ehemann / alle
meine kinder und gesinde / du wollest uns bewahren für sünden / schand und allem leide / Amen.

Gebät eines Kindes.

O Gütiger GOtt / himmlischer Vater / der du mir geboten hast /
meinen lieben Vater und mutter allezeit[c] zu ehren / lässest
dir auch solchen dienst und gehorsam / [111] ümb deines lieben
Sohnes JEsu Christi willen / gnädig gefallen / und wilt solches
mit langem leben / und allerley wolthaten und segen belohnen.
Jch bitte dich / aus grund meines hertzen / du wollest mir
meine liebe eltern / und alle die / so an ihrer stat sind / lange

---

a EVb^A: konne *statt* könne *(EVp^A)* || **b** vergeuden] verderben E^A || **c** mutter / allezeit *(auch C^A, F^A) statt* mutter allezeit

zeit lassen leben / sie behüten und bewahren / für allerley kranckheiten / für allem übel und schaden. Gib mir auch ein verständig und gehorsam hertz / daß ich ihnen und allen / so über mich zu gebieten haben / in gebürlicher unterthänigkeit gehorche / sie ehre mit that / mit worten und gedult / auf daß ihr segen über mich komme. Hilf / daß ich meines vatern in seinem alter / wiederumb könne pflegen / und ihn nicht betrübe / so lange er lebet / sondern ihme zu gute halte / ob er kindisch würde / und ihn ja nicht verachte / da ich gleich mit mehrern gaben / begnadet und geschickter wäre. Deßgleichen / daß ich meine liebe mutter / die mich mit grossem[a] schmertzen unter ihrem hertzen getragen / und mit viel mühe auferzogen hat / nimmermehr betrübe noch verlasse / auf daß nicht ihr fluch über mich komme / auch bitte ich dich / du frommer Gott / wo ich bisher meinen lieben eltern ungehorsam / oder zuwider gewesen wäre / du wollest mir solches vergeben / umb deiner grossen barmhertzigkeit willen. Rechne mir nicht zu die sünde und missethat meiner jugend. Gedencke nicht meiner übertretung und unwissenheit. Laß mich aber meine thorheit erkennen / und darüber [112] reu und leid tragen / mich mit wahrem glauben und bußfertigem hertzen zu dir bekehren / und das exempel meines Heylandes Jesu Christi fleißig einbilden / welcher in seiner jugend / allen kindern zu einem gottseligen fürbild / seinen eltern unterthan war. Also hilf mir auch / daß ich in Christlichem gehorsam erfunden werde allezeit. O barmhertziger[b] GOtt / behüte mich für gottloser gesellschaft / und leichtfertigen leuten / daß ich nicht unter sie gerahte / und wo sie mich locken / daß ich doch meinen fuß wehre / und ihren weg nicht wandele zum verderben. Laß mich aufwachsen / daß ich zunehme an weißheit / alter und gnade / bey dir meinem Gott und allen menschen / durch denselben deinen Sohn / unsern Herrn Jesum Christum / Amen.

Eines Gesindes oder Dienstbottens.

O Barmhertziger GOTT / der du mich durch deines lieben Sohnes Jesu Christi theuer leyden und sterben / von der ewigen dienstbarkeit / von der gewalt der sünden / von der obrigkeit der finsterniß / und von der grausamen tyranney des

---

a grossem] grossen F[A] || **b** EV[A]: Obarmhertziger *statt* O barmhertziger

teufels zum Herrn über tod und hölle gemacht hast. Jch bitte
dich / du wollest gnade geben / daß ich in meinem stande der
leiblichen dienstbarkeit / darinn du mich hie auf erden / nach
deinem willen und wolgefallen gesetzet hast / keinen verdruß
gewinne / und nicht etwa wider deine ordnung mit ungedult
murre / auch andern leuten ihren höhern stand nicht [113] miß-
gönne / sondern daß ich solchen deinen willen thue / von
gantzem hertzen mit gutem willen / und nicht anders gedencke / denn als dienete ich dir Gott im himmel / und nicht den
menschen auf erden. So beschere mir / lieber Gott / einen
guten dienst / in welchem ich an deinem worte nicht versäumet
werde / und hilf / daß ich meinen leiblichen Herren und frau-
en / nicht alleine den gütigen und gelinden / sondern auch den
wunderlichen und[a] ungeschlachten / in gedult gehorsam sey in
allen dingen / die nicht wider dich sind / mit aller furcht / in
einfältigkeit meines hertzens / als Christo meinem Herrn /
nicht mit dienste allein für den augen / als den menschen zu
gefallen / sondern von hertzengrund / umb deines befehls und
gebote willen. Gib gnade / daß ich treu erfunden werde in
allem / was mir befohlen ist / und eingethan wird / nichts verwahrlose und zu schanden mache / auch keinen unrath noch
schaden durch unachtsamkeit[b] geschehen lasse. Dazu daß ich
mich frembdes gutes / so mir vertrauet / und unter die hände
gegäben / nicht lasse gelüsten / bewahre mir meine gesundheit / stärcke meine gliedmassen / und alle krafft meines leibes. Begabe mich mit vernunft und weißheit / daß ich meinem
Herrn und Frauen ihre nahrung durch deine göttliche hülfe
bessere / auf daß sie durch meinen fleiß gesegnet und in die
menge außgebreitet werden / und alles / was ich thu und außrichte / daß es gereiche zu deinen [114] göttlichen ehren / und
mir zu einer seligen übung meines glaubens / Amen.

Eines[c] Jünglings und Jungfrauen.

HErr allmächtiger GOtt / der du bist ein reines / keusches /
unbeflecktes und ewiges wesen / du hast gefallen an züchtigen hertzen und gottseligem wandel. Jch bitte dich / schaffe
in mir ein reines hertz / bewahre mich für aller bösen lust / für

---

a EV^A: wunderlichen ungeschlachten *statt* wunderlichen und ungeschlachten *(auch C^A)* ||
b EV^A: unachsamkeit *statt* unachtsamkeit || **c** Eines] Gebät Eines F^A

hurerey und aller unreinen vermischung. Hilf / daß ich mich nicht lasse gelüsten frembder gestalt / und mich nicht ergäbe der wollust des fleisches / schand und laster zu treiben mit unkeuschen leuten / oder sonst in unzucht falle. Dämpfe die bösen lüste in meinem hertzen / lesche aus die flammen fleischlicher begierde / daß ich mich nicht umbsehe nach schönen menschen. Laß mich nicht in unzüchtige leichtfertige gesellschafft gerathen / daraus ein unordentliches wesen folget. Faul und unnützes geschwätz / schandbare wort und narrentheiding oder schertz / welche uns Christen nicht geziemen / laß ferne von mir seyn. Behüte mich für hofärtigem pracht / für müßiggang und faulheit / als stricke und netze des teufels. Bewahre mich für aller anreitzung und stellen / so ursach und anleitung zur unreinigkeit bringen / daß ich nicht aus den gliedern Christi hurenglieder mache / sondern hilf / daß ich dir mit reiner seelen und unbeflecktem leibe diene / wie der fromme und züchtige Joseph in Aegypten / und wann du mich dermal-[115]eins nach deinem göttlichen willen und wolgefallen in[a] den heiligen ehestand beruffen wirst / so hilf / daß ich denselben in deiner furcht anfahe / nicht aus fürwitz und umb unzucht / sondern umb deiner göttlichen ordnung willen / und aus begierde der frucht / dadurch dein heiliger name hie zeitlich und dort ewiglich möge gepreiset werden. Beschere du mir ein frommes und getreues ehegemahl / mit welcher ich möge seliglich in fried und einigkeit leben. Du bist ein hertzenkündiger / weissest aller menschen gemüth und eigenschafft / von dir kommt ein vernünftiges gemahl / denn es ist eine gabe und geschenck des Allerhöchsten. Derhalben schrey ich zu dir / und bitte / du wollest nach deiner barmhertzigkeit mich für den feindseligen und grimmigen behüten / umb Jesu Christi deines lieben Sohnes willen / Amen.

Gebät einer schwangern Frauen.

O Allmächtiger barmhertziger GOTT / Schöpfer himmels und der erden / du hast mir nach deinem wolgefallen auferlegt / daß ich mit kummer und schmertzen solle kinder gebären / und die welt erfüllen: Weil denn solches dein göttlicher wille ist / welchen ich unsträflich / heilig und für gut erkenne und

---

a EV[A]: wolgefallen / in *(auch C[A], F[A]) statt* wolgefallen in

preise / denn alles / was du gemacht und geordnet hast / das ist sehr gut. So bitte ich dich / durch Jesum Christum deinen Sohn / du wollest mir meine schmertzen mit gedult helfen tragen und überwinden / mich zu meiner zeit mit einem frö- [116]
5 lichen anblick der^a frucht gnädiglich entbinden / meine traurigkeit in freude verkehren. Vnterdeß erhalte mich sampt der frucht in meinem leibe / für allem übel und schaden. Wende meine augen ab / daß ich mich nicht versehe an irgend einer gestalt / dieselbige mir einzubilden / damit nicht etwan meine
10 frucht im leibe unförmlich / verstallt und ungeschaffen möge werden. Behüte mich / daß ich nicht durch unfürsichtigkeit / mit fallen und stossen / oder mit hefftigem zorne / oder sonst in andere wege oder weise / meiner frucht im leibe wehe / oder schaden thue / auf daß es mir nicht übel und unrichtig gehe.
15 Gib gnade / daß ich auf meinen gang / auf alles mein thun und lassen / achtung habe / mit vernunft handele und wandele. Vnd wann die stunde herzu kommet / daß ich gebären solle / so hilf mir mit gnaden hindurch / daß ich unverzagt in wahrer anruffung / getrost auf deine göttliche verheissung und hülfe /
20 möge frölich genesen / und eine lebendige wolgeschaffene creatur nach deinem bildniß zur welt bringen: Verleihe auch derselbigen die heilige taufe zu erlangen / daß sie durch wasser und den Heiligen Geist zum ewigen leben wiedergeboren / ein erbe deines himmlischen reiches werden möge / dir diene in
25 rechtschaffener erkentniß und Christlichem wandel. O HErr Gott / barmhertziger Vater / behüte mich für einer unzeitigen mißgeburt. Jn deinen^b willen / der allezeit der beste ist[1] / ergebe ich mich [117] gantz und gar / befehle dir auch die frucht meines leibes / du getreuer GOtt / du hast mich geschaffen und
30 erlöset / dein bin ich / du hast mit mir zu thun / wie du wilt / auf dich hoffe ich / weil ich lebe / du bist meine höchste zuversicht / in Christo Jesu unserm Herrn / Amen.

a EV^A: oder *(auch C^A, F^A)* statt der *(auch St 289)* || **b** deinen] deinem F^A

1 [359*] „Was mein Gott will, das gscheh allzeit"

Eines Wittwers und Wittfrauen.

OGütiger / ewiger Gott / Vater unsers HErrn Jesu Christi / der du mich nach deinem göttlichen willen und wolgefallen / durch absterbung meines lieben Ehegemahls zu einer armen wittwen gemachet hast. Jch schreye zu dir / in meinem elende / du wollest dich meiner erbarmen / und durch deine grosse güte / alle meine sünde / die ich wider dich gethan habe / aus gnaden verzeihen / wende dich zu mir / und sey mir gnädig / denn ich bin einsam und elende / siehe an meinen jammer und elende / versorge mich mit zeitlicher nahrung / wie du gethan hast der Wittwen zu Sarphat / zu welcher du den Propheten Eliam gesandt / und sie in der theurung wunderlich ernehret hast. Also wollest du dich meiner auch annehmen / und deine göttliche hülfe zu mir neigen / meine noth erhören / und mir in aller widerwertigkeit außhelfen. Laß mich auch gnade finden bey aller Obrigkeit / daß sie meine sachen recht erkennen / und richten / mich für gewalt schützen. Beschere mir auch leute / die sich meiner in meinem anligen und nöthen / mit rechter liebe und treue annehmen / mir[a] mit rath und that behülflich seyen. Behüte mich für den lügenmäulern und falschen zungen / welche schneiden wie ein schermesser / und sind wie scharfe pfeile eines starcken. Errette mich von den verleumbdungen und böser nachrede unnützer leute / die mit giftigen worten zielen wie mit einem bogen / und ihre zunge gewetzt und gewehnet zu lästern. Jch bitte dich auch / lieber GOtt / verleihe mir gnade / daß ich mich in meinem wittwenstande fromm und gottselig halte / in keuschem / züchtigen wandel / andern leuten zu einem guten exempel fürgehe / dazu in aller meiner widerwertigkeit meine hoffnung auf dich meinen höchsten nothhelfer setze / nicht ungedultig / kleinmütig / oder verzaget in meinem creutze werde / sondern vest im glauben dem gebät anhange tag und nacht. Sihe / wie die augen der magd auf die hände ihrer frauen sehen: Also sehen meine augen auf den Herrn meinen Gott / bis er mir gnädig werde. Sey mir gnädig / Herr / denn ich bin voll verachtung / umb Jesu Christi deines lieben Sohnes unsers HErrn willen / Amen.

a EV[A]: annehmen mir *statt* annehmen / mir *(auch* C[A]*)*

Gebät eines Wanderers.

Allmächtiger GOtt / in deinem namen[1] wil ich auf meinen weg treten / und mit anruffung deiner barmhertzigkeit / diese fürgenommene reise anfahen / denn du bist unser Gott / der du behütest allen unsern eingang und außgang / und richtest unsere füsse auf ebener bahn / daß sie nicht gleiten. Jch [119] bitte dich / du wollest deine heilige Engel mir geben / ihnen befehl thun / daß sie mich behüten auf allen meinen wegen / und mich führen auf rechter strassen / an den ort / dahin ich gedencke zu kommen / auch mich gesund und frisch wieder anheim zu den meinigen bringen / wie der junge Tobias gen Raches in Meden / hin und wieder von dem Engel Raphael ist begleitet worden. O Herr Gott / bewahre meinen fuß / daß ich nicht strauchele und schaden nehme / mit fallen / stossen / oder mit unfürsichtigem wandel / und daß ich nicht in wassersnöthen / oder in die hände der strassenräuber und mörder komme. Behüte mich für den wilden thieren / und für allem übel leibes und der seelen / beschere mir fromme leute / die mich beherbergen / aufnehmen / und die wercke der barmhertzigkeit an mir erzeigen. Hilf / daß ich meinen handel und geschäffte nützlich und wol außrichte / und mit deiner hülfe im frieden wieder anheim komme. Sey du bei mir / auf allen meinen wegen und stegen / wie du mit Jacob dem Ertzvater gewesen / als er in Mesopotamien zog / und wie du zu ihm gesaget hast / als er in Aegypten reisete. Jch wil mit dir hinab ziehen / und wil dich auch wieder herauf führen. Vnd wie du die kinder Jsrael durch das rothe Meer / darzu durch die grausame und ungebähnete[a] wüsten / begleitet hast / ihnen vorgegangen des tages in einer wolckenseule / und des nachts in einer feurigen seulen / also wollest [120][b] du auch noch bey mir seyn / und mir fürgehen auf diesem gantzen wege / mich hin und wieder begleiten / schützen / beschirmen und versorgen / und als mein treuer geleitsmann / nimmermehr von mir weichen. Sey du mein gefährt und guter hirte / in deine hände befehl ich dir mein leib und seele / deßgleichen haus und hof / und was mir angehöret / hilf / daß ich sie alle frisch und

---

a EV^A: ungebähnnete *statt* ungebähnete *(auch C^A, F^A)* ‖ **b** EVb^A: *Seite mit geringfügigem Textverlust*

---

1 „In Gottes Namen fahren wir" (W III,1437)

gesund / unversehret und unbeschädiget wieder finde / durch Jesum Christum deinen lieben Sohn unsern Herrn / der mit dir in einigkeit des Heiligen Geistes lebet in ewigkeit. Amen.

Gebät[a] einer angefochtenen Person.

Err / strafe mich nicht in deinem zorn / und züchtig mich nicht in deinem grimm / denn deine pfeile stecken in mir / und deine hand drücket mich: Es ist nichts gesundes an meinem leibe für deinem[b] dräuen / und ist kein friede in meinem gebeine für meiner sünde. Mein hertz bebet / meine krafft hat
10 mich verlassen / und das licht meiner augen ist nicht bey mir: Es hat mich umbgäben leyden ohne zahl / es haben mich meine sünden ergriffen / daß ich nicht sehen kan / ihr ist mehr denn haar auf meinem häupte / und mein hertz hat mich verlassen. Es haben mich ümbfangen des todes bande / und der höllen
15 angst hat mich getroffen. Sihe mein gewissen gibt zeugniß / und stehet wider mich. Jch fühle eitel todesangst / und habe keine ruhe für dem schrecklichen anblick der höllen. Jch lige wie im tieffen wasser / da kein [121] grund ist / und steck im tiefem schlamm. Meine seele ist voll jammers / und mein leben
20 ist nahe bey der höllen[c]. Jch bin geachtet gleich denen / die zur höllen fahren: Mein hertz zaget und ängstet sich in meinem leibe / und des todes furcht ist[d] auf mich gefallen. O Herr Gott / errette mich / eile mir zu helfen. Führe meine seel aus der höllenangst. Vergib mir alle meine sünde / aus welchen der teufel
25 eitel hohe grosse berge machet / hinter welchen ich deine gnade nicht sehen solle. Laß mir doch einen anblick werden deiner barmhertzigkeit / und beraube mich nicht deiner väterlichen hulde. Tröste mich wieder / mein Gott / auf daß mein hertz gestillet und frölich werde / du bist je grösser denn unser
30 gewissen / welches / ob es uns gleich anklaget / kanst du es doch durch dein Evangelion und frölische botschafft wol schweigen. Vnd wiewol meine sünde mächtig und blutroth sind / so ist doch deine gnade viel mächtiger / und kanst sie schneeweiß machen. So sey nu wieder zu frieden / meine
35 seele / was betrübest du dich / und bist so unruhig in mir / harre auf Gott / der meines angesichts hülf und mein GOtt ist /

---

a Gebät] *in* F^A *nur als Custos* || **b** deinem] deinen C^A || **c** EV^A: bey höllen *statt* bey der höllen *(auch C^A, F^A)* || **d** EV^A: furcht / ist *(auch F^A) statt* furcht ist *(auch C^A)*

er wird dich aus der angst reissen / und auf weiten raum stellen. Denn der HErr[a] thut dir gutes / er errettet dich aus allen deinen sünden / durch den unschuldigen tod Jesu Christi / welcher das heilige unbefleckte opffer für unsere missethat worden[b] / Amen.

Zur zeit des Donners und Vngewitters. [122]

GRoßmächtiger GOtt / deinem namen sollen alle gewaltigen auf erden ehre bringen / und dich ewigen Gott anbäten im heiligen schmuck / denn du bist der Herr im höchsten thron / du beweisest deine macht und krafft an allen orten. Die stimme des HErrn gehet auf den grossen[c] wassern / der Gott der ehren donnert / die stimme des Herrn gehet herrlich und mit macht. Die erde bebet / und wird beweget / und die grundveste der berge regen sich. Dampf gehet auf von deiner nasen / und verzehrend feuer von deinem munde / daß es davon blitzet / dein gezelt umb dich her ist finster / und schwartze dicke wolcken / darin du verborgen bist / und dunckel ist unter deinen füssen / vom glantz für dir trennen sich die wolcken. Der Herr donnert im himmel / und der Höhest lässet seinen donner aus. Du bringest herfür die winde aus deinen verborgenen löchern / und treibest sie wieder an ihren ort / wann sie deinen befehl außgerichtet haben. Es ist dir alles unterworfen / alle ding erkennen dich für ihren Schöpffer / und zittern für deiner göttlichen Majestät. Die hohen berge und die abgründe der tiefe erschrecken / wann du zornig bist. Der gantze erdbodem zittert / meer und wasser fliehen für deinen[d] zorn. Die stimme des HErrn häuet wie feuerflammen / die stimme des Herrn erreget die wüsten. Der HErr bleibet ein König in ewigkeit / er wird seinem volcke krafft geben / der Herr wird sein volck segnen mit frieden. [123] O gütiger GOtt / behüte uns für deinen grimmigen zorn / der unträglich ist / erleuchte dein antlitz über uns / und sey uns gnädig: Bewahre unser leib und leben / haus und hof / für entzündung des wetters / für schiessung der strahlen / für donnerschlag und allem verderben. Deßgleichen beschütze die früchte auf dem felde / für schlossen und hagel / für grosser wasserfluth und für allem[e] schaden. O heiliger

---

a EV[A]: HErr / thut *statt* HErr thut *(auch* C[A], F[A]*)* || **b** missethat worden] missethat ist worden C[A], F[A] || **c** EV[A]: grossern *statt* grossen || **d** deinen] deinem C[A] || **e** allem] allen F[A]

GOtt / behüte uns für einen bösen tod. Gott der Vater / der seinen Sohn des creutzes pein für mich hat lassen leyden / erhalte mich. Jesus von Nazareth / ein König der Jüden / für mich gestorben / bewahre mich. Der Heilige Geist / der mich
5 gezeichnet hat mit der salbung / und mit dem zeichen des heiligen creutzes / beschirme mich / daß mir kein unfall widerfahre / Amen.

Gebät in Sterbensleufften.

Allmächtiger GOtt / wir bekennen / daß wir mit unsern manigfaltigen schweren sünden / dich offt und hart erzürnet / und allerley greuliche strafen verdienet haben / denn wir sind leider abgewichen / und allzumal untüchtig worden / wir und unsre väter haben deine gebot / rechte und sitten nicht gehalten: bitten aber deine grundlose barmhertzigkeit / mit rewi-
15 gen[a] hertzen / umb Jesu Christi deines lieben Sohnes willen / du wollest nicht mit uns handeln nach unsern sünden: Sondern erbarme dich unser nach deiner grossen güte und langmütigkeit. [124] Sey uns gnädig / und nim von uns weg / nach[b] deinem väterlichen willen / die grausame seuch der pestilentz /
20 und laß uns nicht sterben an dieser schrecklichen[c] plage / räume uns nicht auf in deinem zorn / und raffe meine seele nicht hin mit den sündern / noch mein leben mit den übelthätern. Ach Herr / laß ab von deinem grimm und ungnade über uns / wilt du denn ewiglich mit uns zürnen / und deinen eyver
25 gehen lassen immer für und für / bis daß es bald aus sey? Wilt du uns denn nicht wieder erquicken / daß sich dein volck über dir freuen möge? Herr / erzeige uns deine gnad / und hilf uns. Gedencke an deine güte und barmhertzigkeit / umb deines namens willen. O gütiger Gott / du bist gerecht / und unsträf-
30 lich sind alle deine gerichte: Wir aber haben gesündiget / und deinen gerechten zorn über uns erreget / darumb ist die scharfe ruthen billich über uns kommen: So vergib die missethat deinem volcke / und nim weg von uns die geschwinde gifft / umb des bittern leydens Jesu Christi willen. Behüte uns für
35 deinem zorn / für einem bösen schnellen tod und ewigem verdamniß. Wann du aber unsere sünde heimsuchen wilt mit

a rewigen] rewigem C[A] || **b** EV[A]: weg nach *(auch C[A], F[A], St 309)* statt weg / nach || **c** schrecklichen] erschrecklichen C[A], F[A]

dieser zeitlichen strafe / so hilf / daß wir deine väterliche hand
erleiden / in der züchtigung nicht verzagen. Dann wann wir
gerichtet werden / so werden wir von dem Herrn gezüchtiget /
auf daß wir nicht sampt der welt verdammet werden. So ist es
auch besser / hie zeitlich [125] gestraft werden / denn dort in
jenem leben. Vnd wir wollen lieber in die hände des Herrn fallen / weder in die hände der menschen / denn seine barmhertzigkeit ist groß[a]. O gütiger Vater / erhalte uns in wahrem
glauben an Christum Jesum / welcher die ewige versöhnung /
und das vollkommene opffer für unser sünde ist / Amen.

Gebät wider den Türcken.

Allmächtiger GOtt / ein König aller Könige / und HErr himmels und der erden / wir bekennen / daß wir leider viel
gesündiget haben / sampt unsern vätern / wir haben mißgehandelt / und sind gottloß gewesen / und haben deinen zorn /
allerley zeitliche und ewige strafe gar wol verdienet. Bitten
aber mit rewigem[b] hertzen / du wollest uns unsere sünde / umb
deines lieben Sohnes willen / aus gnaden verzeihen / und uns
behüten für der grausamen Tyranney des Türcken und seiner
grossen macht / du siehest ja / wie er in dein erbe ist gefallen /
und gedencket deine kirche und gemeine zu verunreinigen /
und aus unsern städten steinhaufen zu machen. Er hat die
leichnam deiner knechte den vogeln unter dem himmel zu
fressen gegäben / und das fleisch deiner Heiligen den Thieren
im lande. Er hat der Christen blut vergossen / wie wasser / und
war niemand / der begrub. Ach HErr / laß uns nicht eine
schmach werden / ein spott und hohn denen / die ümb uns
sind. HErr / wie lange wilt du so gar zürnen / und deinen
ey- [126] ver wie feuer brennen lassen. Gedencke nicht unser
vorigen missethat / erbarme dich unser bald / denn wir sind
fast dünne worden. Hilf du uns / Gott unser helfer / umb deines names ehre willen / errette uns / und vergib uns unsere
sünde / umb deines namens willen. Warumb lässest du die
Heyden sagen: Wo ist nu ihr GOtt? Laß unter ihnen für unsern
augen kund werden die[c] rache des bluts deiner knechte / das
vergossen ist. Laß für dich kommen das seuftzen der gefange-

---

a ist groß] ist sehr groß C[A], F[A] || **b** rewigem] rewigen C[A] || **c** EV[A]: werden / die *(auch C[A], St 313) statt* werden die

nen Christen nach deinem grossen arm: Erhalte die kinder des todes: Nim den Türcken hertz und muth / daß sie müssen verzagen / und ihre hände feig werden: Schelte sie / daß rosse und mann in schlaf sincken. Schütze uns / Herr Zebaoth / beweise deine hülfe an uns / daß wir sehen mögen die wolfahrt deiner außerwehlten / und uns freuen / daß es deinem volck wolgehe / und uns rühmen mit deinem erbtheil. Wir rühmen / daß du uns helfest / und auf deinen[a] namen hoffen wir. Ach HErr / sey uns gnädig / umb dein selbst willen. Verlaß dein erbtheil nicht / welches nach deinem namen genennet ist worden / denn es ist sonst niemand / der für uns könte streiten / denn du unser Gott alleine[1]. Hebe deinen arm auf über die frembden / daß sie deine macht sehen / auf daß sie erkennen / wie wir erkennen / daß kein ander Gott[b] / denn du Vater in Christo sampt dem Heiligen Geiste / Amen.

Eine offene Beichte. [127]

GEtreuer GOtt / barmhertziger Vater / ich armer elender mensch bekenne / daß ich nicht allein in sünden empfangen und geboren bin / sondern auch die gantze zeit meines lebens / von kindheit bis auf diese gegenwertige stunde / mit vielen schweren sünden leyder zugebracht habe / denn ich dich meinen Herrn und Gott nicht von gantzem hertzen / von gantzer seele / von allen kräfften / und von gantzem gemüthe geliebet und gefürchtet / dir auch nicht über alle dinge vertrauet / deinen heiligen namen nicht von hertzen angeruffen und gepreiset habe / sondern denselbigen mißbrauchet / mit fluchen / schweren / liegen und triegen / die predigt deines heiligen worts hab ich offtmals versäumet / verachtet / mich gar wenig daraus gebessert. Jch bin meinen lieben eltern und der obrigkeit ungehorsam gewesen: Auch hab ich meinen nechsten nicht geliebet als mich selbst / sondern ihn gehasset / verachtet / beleidiget / schaden gethan und lassen geschehen / bin in worten und wercken schandbar und unzüchtig gewesen. Jn meinem gewerb und handtierung hab ich allerley vortheil gebrauchet / wider die liebe meines nechsten / und denselbigen

---

a EV[A]: deinem *statt* deinen *(auch C[A])* || **b** Gott] Gott sey C[A]

---

1 [318*] „Verleih uns Frieden gnädiglich"

meinen Neben=Christen übel nachgeredet / mit ehrabschneiden und verleumbdungen / habe mich alles bösen lassen gelüsten. Jch bin hofärtig / geitzig / unkeusch / zornig / fräßig und träge gewesen / dazu meinen nechsten zu sündigen gereitzet
5 und verursacht / habe [128] also den bund meiner heiligen taufe übergangen. Vnd wie ich wider dich gesündiget habe / es sey mit wercken / worten / oder gedancken / heimlich oder öffentlich / und alle meine verborgene fehle / welcher du / als ein hertzenkündiger / mich schuldig weissest^a / besser / denn
10 ich selbst / die bekenne ich mit hertzlicher reu und leid: Jch bin ja ein unnützer knecht / und habe gesündiget in dem himmel und für dir / bin nicht wehrt / daß ich dein kind heisse / und meine augen zu dir aufhebe / denn ich dich mit vielen groben sünden heftig erzürnet / meine arme seele und gewis-
15 sen hart beschweret habe / welche mich drücken / und wie eine schwere last sind sie mir zu schwer worden. So kom ich doch in der zeit der gnaden / und appellire von deiner strengen gerechtigkeit / zu deiner grundlosen barmhertzigkeit. O HErr GOtt / bis gnädig mir armen sünder / vergib mir meine sünde /
20 nim an zur bezahlung derselbigen den unschuldigen tod Jesu Christi deines lieben Sohnes / verleihe mir besserung meines lebens / Amen.

Gebät vor dem Abendmahl^b Christi.

HErr Jesu Christe / ewiger Sohn Gottes / der du in wahrer menschheit für uns den tod erlidten / uns von sünden und ewigem verdamniß erlöset hast. Vnd damit wir solcher deiner treu nimmermehr möchten vergessen / hast du in deinem letzten Abendmahl uns gestifftet eine ewige gedächtniß / und auffgerichtet einen neuen [129] bund / darinnen der gläubigen
30 sünde / nun und in ewigkeit nicht mehr sollen gedacht werden / da du uns verordnet und verschaffet hast / deinen warhafftigen leib im^c brodt zu essen / und dein heiliges blut im wein zu trincken / sampt angehefteter verheissung der vergebung unserer sünden. Wir arme elende menschen kommen zu
35 dir / dem brunnen aller gnad und barmhertzigkeit / und bitten dich / du wollest uns abwaschen all unsere sünde und mackel /

---

a EV^A: weisset *(auch C^A)* statt weissest *(auch F^A)* || **b** Abendmahl] heiligen Abendmahl F^A || **c** EV^A: und *(auch F^A)* statt im *(auch C^A)*

unsere seele reinigen und erquicken / auf daß wir mit wahrer reu und leid im rechten vesten glauben mit ehrerbietung und gebürlicher reverentz / geschickt und würdig deinen allerheiligsten leib und blut / zu unser seligkeit empfahen. Hilf / daß durch diß geheimniß des Neuen Testaments / der glaube in uns vermehret / die hoffnung gestärcket / die liebe entzündet / das schwache gewissen getröstet / alle anfechtung überwunden / und wir in unsern hertzen deiner göttlichen hulde / und der ewigwährenden erlösung unserer seelen / allenthalben versichert und versigelt werden / damit wir also empfinden überschwengliche gnade / welche in diesem Sacrament verborgen ist. O gütiger HErr / gib uns erleuchte augen unsers verstandes / daß wir erkennen mögen / welches da sey die hoffnung unsers erbes / und welches da sey der reichthum deines herrlichen Abendmahls / in welchem du uns sampt deinem leib und blut außspendest vergebung der sünden / wahre gerechtigkeit / [130] und alle himmlische güter / auf daß wir offt mit hertzlicher begierd und verlangen würdig diß heilige Sacrament empfahen / deine süßigkeit schmecken / deine liebe empfinden / und durch dieselbige wiederumb gegen dir entzündet werden. Nim du von uns weg / alles / was dir mißfället / und was da hindert oder wendet von dir / und gib uns / was uns kehret und fördert zu dir / damit wir der früchte dieses heilwertigen tisches theilhafftig / unsere hungrige und dürstige seelen allhie gespeiset und geträncket werden / und dort auch in jenem leben das himmelbrodt mit dir ewiglich essen / Amen.

Ein anders / Gebät vor dem H. Abendmahl.[a]

O Herr Jesu Christe / ich bin nicht wehrt / daß du unter mein dach gehest / oder ich meinen mund aufthue / und das hochwürdige Sacrament deines Leibes und blutes empfahe / denn ich bin ein sündiger mensch: Du aber bist der HErr / welchen aller himmel himmel nicht kan versorgen / wie sol denn der mensch / der asch und staub ist / würdig seyn deinen allerheiligsten leib und dein theures blut zu geniessen? Jch weiß fast

a *Überschrift stattdessen* Ein ander Gebät vor dem Abendmahl. *in* C^A; *Überschrift stattdessen* Ein ander Gebät vor dem heil. Abendmahl. *in* F^A

wol / und bekenne / daß meiner sünden viel ist / und ich darumb ein unwürdiger gast zu dieser himmlischen mahlzeit bin: Wiederumb aber gläub ich von hertzen / und bekenne mit meinem munde / daß du mich unwürdigen mit deiner gnaden
5 kanst würdig machen / dann du bist allein allmächtig und barm-[131]hertzig / der du allein vermagst rein und heilig zu machen / was von unreinem^a samen herkommet. Aus den sündern kanst du gerechte und heilige menschen machen / wann du aus gnaden uns alle unsere sünden erlässest / und uns mit
10 deinem Heiligen Geiste erneuerst. Derwegen bitt ich dich durch deine göttliche krafft und liebe / verleihe gnade / daß ich geschickt zu deinem tische gehe / und nicht etwan mit unwürdiger niessung mich schuldig mache / an deinem leib und blute / daß^b ich mir nicht für das leben den tod empfahe[1]. Gib
15 gnade / daß ich mich für einen armen sünder erkenne und prüfe / ein rewiges hertz über meine missethat habe / deinen edlen zarten leib und theures wehrtes blut recht unterscheide / meine vernunft / sinn und witze deinem worte allezeit unterwerfe / auch mein leben / durch deine hülfe / zu bessern ernst-
20 lich gedencke / damit ich in diesem hochwürdigen Sacrament nicht allein mit dem munde deinen leib esse / und dein blut trincke / sondern auch mit wahrem glauben dich meinen Heyland und Erlöser annehme / in mein hertz schliesse / und also leben und seligkeit in dir habe / denn du bist das lebendi-
25 ge brodt / welches vom himmel kommet / und gibt den menschen das leben. Wer zu dir kömmet / den wird nimmermehr hungern: Wer an dich gläubet / den wird nimmermehr dürsten: Wer dein fleisch isset / und dein blut trincket / der bleibt in dir / und du in ihm / und wird nimmermehr sterben. [132]
30 O du süsser HErr / nach dir sehnet sich mein geist und gemüthe. Wie der hirsch schreyet nach frischem wasser / also schreyet meine seel zu dir / meine seele dürstet nach GOtt / nach dem lebendigen Gott. Wann werde ich dahin kommen / daß ich GOttes angesicht schaue? Erfülle mich mit deiner gna-
35 den / der du lebest und regierest mit dem Vater und Heiligem Geiste ewiglich / Amen.

a unreinem] unreinen F^A || **b** daß] auf daß C^A, F^A

---

1 [299*] „Jesus Christus, unser Heiland, der von uns"

Dancksagung nach dem Abendmahl Christi.

O Jesu Christe / unser rechter und ewiger Hoherpriester / der du sitzest zu der rechten Gottes auf dem stule der Majestät im himmel / und bist ein pfleger der heiligen güter / und der warhaftigen hütte / die nicht mit der hand gemacht ist. Du bist durch dein eigen blut einmal in das Heilige eingegangen / und hast uns eine ewige erlösung erfunden / da du dich selbst ohn allen wandel / durch deinen Heiligen Geist deinem lieben Vater aufgeopffert hast / unsere gewissen zu reinigen von den todten wercken / zu dienen dem lebendigen Gott. Wir dancken dir von gantzem hertzen / daß du den schmählichen tod am creutz mit willigem gehorsam deines himmlischen Vaters / aus hitziger liebe / mit grosser unschuld und unaußsprechlicher gedult für uns arme sünder gelidten hast / dazu das hochwürdige Sacrament zum ewigen gedächtniß und erinnerung deiner göttlichen huld und treue gegen uns / auch zum gewissen unterpfand / [133] sigel und versicherung der vergebung unsrer sünden eingesetzet / und uns zu derselbigen gemeinschafft beruffen und kommen hast lassen / damit du uns hungerige und dürstige gespeiset und geträncket hast zum ewigen leben. O HErr Gott / wie ist deine liebe so groß! Wie unaußsprechlich ist deine barmhertzigkeit / und unerforschlich deine gnade! Sintemal du niemand außschleussest von diesem hohen Abendmahl / wo sich nur der mensche selbest nicht absondert und unwürdig macht. Wann nun iemanden[a] hungert und dürstet / der wird allhier gesättiget: Wer dürftig[b] und arm ist / der findet allhier schätze und reichthümer des lebens: Wer geängstiget ist / der überkömmet allhier ruhe. Wer kranck ist / der erlanget da artzeney und gesundheit der seelen: Wer mit sünden beladen ist / der hat allhier erquickung seines gewissens: Wer im tode ist / der findet hie das ewige leben. So hilf / gütiger Gott / daß uns dis heilige Sacrament gereiche zur seligkeit / und daß wir hinfort halten an der bekentniß der hoffnung / und nicht wancken[1] / denn du bist treu in deiner verheissung / auch daß wir untereinander unser selbst wahrnehmen / mit reitzen zur liebe und guten wercken / und nicht

---

a iemanden] jemand F^A || **b** EV^A: durstig *(auch C^A)* statt dürftig *(auch F^A)*

---

1 [341] „Lass mich dein sein und bleiben"

verlassen diese unsere versamlung / sondern untereinander
vermahnen / und das^a so viel mehr / so viel wir alle sehen /
daß sich der tag nahet / und das ende unsers lebens herzu
dringet / auf daß wir frölich erwarten dei- [134] ner zukunft /
5 und mit dir eingehen in dein reich zu essen das himmelbrodt
mit allen außerwehlten / Amen.

Eine andere Dancksagung nach dem H. Abendmahl Christi.

JCh dancke dir / HERR JEsu Christe / du Lamm Gottes / daß du dich selbst
am stamme des heiligen creutzes / deinem lieben Vater zu einem süssen
geruch / für unsere sünde aufgeopffert hast / damit aller zorn und unwillen wider uns aufgehaben würde / des zur ewigen erinnerung und kräfftigung hast du diß heilige Sacrament eingesetzet / und uns darinnen
deinen warhafftigen leib zu essen / und dein warhafftiges blut zu trincken
15 befohlen / und gesprochen: Solches thut / so offt ihrs thut / zu meinem
gedächtniß. Das ist / so offt wir von diesem brodt essen und von diesem
kelch trincken / sollen wir deinen tod verkündigen / und erzehlen / was
du damit außgerichtet und erworben habest / nemlich vergebung der sünden / leben und seligkeit. Jch bitte dich durch dein heiliges bitteres leyden
20 und sterben / hilf / daß ich zum offtermalen mit hertzlicher andacht würdig zu diesem Sacrament gehe / und hertzlich betrachte / was und wie viel
du an mich gewendet habest / wie sauer es dir worden sey mich zu erlösen / und welch ein unaußsprechliche liebe du an mir bewiesen habest /
auf daß ich hiedurch wiederumb erwecket / dir mit mund und hertzen
25 allzeit dafür dancke / dich aus allen meinen kräfften und vermögen wieder liebe / und in deinen geboten unsträflich wandele / und wo ich etwan
aus schwachheit würde fallen und^b straucheln / daß ich mich doch bald
wieder zu dir bekehre / mich dieses neuen ewigwährenden bundes deiner
göttlichen liebe von hertzen tröste. Verleihe mir gnade / daß ich durch diß
30 heilige Sacrament dir eingeleibt / ein fleisch und blut mit dir werde / alles
zeitliche in dieser^c welt verachte / dir im creutz und leyden mit gedult
nachfolge / und stets nach dem / was droben ist / trachte / auf daß ich dir
meinem haupte^d und Herrn / mit vestem glauben / als ein glied / unabgesondert [135] anhange. Zu dem / weil diß sacrament uns alle gegeneinan-
35 der brüderlicher^e lieb und treue verbindet / denn gleich wie zu einem
brodte viele körner / und zu^f einem weine viel beere kommen: Also sollen
auch unser viel ein geistlicher leib in dir seyn: So hilf / daß / so viel unser
eines brodtes und eines kelches theilhafftig sind worden / daß wir uns
auch als warhafftige deine glieder untereinander lieben / und für allen
40 dingen ablegen allen zorn / haß und neid / und iedermann von hertzen-

a EV^A: daß *statt* das || **b** und] oder C^A, F^A || **c** dieser] der F^A || **d** haupte] einigen haupte C^A; eigenen haupte F^A || **e** brüderlicher] mit brüderlicher C^A || **f** EV^A: zu *statt* und zu *(auch C^A, F^A)*

grund verzeihen / gleich wie du uns vergeben hast / auf daß wir hinfort brüderlich untereinander leben / und an jenem tage mit dir unserm Bräutigam eingehen zur ewigen mahlzeit in dein reich / Amen.

Gebät eines Krancken.

O Herr himmlischer Vater / du bist je ein treuer Gott / und lässest niemand über sein vermögen versucht werden / sondern schaffest / daß die versuchung so ein ende gewinne / daß wir sie ertragen mögen. Jch bitte dich in meinen grossen nöthen und schmertzen / laß mir dieses creutze nicht zu schwer werden / stärcke mich / daß ich es mit gedult ertragen
10 möge / und an deiner barmhertzigkeit[a] nimmermehr verzage. O Christe des lebendigen Gottes Sohn / der du des creutzes pein für mich gelidten hast / und endlich für meine sünde gestorben bist / zu dir ruffe ich aus grund[b] meines hertzens / erbarme dich über mich armen sündigen menschen: Vergib mir alle meine mißhandlung / die ich wider dich in mei-
15 nem gantzen leben gethan habe. Laß mich im glauben nicht sincken. O Gott Heiliger Geist / du wahrer tröster in aller noth[1] / erhalte mich in der gedult und rechter anrufung. Heilige[c] mich mit wahrer zuversicht / und weiche nicht von mir in meiner letzten noth: Leite mich aus diesem jammerthal in das rechte vaterland[1] / Amen.

20 ## Das ander Gebät.

O Allmächtiger GOtt himmlischer Vater / weil du uns geboten hast / und gesprochen:[d] Ruffe mich an in der noth / so wil ich dich erhören / daß du mich preisen solt. Derwegen schrey ich zu dir in meiner [136] grossen noth / durch Jesum Christum deinen lieben Sohn / du wollest mich armen
25 sündigen menschen nicht verlassen. So nun diese meine kranckheit nicht ist zum tode / so hilf mir auf / daß ich genese / umb deiner barmhertzigkeit willen / auf daß ich deine macht und krafft / an mir beweiset[e] / verkündige und preise: Wo es mir aber nützlicher ist / zeitlich sterben / denn allhier in diesem jammerthal und elenden leben bleiben / so geschehe /
30 Herr Gott / dein göttlicher wille / wie im himmel / also auch auf erden / und verleihe mir gnade / daß ich mich in deinem willen / der allzeit der beste ist[2] / gäntzlich ergäbe. Erhalte mich vest im Christlichen glauben und wahrem bekentniß bis an mein ende: Laß mich von dir nimmermehr abscheiden / sondern nim meine seele zu dir in dein reich / durch denselbigen
35 deinen lieben Sohn Jesum Christum unsern Herrn / Amen.

a barmbertzigkeit *statt* barmhertzigkeit || **b** gruud *statt* grund || **c** EV^A: anrufung / Heilige *(auch St 337) statt* anrufung. Heilige *(auch C^A, F^A)* || **d** EV^A: gesprochen. *statt* gesprochen: || **e** *zu* beweiset *vgl.* St 339 *mit Fußnote b*

1 [216*] „Nun bitten wir den Heiligen Geist" || **2** [359*] „Was mein Gott will, das gscheh allzeit"

Das dritte Gebät.

O Starcker allmächtiger GOtt / der du bist gnädig und barmhertzig / gedultig / von grosser güte und treue / vergiebest sünde und missethat: Zu dir ruffe ich / du wollest mir alle meine sünde aus gnaden verzeihen / und
5 meine seele wider alle anfechtung stärcken und erhalten. Komme mir zu hülf / und stehe mir bey / daß der glaube in mir nicht wancke / die hoffnung nicht verzage / die liebe nicht erkalte / menschliche schwachheit für schrecken des todes nicht versincke / und wann mein stündlein[1] kömmet / so laß mich im friede hinfahren / denn meine augen haben deinen Heyland
10 gesehen / welchen du bereitet hast für allen völckern / ein liecht zu erleuchten die Heyden / und zum preise deines volckes Jsrael. An diesen Heyland glaube ich / auf ihn hoffe ich. Ach HERR / laß mich nicht zu schanden werden / denn du bist meine hülf und stärcke. Siehe mich an mit den augen deiner barmhertzigkeit / und wende zu mir deine väterliche
15 hulde / durch JEsum Christum deinen lieben Sohn / der mit seinem heiligen leyden und sterben uns eine ewige erlösung erworben hat / Amen.

Das vierdte Gebät.

O Vater aller gnaden / erbarme dich über meine arme seele / vergib mir alle meine sünde / die ich [137] leyder wider dich gethan habe / verach-
20 te nicht dein armes geschöpff / verschmähe mich nicht / der ich deiner hände werck bin / laß den nicht umbkommen / welchen du gemachet und geschaffen hast / denn auf dich hoffe ich / du bist meine hülfe und mein GOtt. O Christe wahrer Heyland / der du bist das Lamm GOttes / welches da träget die sünde der welt / und mich mit deinem Blute gewaschen und
25 gereiniget hast. Jch bitte dich durch dein bitter leyden[2] / sonderlich und allermeist / das du gefühlet hast / zu der stunde / da deine alleredelste seele außgieng von deinem allerheiligsten leibe: Erbarme dich über meine arme seele / in ihrem außgange / und führe mich zum ewigen leben. O Gott Heiliger Geist / du süsser trost[3] / erhalte mein hertz wider alle anfech-
30 tung des bösen feindes / stärcke mein vertrauen / daß ich vestiglich gläube eine vergebung der sünden / und ein ewiges leben. So befehle ich dir nu / o heilige Dreyfaltigkeit / meinen geist in deine hände / du getreuer GOTT / du hast mich erlöset / der du lebest und regierest in ewigkeit / Amen.

1 [477*] „Wenn mein Stündlein vorhanden ist" || **2** [299*] „Jesus Christus, unser Heiland, der von uns" || **3** [214*] „Komm, Heiliger Geist, Herre Gott"

Gebät der umbstehenden für den Krancken / der in Todeszügen liget.

O Allmächtiger gütiger GOtt / der du unser leben erhaltest im tod und sterben / wir bitten dich / du wollest die augen deiner barmhertzigkeit wenden zu diesem krancken menschen / und ihn erquicken an leib und seele / ihm alle sünden aus gnaden vergeben. Nim das opffer des unschuldigen todes Jesu Christi deines lieben Sohnes / für die bezahlung seiner missethat / denn er auch auf denselbigen namen getauft / und mit desselbigen Blute gewaschen und gereiniget ist. So errett ihn nu von des leibes quaal und pein / verkürtze ihm seine schmertzen / erhalte ihn wider die anklage des gewissens / und wider alle anfechtung des bösen feindes / auf daß er im glauben ritterlich kämpfe / und überwinde. Verleihe ihm eine selige heimfahrt zum ewigen leben. Schicke deine heilige Engel her / daß sie ihn begleiten zu der versamlung der außerwehlten / in Christo JEsu unserm HERRN / Amen.

[138] **Vmb Vergebung der Sünden.**

Hieronymi.

ACh HErr allmächtiger GOTT / zu dir komm ich / als zu dem rechten und getreuen Artzte / o HErr / heile mich / so werde ich gesund / mache du mich selig / so werde ich selig. Vnd dieweil ich mich auf dich verlasse / Herr / so laß mich nicht zu schanden werden: Aber wer bin ich / du getreuer GOtt / daß ich dich so freudig darf anreden? Bin ich doch nichts / als ein armer sünder / in sünden empfangen und geboren / und darinnen aufgewachsen. Was bin ich anders / als ein verweßlich und stinckendes gefäß / eine speise der würmer? O HErr / verschone mein und sey mir gnädig / es wird dir doch keine löbliche noch ehrliche überwindung seyn / wann du mit mir ins gericht gehest / mit mir streitest / und mich gleich überwindest / der ich geringer bin und schwächer / denn du / als ein strohalm gegen dem winde. Darumb / o HErr / vergib mir meine sünde / und richte mich armen und elenden auf aus dem staube. Ach HErr / ich wil es frey heraus sagen / wie mirs umb das hertz ist / HErr / du soltest und kanst mich nicht verstossen / der ich zu dir meine zuflucht habe. Denn du bist mein Gott / dein fleisch ist von meinem fleische / und deine gebeine von meinem gebeine[a] / deßhalben hast du dich herab gelassen

---

a von meinem gebeine] sind meine gebeine C^A

Zur Autorenangabe „Hieronymi" vgl. den Editorischen Bericht, S. 140–142.

von der rechten hand deines Vaters / da du doch zugleich blieben bist / in [139] unser fleisch und blut / bist Gott und mensch worden in einer Person / und gleichwol geblieben / was du zuvor warest / und hast diß alles / zweyfelsfrey / darumb gethan / auf daß ich armer sünder zu dir / als zu meinem lieben bruder / einen freyen zutritt habe / und ohne scheu zu dir fliehe. Darumb / o HErr / mache dich auf und hilf mir / stehe auf / HErr / und verstoß mich nicht von dir ewig. Sintemal ich alles mein verlangen zu dir habe / als ein brünstiger hirsch zum frischen wasser. Ach HErr / siehe mich mit gnaden an / und bringe meine seele zu rechte / Amen.

Ein anders / aus den Psalmen.

ERhöre mich / GOTT meiner gerechtigkeit / sey mir gnädig / und erhöre mein gebät. HErr höre meine wort / und merck auf meine rede / denn ich wil für dir bäten / mein König und mein GOtt. Mein hertz hält dir für dein wort: Jhr solt mein antlitz suchen / darumb suche ich auch / HErr / dein antlitz / verbirge dein antlitz nicht von[a] mir / und verstoß nicht im zorn deinen knecht. Gedenck / HErr / an deine barmhertzigkeit / und an deine güte / die von der welt her gewesen ist. Wende dich zu mir / und sey mir gnädig / die angst meines hertzens ist groß / führe mich aus meinen nöthen / siehe an meine jammer und elend / und vergib mir alle meine sünde. Sey mir gnädig nach deiner güte / und tilge alle meine sünde nach deiner grossen barmhertzigkeit. Wasche [140] mich wol von meiner missethat / und reinige mich von meiner sünde. Denn ich bekenne[b] meine missethat / und meine sünde ist immer für mir. An dir allein hab ich gesündiget / und übel für dir gethan. Aber siehe Herr / ich bin aus sündlichem samen gezeuget / und meine mutter hat mich in sünden empfangen. Darumb verbirge dein antlitz nicht von meinen sünden / sondern tilge alle meine missethat. Schaffe in mir / Gott / ein reines hertz / und gib mir einen neuen gewissen Geist. Verwirf mich nicht von deinem angesicht / und nim deinen Heiligen Geist nicht von mir. Tröste mich wieder mit deiner hülfe / und der freudige Geist enthalte mich. Ach erfreue die seele deines knechtes. Du HErr / bist ja gütig und gnädig / und von grosser güte / allen / die dich

a von] für C^A || **b** bekenne] erkenne C^A

anruffen. Wende dich zu mir und sey mir gnädig / denn meine seele ist voll jammers / und mein leben nahe bey der höllen. Jch hoffe aber darauf / daß du so gnädig bist / und mein hertz freuet sich / daß du so gerne hilfest / darumb werde ich dem
5 HErrn singen / daß er so wol an mir thut / Amen.

Gebät / ehe man zur Beichte gehet.

Allmächtiger GOtt / himlischer Vater / dieweil ich itzt auf erkentniß meiner sünden / zu stärckung meines schwachen glaubens hingehen wil zur beichte / alda die sonderbare verge-
10 bung meiner sünden zu empfahen: Als bitt ich dich / du wollest mir deinen Heiligen Geist geben / daß ich dieses [141] hohe gnadenwerck / mit rechtem glauben und Christlichem verstande ansehe / bedenck und erkenne / und daran ja nicht zweifele / sondern gewiß gläube / daß / was der Diener deines Wortes
15 in der beichte / nach deinem befehl / mit mir redet / dem allen also gewiß sey / und du selbst durch die stimme deines dieners von meinen sünden mich loßzehlest. Gib auch / daß ich mich dieser vergebung allzeit tröste in sichrer vergewisserung deiner gnade und des ewigen lebens / durch JEsum Christum /
20 Amen.

Dancksagung nach der Beichte.

Allmächtiger / gnädiger / barmhertziger Gott und Vater / ich sage dir von hertzen lob und danck für diese deine so grosse gnad und wolthat / die du mir so väterlich erwiesen / da du
25 mich armen sünder abermal zu gnaden angenommen / und mir itzt durch deinen Diener alle meine sünde verziehen und vergeben / und also das ewige leben von neuen versprochen hast. Jch bitte dich umb deines lieben Sohnes JEsu Christi willen von hertzengrund / du wollest mich in solcher gnade allzeit
30 väterlich erhalten / und mir deinen Heiligen Geist verleihen / daß ich dieser itzt empfangenen gnadenreichen vergebung vestiglich gläube / und mich derselbigen nicht nur itzt / sondern auch hinfort und allezeit annehmen / und^a mich also auch daher / alles gutes zu dir versehen möge. O verleihe

a annehmen / und] annehmen / in aller anfechtung und widerwertigkeit trösten / und C^A

auch / daß ich den sünden immer feinder werde / mich dafür [142]ᵃ fleißig hüte / die fleischlichen lüste überwinde / beydes durch starckes gebät und kräfftiges widerstehen im Geiste. Hilf / HErr Jesu / meinerᵇ schwachheit / daß ich nicht falle / noch in solchem falle weggeworfen werde. O HErr JESV / hilf / daß ich allezeit in deine fustapfen trete / Amen.

Gebät vor dem H. Abendmahl.

HERR Jesu Christe / du ewiger Sohn GOttes / O mein HERR und mein Gott / mein Heyland und bruder / mein Erlöser und seligmacher / ich elender mensch / der ich asche und staub bin / komme zu dir dem ewigen liechte. O erleuchte die augen meines hertzens / daß ich sehen möge den unerforschlichen reichthumb deiner gnaden. Denn ich bin unwürdig solcher deiner grossen güte / und zu geringe aller dieser deiner wolthaten. Aber / o HErr Jesu / siehe nicht an meine unwürdigkeit / sondern erbarme dich meiner mit ewiger gnade. Gib / daß ich nicht unwürdig hinzu gehe / und an stat des lebens den tod empfahe / sondern hilf / daß ich diesen deinen heiligen leib und dein heiliges blut geniessen möge zu beförderung meiner seligkeit / ja zu stärckung meines schwachen glaubens / zu aufrichtung meines blöden gewissens / zu entzündung meiner liebe gegen dir und meinem nechsten. O HErr JEsu / gib / daß ich durch dieses Sacrament mit dir gantz vereiniget / und in ewigkeit nicht von dir geschieden werden möge. Erbarme dich mei- [143]ᶜner / O GOTT Vater / erbarme dich meiner / O GOTT Sohn / erbarme dich meiner / O GOTT Heiliger Geist / du wahrer einiger und ewiger GOTT / sey mir gnädig und barmhertzig / umb dein selbst willen / Amen.ᵈ

a EVbᴬ: *Seite mit geringfügigem Textverlust* || **b** EVᴬ: Jesu meiner *statt* Jesu / meiner *(auch* Cᴬ*)* || **c** EVbᴬ: *Seite mit geringfügigem Textverlust* || **d** Cᴬ, S. 186 *folgt in kleinerer Type:* Zwey andere gebät vor dem heiligen Abendmahl / stehen auf dem blade 156 [S. 95]. 158 [S. 96].

Bey Empfahung des Leibes Christi.[a]

Kan geseufftzet werden.[b]

O HErr[c] JEsu Christe / dein heiliger leib stärcke und erhalte[d] mich im rechten glauben zum ewigen leben / Amen.

Bey Empfahung des Blutes Christi.[e]

Kan geseufftzet werden.[f]

O HERR[g] JEsu Christe / dein heiliges blut stärcke und erhalte[h] mich im rechten glauben zum ewigen leben / Amen.

Dancksagung nach dem heiligen Abendmahl.[i]

HErr JEsu Christe / dir sey ja immer hie und in ewigkeit lob / ehr und danck / daß du mich armen sünder mit deinem wahren leib und blut so gnädiglich hast erquicket. Vnd bitte von grund meines hertzens / du wollest nun bey und in mir kräfftig seyn und bleiben[1] / und mich dein armes geschöpff mit gnädigen augen ansehen / auf= und annehmen / und aus deinen gnädigen händen nimmermehr fallen lassen / und mich mit deinem Heiligen Geiste hinfort in meinem beruffe und gantzem leben also regieren / leiten und führen / daß ich ja nichts wider dich gedencke / fürnehme / rede[j] oder ins werck [144][k] setze / sondern allezeit auf dich / auf dein wort / und auf deinen gnädigen willen sehen möge / und in meinem creutze / das[l] du mir auferlegest / gedultig und willig sey / und wider meinen nechsten nicht murre. Sondern es schlecht bleiben lasse / wie du es machest und wie es dir gefället / und erwarte der gnädigen erlösung und der ewigen freude / die du geben wirst allen gläubigen / die da auf dich trauen und bauen. Hilf /

---

a des Leibes Christi.] des hochwürdigen Sacraments. E^A–F^A || **b** Kan geseufftzet werden.] *fehlt in* C^A, E^A–F^A || **c** O HErr] HERR E^A || **d** erhalte] bewahre E^A || **e** *Überschrift fehlt in* E^A–F^A || **f** Kan geseufftzet werden.] *fehlt in* C^A, E^A–F^A || **g** O HERR] HERR E^A || **h** erhalte] bewahre E^A || **i** heiligen Abendmahl.] Abendmahl C^A ◇ *Überschrift stattdessen* Eine andere Dancksagung. *in* E^A || **j** EV^A: fürnehme rede *(auch C^A) statt* fürnehme / rede *(auch E^A)* || **k** EVb^A: *Seite mit geringfügigem Textverlust* || **l** EV^A: daß *statt* das

---

1 [341] „Lass mich dein sein und bleiben"

HErr JESV / daß mein glaube in mir starck und veste sey und bleibe / und erhalte mich im rechten glauben und bekentniß / demut / gedult und hoffnung / bis an mein letztes seuftzen / daß ich dich hie und in ewigkeit lobe / und dir dancksage / der du bist sampt dem Vater und Heiligem Geist wahrer GOtt / von ewigkeit zu ewigkeit / Amen.

Alles zur Ehre Gottes.

Ergänzungen zur Legende in Band I/2

Zu den in Band I/2 unter Legende, S. 14 bis 31, aufgeführten Sigeln, Abkürzungen und Zeichen kommen für den vorliegenden Band zwei Literatur-Sigel, eine Abkürzung sowie sieben das Sigel-System unserer Edition erweiternde Kürzel hinzu:

Althaus	Paul Althaus: Forschungen zur evangelischen Gebetsliteratur. Gütersloh 1927 (Ndr. Hildesheim 1966)
Große	Die Alten Tröster. Ein Wegweiser in die Erbauungslitteratur der evang.-luth. Kirche des 16. bis 18. Jahrhunderts. Hrsg. von Constantin Große. Hermannsburg 1900
Fg.	Fassung(en)
EV^A	D. Joh. Habermanns von Eger. Gebätbüchlein / Auff alle Tage in der Wochen nach eines ieden Noth und Anligen / wie auch auff sonderliche Personen / gerichtet. Dabey noch mit angefüget einige andächtige Gebätlein für diejenigen / so sich zum Tische des HErrn begeben wollen. Berlin / Gedruckt und verlegt von Christoff Runge / Jm Jahr 1661.
EVb^A	EV^A, Berliner Exemplar
EVp^A	EV^A, Prager Exemplar
C^A	D. Joh. Habermanns Geistreiches Gebätbüchlein / für allerley Noth und Stände der Christenheit: außgetheilet Auf alle Tage in der Wochen. Wobey Angefüget ein unterricht und etliche Gebätlein für die jenigen / so zum heiligen Abendmahl gehen wollen. Auch die drey Haupt=Symbola und sieben Bußpsalmen. Zu Berlin / bey Christof Runge / 1653.
E^A	Geistreiches Gebät= und COMMUNION-Büchlein / für Gottfürchtige / Fromme und andächtige Hertzen / kürtzlich abgefasset. Berlin / Gedruckt bey Christoff Runge / Anno 1657.
F^A	Christliche Gebätlein Auff alle Tage in der Wochen / nebenst schönen trostsprüchen und andern Geistreichen Gebäten / nach eines jeden Noth und Anliegen / meistentheils D. Joh. Habermanns. Dabey auch mit angefüget ein kurtzer Unterricht

für die jenigen / so zum Tische des HERRN gehen wollen. Alten Stettin / Gedruckt bey Daniel Starcken / Jm Jahr 1660.

Gg[A] D. Johann Habermanns / Von Eger / Christliches Gebätbuch Auf alle Tage in der Wochen zu gebrauchen. Am Ende ist auch ein schöner und nöthiger Unterricht für diejenige / so zum Tisch des Herrn gehen wollen / nebst denen darzu gehörigen Gebäten mithinangefüget: Darauf folgen dann weiter Die Drey Haupt=Symbola, zusampt einigen schönen anderen mehren Kranken= und Sterbe=Gebätlein / wie imgleichen vielen schönen Trost= Krafft= und Kern=Sprüchen. Nebst einem ordentlichen Register. Nach verschiedenen andern Editionen übersehen / und an vielen Orten wieder ersetzet. Berlin / Gedruckt und verlegt von Christoff Runge / Anno MDCLXXV.

Editorischer Bericht

Ausgaben des Habermannschen Gebetbuches als Teil der Editionsgeschichte der PRAXIS PIETATIS MELICA

Die im vorliegenden Band edierte 144-seitige Berliner Ausgabe des Habermannschen Gebetbuches von 1661 mit dem Titel *D. Joh. Habermanns von Eger. Gebätbüchlein*[1] (EV^A) ist beiden erhaltenen Exemplaren der im gleichen Jahr erschienenen „EDITIO X." der *PRAXIS PIETATIS MELICA* (EV) angebunden, wie wir sie in den Bänden I/1 und I/2 des Projekts „Johann Crüger: PRAXIS PIETATIS MELICA. Edition und Dokumentation der Werkgeschichte" (PPMEDW) in einer kritischen Neuausgabe vorgelegt haben. Weshalb in diesem Band I/3 nun unsere Edition der PPM von 1661 unter Verwendung ihres Sigel-Systems[2] durch eine solche des jener Ausgabe angefügten Gebetbuches ergänzt wird, bedarf allerdings der Erklärung.

Zum einen ist Johann Habermanns (1516–1590) Gebetbuch erst vor wenigen Jahren Gegenstand eines Editionsprojekts gewesen, dessen 2009 im Verlag frommann-holzboog in der renommierten Reihe „Doctrina et Pietas" publiziertes Resultat nach Traugott Kochs Studie *Johann Habermanns ‚Betbüchlein' im Zusammenhang seiner Theologie* von 2001[3] als ein weiterer Meilenstein in der Forschung zu diesem Klassiker der evangelischen Gebetsliteratur gelten kann:

Johann Habermann (Johannes Avenarius): CHRISTLICHE GEBET FÜR ALLE NOT VND STENDE DER GANTZEN CHRISTENHEIT (1567). Kritisch herausgegeben, kommentiert und mit einem Nachwort versehen von Johann Anselm Steiger unter Mitwirkung von Corinna Flügge

Doch weit schwerer noch wiegt der Umstand, dass wir es bei der jenen beiden PPM-Exemplaren angebundenen Berliner Ausgabe

---

1 Dieser Diminutiv, wie er innerhalb der Berliner Reihe von „Habermann"-Beigaben zur PPM (vgl. dazu die Übersicht S. 121) nur noch im Titel der Edition von 1653 (C^A) (vgl. die Titelwiedergabe auf S. 120 sowie die Abbildung auf S. 157) vorkommt, war eine gängige Bezeichnung des Werkes. Wie bei den nachfolgenden Editionen seit der von 1666, deren Haupttitel dann jeweils „D. Johann Habermanns / Von Eger / Christliches GEbätbuch" lautet, handelt es sich auch hier nicht um eine gekürzte Ausgabe, sondern um eine solche des „vollständigen" (vgl. die Abbildungen auf den S. 122 und 125) „Habermann". Einen groben Überblick über die verschiedensten – Übersetzungen und Versifizierungen einschließenden – Ausgaben bzw. Bearbeitungen, in denen Johann Habermanns Gebete bis zum Ende des 19. Jahrhunderts erschienen sind, vermittelt das ihrem Autor gewidmete Kapitel in Große, S. 106–122.
2 Vgl. PPMEDW I/2, S. 29–31. – Vgl. auch die „Ergänzungen zur Legende in Band I/2" auf S. 111.
3 Traugott Koch: Johann Habermanns ‚Betbüchlein' im Zusammenhang seiner Theologie. Eine Studie zur Gebetsliteratur und zur Theologie des Luthertums im 16. Jahrhundert. Tübingen 2001 (= Beiträge zur historischen Theologie 117).

des „Habermann" von 1661 keineswegs mit einem unselbständigen Annex zu tun haben, sondern um ein Druckwerk mit eigenem Titelblatt[4] und eigener Bogen- und Seitenzählung. Auch einen Reklamanten am Schluss des Gesangbuches gibt es nicht. Zudem findet sich weder auf dem Titelblatt[5] noch in der Widmungsvorrede[6] der PPM von 1661 irgendein Hinweis auf ein ihr angefügtes Gebetbuch. Wie in vielen anderen Fällen[7] war fraglos auch in diesem Uneindeutigkeit ganz und gar Absicht: Einerseits ist das *Gebätbüchlein* per Format, Typographie und Impressum mit jener „EDITIO X." verbunden; andererseits wird eben nicht bloß durch die neu beginnende Bogen- und Seitenzählung, sondern auch und gerade durch das den Druckvermerk tragende eigene Titelblatt der Eindruck der Unabhängigkeit von Letzterer erweckt. Auf den ersten Blick erscheint die hier edierte Ausgabe des „Habermann" also ganz wie eine der zahlreichen Einzelpublikationen in der bis dahin fast hundertjährigen Editionsgeschichte des Werkes, an deren Anfang zwei von Johann Anselm Steiger für seine kritische Neuedition (St) als Hauptquellen herangezogene Drucke von 1567 gestanden hatten, betitelt mit

Christliche | Gebet für alle Not vnd | Stende der gantzen Chri- | stenheit / ausgeteilet auff alle tag | inn der Wochen zu sprechen / | sampt gemeinen Dancksa- | gungen / auch Morgen | vnd Abendtsegen. | Gestellet vnd auß heiliger | Göttlicher Schrifft zusamen | gelesen / Durch | M. Johannem Haber- | man Egranum, Pfarr- | herrn zu Falckenaw.[8]

Eine Zusammengehörigkeit von Gesang- und Gebetbuch wird in unserem Falle erst bei genauerem Hinsehen erkennbar, womit sich zugleich ein nachgerade uferloses Forschungsthema auftut: eben das der mannigfaltigen Beziehungen zwischen beiden Gattungen von Büchern, wie sie in der frühen Neuzeit mit der Entwicklung des Buchdrucks eine Blüte sondergleichen erlebten. Gehörten Singen

---

4 Vgl. im vorliegenden Band die S. 9 und 11.
5 Vgl. PPMEDW I/1, S. 7 und 9.
6 Vgl. ebd., S. 11–13 (= Textdokument 18). Vgl. auch den Kommentar zu dieser Widmungsvorrede in PPMEDW I/2, S. 57f.
7 Vgl. z.B. in EdK 4, Textbd., S. 72, die Bemerkungen zum dort verzeichneten Druck fc4c (DKL/RISM B VIII Herb 1601[04]).
8 Zitiert nach dem in Steigers Edition mit A siglierten Druck Nürnberg 1567, dessen Titelseite in St, S. 424, Abb. 2, wiedergegeben ist. – Die vielen Veränderungen, die der Titel im Laufe der langen Editionsgeschichte des Werkes erfahren hat, wären Gegenstand einer eigenen Untersuchung. Wie beträchtlich hier die Unterschiede sind, zeigen allein schon die Titel der mit PPM-Ausgaben verbundenen Editionen. Vgl. dazu auch Fußnote 1.

und Beten in der Frömmigkeitskeitspraxis schon seit jeher engstens zusammen und fand sich eine bis heute übliche Verbindung von geistlichen Gesängen und Gebeten wahrscheinlich bereits in dem unter Luthers Aufsicht entstandenen Klugschen Gesangbuch von 1529[9], so wurden nunmehr Sammlungen geistlicher Lieder und solche von Gebeten in immer vielfältigeren Kombinationen auf den Buchmarkt gebracht. Eines der auf solche Weise entstandenen, gewissermaßen einen eigenen Buchtyp bildenden „Geistlichen Hand=Bücher" ist ein 1700 in Thorn erschienenes Druckwerk mit dem Titel:

> Neuvermehrtes | und verbessertes | Gesang=Buch / | darinnen befindlich | Die geistlichen Kirchen= | Gesänge D. M. L. und an- | derer Geistreichen Män- | ner / ordentlich einge- | theilet / | Nebst einem angehefteten | Gebet= Büchlein[10] / | auf mancherley Fälle / | mit einer Vorrede | E. Ehrw. Ministerii | Königl. Stadt Thorn; | Blöden Augen zum besten in solchem | Druck ausgegeben / und verleget | mit | Königl. Majestät zu Polen | Privilegio | von | Samuel Gendtern / | Buchbindern. | THORN / | Jn E. E. Hochw. Raths Druckerey.

Hier ist es der dem typographischen Titelblatt vorangestellte Kupfertitel, der das Werk ganz klar als Verbindung von Gesang- und Gebetbuch ausweist und damit als ein zweiteiliges Ganzes erscheinen lässt:

> Geistlich Hand=Buch | Bestehend in | Auserlesenen Geistrei- | chen | Gesängen und Gebete[n] | heraus gegeben und verlegt | In Thorn | Durch | SAMUEL GEN- | TER Buchb.

Bei aller so herausgestellten Einheit von „Gesängen und Gebeten" war allerdings selbst in diesem Fall das *Gebet=Büchlein* offenbar mit einem eigenen Titelblatt versehen, was darauf verweist, dass Gesangbuch und Gebetbuch-Anhang durchaus getrennt vertrieben wurden. Gerade wenn es sich bei Letzterem um die Neuausgabe eines Gebetbuch-Klassikers handelte, musste man gewärtig sein, dass

---

9 Erhalten in der zweiten Auflage von 1533 (DKL 1533⁰²; EdK ee4). — Auch das als Erstausgabe der PPM anzusehende *Newe vollkömliche Gesangbuch* von 1640 (A) enthält noch Gebete (vgl. PPMEDW II/1, Teil 1, Bilddokument 3). In den eigentlichen PPM-Ausgaben finden sich dann keine mehr.

10 Anders als das nach dem Ex. der SUB Göttingen digitalisierte *Gesang=Buch* (VD17 7:684653B) ist dieses *Gebet=Büchlein* allem Anschein nach nicht erhalten.

Käufer, weil bereits im Besitz einer früheren Edition jenes Gebetbuches, am Erwerb einer solchen Neuausgabe nicht interessiert waren. Aber auch umgekehrt: Bei einem Gesangbuch, das in einer mehr oder minder dichten Folge von Ausgaben erschienen war, musste man damit rechnen, dass nur am angehängten (neuen) Gebetbuch Interesse bestand, da man das Gesangbuch schon in einer der vorigen Editionen besaß.

Genau einem derartigen Kalkül dürfte die Tatsache geschuldet gewesen sein, dass Ausgaben des „Habermann" und solche eines Gesangbuches wie des Crügerschen, obwohl als zusammengehörig gedacht, als äußerlich vollkommen selbständige Druckwerke auf den Markt gebracht wurden, sodass sich die konzipierte Zusammengehörigkeit in diesen Fällen nicht ganz mühelos erschließt, zumal bibliographische Hilfsmittel dabei kaum zur Hand sind. Fehlt es bereits an einer Bibliographie des seit 1567 „in einer wahren Flut von Neudrucken bis ins 20. Jahrhundert immer wieder aufgelegt[en]" Habermannschen Gebetbuches selbst,[11] so mangelt es freilich erst recht an einem bibliographischen Überblick über dessen Verbindung mit Gesangbüchern[12] oder anderen Werken des Erbauungsschrifttums, durch die es eine noch viel weitere Verbreitung gefunden hat, deren unerhörte Dimension allerdings erst anhand eines solchen Überblicks und entsprechender Spezialstudien zu ermessen sein wird. Klar benannt ist ein derartiges Forschungsdefizit im Nachwort jener Steiger'schen Neuedition, wenn es darin heißt:

> Zu den Hunderten von Wiederabdrucken des deutschen Textes von Habermanns Gebetbuch, sehr häufig auch in Form von Anhängen zu Gesangbüchern oder Erbauungsschriften anderer Autoren, liegen Spezialuntersuchungen bislang nicht vor, die dringend nötig wären, um Licht in eine sowohl buch- als auch frömmigkeits- und kirchengeschichtlich in höchstem Maße spannende Thematik zu bringen. Deutlich jedenfalls ist, daß sich Habermanns Gebetbuch nicht nur im letzten Drittel des

---

11 Vgl. St, Nachwort, S. 408: „Eine Bibliographie der mannigfachen Drucke von Habermanns ‚Betbüchlein' existiert nicht, ist aber ein dringendes Desiderat der Forschung." Eine Relativierung erfährt dieser Befund allerdings durch die anschließende Bemerkung: „Traugott Kochs grundlegende Monographie zu diesem erbauungsliterarischen Klassiker bringt erstmals detailliert Licht in die Druckgeschichte von Habermanns Gebetbuch im 16. Jahrhundert und verzeichnet 30 zu Lebzeiten des Autors erschienene Drucke."

12 Anzumerken gilt es hier allerdings, dass in DKL bei einer Reihe der betreffenden PPM-Editionen jeweils unmittelbar nach der Titelwiedergabe auch das angehängte Habermannsche Gebetbuch in Form der in eckige Klammern gesetzten Angabe „II: Gebetbuch o[hne] N[oten]" verzeichnet ist.

Reformations-Jahrhunderts außerordentlich großer Beliebtheit erfreute, sondern auch Frömmigkeit und Gebetspraxis im Zeitalter der lutherischen Orthodoxie, im Pietismus und bis hinein ins 19. und 20. Jahrhundert außerordentlich stark prägte.[13]

Einen angesichts der Breite des Gegenstands zwar nur sehr begrenzten, wiewohl durchaus relevanten Beitrag zur Schließung des skizzierten Forschungsdefizits vermag denn die von uns edierte Ausgabe des „Habermann" zu leisten, indem diese mit einer solchen des „erfolgreichste[n] Gesangbuch[es] des Protestantismus"[14] verbunden ist – ohne dass hier, wie gesagt, eine solche Verbindung auf der Hand liegt.[15] Die Zusammengehörigkeit von Gesang- und Gebetbuch erschließt sich in diesem Fall nämlich erst, wenn man die Editionsgeschichte der PPM als Ganze in den Blick nimmt. Evident wird dabei, dass Ausgaben des Habermannschen Gebetbuches einen nicht unwesentlichen Teil dieser Editionsgeschichte bilden, den detailliert zu erkunden genauere Aufschlüsse über wichtige Prozesse buch- wie frömmigkeitsgeschichtlicher Art verspricht.

Den ersten handfesten Beleg für eine Bestimmung des „Habermann" als Ergänzung zur PPM bietet die jener „EDITIO X." unmittelbar vorangegangene Stettiner Ausgabe von 1660 (F),[16] indem es auf dem Titelblatt (vgl. die Abbildung S. 119) nach Deklarierung dieser Ausgabe als „EDITIO IX." ausdrücklich heißt:

---

13 St Nachwort, S. 411.
14 Susanne Rode-Breymann: Lied und Arie in Deutschland. In: Hermann Danuser (Hg.): Musikalische Lyrik. Tl. 1: Von der Antike bis zum 18. Jahrhundert. Laaber 2004 (= Handbuch der musikalischen Gattungen 8/1), S. 294–309, hier S. 309.
15 Im Unterschied etwa zu einer – in Liedauswahl und Rubrizierung durchaus an Crügers „Berlinisches Gesangbuch" anknüpfenden – Publikation wie der folgenden, die nach dem Titelvermerk „jetzo auffs neue mit sonderbahrem Fleiß übersehen" sowie der abweichenden Jahresangabe auf dem Kupfertitel (1669) und der Datierung der Vorrede (1663) offenbar ebenfalls Teil einer (in VD17 nur noch mit einer Edition von 1671 [VD17 12:120702U] erfassten) Ausgabenreihe gewesen ist: Vermehrtes Geistreiches | Gesang=| und Bett=Büchlein / | D. Martin Luthers. | Und anderer Christlicher | geistreicher Lehrer und Männer / | mit schöner leßlicher Schrifft / | jetzo auffs neue mit sonderbahrem | Fleiß übersehen / und in eine | rechte Ordnung | gebracht. | Benebenst Christliche | Morgen= und Abend=Ge-| bett auf alle Tage in der Wo-| chen zu sprechen. | Gestellet durch | D. Johann Habermann / | von Eger. | Sampt einem Anhang etlich un-| terschiedener schöner Gebett / von | der Beicht / Buß und Com-| munion. | Zu Stuttgart / | Gedruckt und verlegt von | Johann Weyrich Rößlin. | Jm Jahr 1677. (VD17 1:677867K). – Der erklärten Zusammengehörigkeit von Gesang- und Gebetbuch entspricht denn die fortlaufende Blattzählung in Letzterem. Gleichwohl lassen auch hier das eigene Titelblatt und die eigene Seitenzählung den Gebetbuchteil als ein selbständiges Druckwerk erscheinen.
16 Vgl. auch die entsprechende Bemerkung in PPMEDW I/2, S. 57, unter „1.1. Titelblatt".

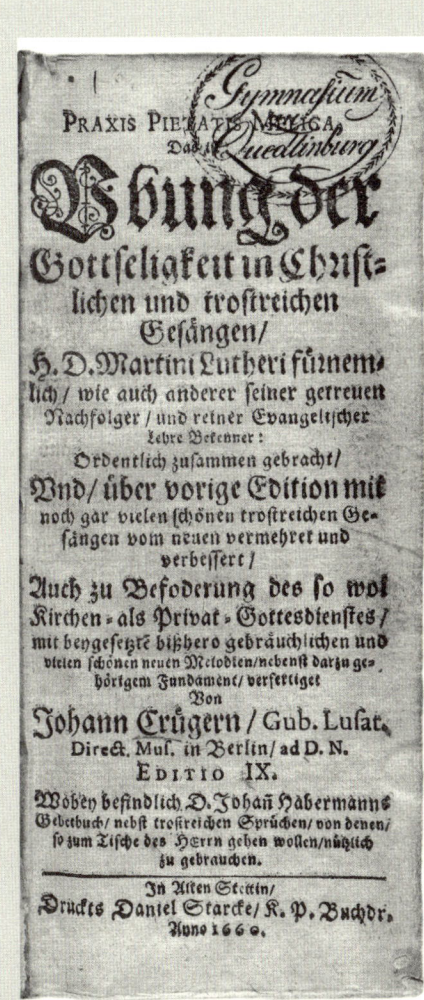

PRAXIS PIETATIS MELICA.
Das ist:
Ubung der
Gottseligkeit in Christ-
lichen und trostreichen
Gesängen/
H. D. Martini Lutheri fürnem-
lich/ wie auch anderer seiner getreuen
Nachfolger/ und reiner Evangelischer
Lehre Bekenner:
Ordentlich zusammen gebracht/
Und/ über vorige Edition mit
noch gar vielen schönen trostreichen Ge-
sängen vom neuen vermehret und
verbessert/
Auch zu Beförderung des so wol
Kirchen- als Privat-Gottesdienstes/
mit beygesetzte bißhero gebräuchlichen und
vielen schönen neuen Melodien/ nebenst darzu ge-
hörigem Fundament/ verfertiget
Von
Johann Crügern/ Gub. Lusat.
Direct. Mus. in Berlin/ ad D. N.
EDITIO IX.
Wobey befindlich D. Johañ Habermanns
Gebetbuch/ nebst trostreichen Sprüchen/ von denen/
so zum Tische des HErrn gehen wollen/ nützlich
zu gebrauchen.

In Alten Stettin/
Druckts Daniel Starcke/ K. P. Buchdr.
Anno 1660.

> Wobey befindlich D. Johann Habermanns | Gebetbuch /
> nebst trostreichen Sprüchen / von denen / | so zum Tische
> des HErrn gehen wollen / nützlich | zu gebrauchen.

Allerdings könnte Habermanns Gebetbuch auch schon beim verschollenen Originaldruck der „EDITIO IX." von 1659 (PraxBln 1659),[17] erschienen in der Offizin des Berliner Druckerverlegers Christoph Runge (1619–1681),[18] „befindlich" gewesen sein. Zu bedenken ist dabei, dass es niemand anderes als ebenjener Christoph Runge als „Erste[r] Verleger"[19] des „Crüger" war, der die – dann auch an Verlagsorten wie Frankfurt am Main und Stettin (vgl. das auf S. 122 wiedergegebene Titelblatt der um 1676 erschienenen Stettiner PPM-Edition [Fa] sowie die Abbildung des Titelblatts der zugehörigen „Habermann"-Ausgabe auf S. 123) fortgeführte – Tradition einer Verbindung desselben mit dem damals „schlechterdings als *das* lutherische Gebetbuch überhaupt"[20] geltenden „Habermann"[21] begründet hat. Das früheste Zeugnis bildet (vgl. die Abbildung S. 157)

> D. Johann Habermanns | Geistreiches | Gebätbüchlein / |
> für allerley Noth und | Stände der Christenheit : | außgetheilet |
> Auf alle Tage in der Wochen. | Wobey | Angefüget
> ein unterricht und | etliche Gebätlein für die jenigen / so |
> zum heiligen Abendmahl gehen | wollen. | Auch die drey
> Haupt = Symbola | und sieben Bußpsalmen. | Zu Berlin /
> bey Christof Runge / 1653.

Als eine Art Anhang zu der mit „C" siglierten „EDITIO V." der PPM haben wir diesen Druck mit dem Sigel „C^A" versehen und als erste von drei Vorigen Ausgaben (vgl. S. 129 f.) mit der hier als Editionsvorlage dienenden Ausgabe des Habermannschen Gebetbuches von 1661 (EV^A) verglichen. Einen eindeutigen Beleg dafür, dass Runge die von ihm produzierten Drucke des „Habermann" jeweils als Beigabe zur PPM verstanden hat (vgl. die Übersicht S. 121), liefert freilich erst deren „EDITIO XV." von 1671, indem es dort auf dem Titelblatt, ähnlich wie auf dem jener Stettiner Ausgabe von 1660, expressis

---

17 Vgl. in PPMEDW II/1, Teil I, die Angaben zu dieser Edition unter „1. Ausgaben zu Crügers Lebzeiten (A–EV)".
18 Zu Christoph Runges Leistung als Drucker und Verleger der PPM vgl. PPMEDW I/2, S. 61–68.
19 PPMEDW I/1, S. 504.
20 St, Nachwort, S. 411.
21 Dem entspricht eine Bemerkung über die damalige Bedeutung des „Habermann" in Grosse, S. 111: „Von seiner Beliebtheit im 17. Jahrhundert legt Zeugnis ab, daß man statt ‚sich zum Gebet anschicken' einfach sagte ‚seinen Habermann zur Hand nehmen'."

„EDITIO V.", Berlin 1653 (C)   + „Habermann", Berlin 1653ᵃ (Cᴬ)
„EDITIO VII.", Berlin 1657 (E)ᵇ   + ein „Habermann"-Texte enthaltendes *Geistreiches Gebät= und CommUNION-Büchlein*, Berlin 1657 (Eᴬ)
„EDITIO X.", Berlin 1661 (EV)   + „Habermann", Berlin 1661ᶜ (EVᴬ) (DKL 1661¹¹)ᵈ
„EDITIO XII.", Berlin 1666 (Ga)   + „Habermann", Berlin 1666ᵉ
                                           „Habermann", Berlin 1667ᶠ
„EDITIO XIII.", Berlin 1667 (Gb)   + „Habermann", Berlin 1667ᵍ
[EDITIO XIV.], Berlin 1670 (Gc)ʰ   + ein in seiner Anlage dem „Habermann" ähnliches „Geistreiches Neues Gebätbüchlein", betitelt *Geistliches RüstKämmerlein*ⁱ
„EDITIO XV.", Berlin 1671 (Gd)   + „Habermann", Berlin 1671ʲ (DKL 1671⁰⁹)
„EDITIO XVI.", Berlin 1672 (Ge)   + „Habermann", Berlin 1672ᵏ
„EDITIO XVII.", Berlin 1674 (Gf)   + „Habermann", Berlin 1674ˡ
„EDITIO XVIII.", Berlin 1675 (Gg)   + „Habermann", Berlin 1675ᵐ (Ggᴬ)
                                           „Habermann", Berlin 1677ⁿ
„EDITIO XIX.", Berlin 1678 (Gh)   + „Habermann", Berlin 1678ᵒ (DKL 1678¹¹)
„EDITIO XX.", Berlin 1679 (Gi)   + „Habermann", Berlin 1679ᵖ

a VD17 12:121773B.
b Wie auch das zugehörige *Geistreiche Gebät= und CommUNION-Büchlein* nicht in VD17 erfasst.
c VD17 1:660456Q.
d Zu dieser und den beiden hier folgenden DKL-Angaben vgl. Fußnote 12.
e VD17 12:128097N.
f VD17 1:653806P. – Dieser Druck entspricht mit seinem Quartformat, seiner Typographie und seinem nur in der Jahresangabe abweichenden Titelblatt der 1666er Edition und stellt damit den Zweitdruck ebenjener als Beigabe zur repräsentativen Quartausgabe der PPM von 1666 anzusehenden Edition dar. Angebunden ist ein Ex. dieses Druckes einem solchen der „EDITIO XII." in einem zum Bestand der Berliner Staatsbibliothek gehörenden Band (Musikabteilung, Sign.: Slg Wernigerode Hb 428).
g VD17 23:670076K.
h VD17 1:670993Y.
i Das typographische Titelblatt (vgl. PPMEDW II/1, Teil 1, Bilddokument 37) der zwischen der „EDITIO XIII." (Gb) und der „EDITIO XV." (Gd) platzierten unbezifferten Auswahlausgabe von 1670 (Gc), die ihrem Kupfertitel nach (vgl. PPMEDW II/1, Bilddokument 36) als integraler Teil der Berliner Stammreihe erscheint und die als die bisher fragliche „EDITIO XIV." gelten kann, trägt den Titelvermerk: „Nebst einem schönen Geistreichen Neuen Gebätbüchlein". Bei diesem 70 Seiten zählenden und am Schluss ein anderthalbseitiges „Register der Gebätlein" aufweisenden „Neuen Gebätbüchlein" handelt es sich gleichfalls um ein solches mit eigenem Titelblatt und eigener Paginierung. Auf S. 1 ist es mit „Geistliches Rüstkämmerlein Voller andächtigen Gebäte / Wider die Seelenfeinde" überschrieben, während das Titelblatt mit *Geistliches RüstKämmerlein wieder allerhand SeelenFeinde* einen etwas abweichenden Titel bietet (vgl. PPMEDW II/1, Teil 1, Bilddokument 38). – Eine erweiterte Neuedition dieses Gebetbuches ist vier Jahre darauf unter verändertem Titel und im Unterschied zu jener 1670er Ausgabe mit Druckvermerk auf dem Titelblatt erschienen (VD17 23:670103W). Ein Ex. dieser Neuedition ist einem solchen der „EDITIO XVII." der PPM von 1674 in einem im Besitz der Herzog August Bibliothek befindlichen Band angebunden (Sign: M: Tl 50).
j VD17 39:147034C.
k VD17 23:670105M.
l In VD17 nicht erfasst. – Vgl. auch oben Fußnote i.
m In VD17 nicht erfasst. – Vgl. die Angabe des Titels auf S. 112.
n VD17 3:322023Q. – Eine Berliner PPM-Ausgabe aus dem gleichen Jahr, die als diesem Druck von 443 Seiten zugehörig gelten könnte, ist nicht bekannt.
o VD17 23:670134Y.
p VD17 3:307427G.

PRAXIS PIETATIS MELICA,
Das ist:
Übung der
Gottseligkeit
In Geistreichen Gesängen/
Hn. D. Mart. Lutheri/
Wie auch
Anderer seiner getreuen Nachfolger;
Ordentlich zusammen gebracht/
Und/ über vorige Edition mit
noch schönen Gesängen von neuen vermeh-
ret/ an der Zahl 569.
Auch zu Beförderung des so wol Kirchen-
als Privat-Gottesdienstes/ mit beygesetz-
ten gebräuchlichen und theils neuen Melodeyen/
nebenst darzu gehörigem Fundament/
verfertiget
Von
Johann Krügern/ Gub. Lusat.
Direct. Music. in Berlin/ ad D. Nic.
Mit einer Neuen Vorrede/
D. Johann Habermanns voll-
ständigem Gebet-Buch/
Und einem kurtzen Unterricht für die
Communicanten.
Alten Stettin/
Bey Daniel Starcken/ Königl. Buchdr.
von Neuen aufgelegt.

D. Johan̄ Häbermañs
Gebet und
Danckſagungen/
Für alle Noth und Stände der
gantzen Chriſtenheit / ſampt Morgen-
und Abend-Segen/ auf alle Tage in der
Wochen zu gebrauchen/

Dabey auch mit angefüget ein
kurzer Unterricht für die jenigen/ ſo zum
Tiſche des HErrn gehen wollen.

Alten Stettin/
Druckts und verlegts Daniel Starcke.

verbis heißt: „Nebst Johann Habermanns vollständig= und vermehrtem Gebätbuche" (vgl. die Abbildung S. 125) – ein Vermerk, der sich, so oder in etwas erweiterter Form, danach noch auf dem Titelblatt der „EDITIO XVI." von 1672 (Ge),[22] dem der „EDITIO XIX." von 1678 (Gh)[23] sowie dem der „EDITIO XX." von 1679 (Gi) („Nebst Johann Habermanns vermehrtem Gebätbuche und Catechismo Lutheri")[24] findet.

Durchaus möglich übrigens, dass „Habermann"-Ausgaben schon vor 1653 in Runges Werkstatt produziert worden waren, nur dass diese, falls es sie denn gegeben hat, ebenso wie die frühen PPM-Editionen PraxBln 1647, PraxBln 1648 und PraxBln 1649 verschollen sind und sich, anders als im Fall der Letzteren, auch keine mittelbaren Belege für sie erhalten haben. Dagegen kann als sicher gelten, dass bei den heute bekannten zwölf „Habermann"-Drucken aus seiner Offizin, genauso wie bei den elf von ihm nach Crügers Tod herausgebrachten PPM-Ausgaben von der „EDITIO XI." (G) bis zur als „EDITIO XXI." anzusehenden Auswahlausgabe PraxBln 1682, Runge selbst, akademisch gebildet, wie er war, als Herausgeber fungiert hat – Druck, Verlag und Herausgeberschaft hier also in einer Hand lagen.

War eine solche Personalunion von Drucker, Verleger und Herausgeber die beste Voraussetzung dafür, flexibel auf Marktgegebenheiten reagieren zu können, so kommt in diesem Fall als günstiger Umstand hinzu, dass neben dem Bereich der Gesangbuch- offenbar auch der der Gebetbuchproduktion im Berliner Buchgewerbe bis zu Christoph Runges Wirken ein kaum betretenes Betätigungsfeld darstellte. So wie man sich in der brandenburgischen Residenz bis hin zu Crügers *Newem vollkömlichem Gesangbuch* von 1640 (A) mit andernorts produzierten Gesangbüchern behelfen musste, war man hier anscheinend auch bei Gebetbüchern bis zur Mitte des 17. Jahrhunderts auf auswärtige Erzeugnisse angewiesen – etwa solchen aus traditionellen Zentren der Produktion protestantischer Erbauungsliteratur wie Nürnberg, Leipzig oder Lüneburg, welch Letzteres auch als Druckort von „Habermann"-Ausgaben – einschließlich solcher in Gestalt von Anhängen zu Editionen des im Sternverlag erschienenen bedeutenden Lüneburger *Vollständigen Gesangbuches*[25] – bekannt

---

22 Vgl. PPMEDW II/1, Teil 1, Bilddokument 56.
23 Vgl. ebd., Bilddokument 61.
24 Vgl. ebd., Bilddokument 62.
25 Mit solchen jeweils als Anhang („Nebenst Herrn Joh. Habermanns andächtigen Gebetbüchlein") deklarierten Ausgaben des Habermannschen Gebetbuches sind etwa die Editionen des Lüneburger *Vollständigen Gesangbuches* von 1635 (VD17 7:684618P), 1637, 1640 (VD17 28:735487F, 1645 (VD17 23:670887S) und 1651 (VD17 3:697230L) verbunden. Vgl. auch den Vermerk einer dem Lüneburger *Vollständigen Gesangbuch* von 1637 (VD17 7:684503P) an-

PRAXIS PIETATIS MELICA.
Das ist:
Uebung der Gottseligkeit in Christlichen und Trostreichen Gesängen / Herrn D. Martin Luthers fürnemlich / wie auch anderer seiner getreuen Nachfolger / und reiner Evangelischen Lehre Bekenner.

Ordentlich zusammen gebracht,
Auch zu Beförderung des so wol Kirchen- als Privat-Gottesdienstes / mit beygesetzten bishero gebräuchlichen und vielen schönen neuen Melodien / nebst dem dazu gehörigen Fundament / angeordnet
von
Johann Crügern / Gub. Luſ. Direct. Muſ. in Berlin ad D. N.

Nunmehro bis in 760. Gesängen vermehret /
Nebst Johann Habermanns vollständig- und vermehrtem Gebätbuche.

Mit Churf. Brand. Freyheit / in keiner Edition nachzudrucken.

EDITIO XV.

Berlin /
Gedruckt und verlegt von Christoff Runge /
Anno M. DC. LXXI.

geworden war, sodass der junge Berliner Verlegerdrucker vermutlich vor allem von daher Anregungen zu entsprechenden eigenen herausgeberischen Unternehmungen empfangen hat.

Mit anderen Worten: Dass etablierten Verlegern geistlicher Literatur wie den Endters in Nürnberg oder den Sternen in Lüneburg in Christoph Runge allmählich ein Konkurrent erwuchs, verdankte sich nicht seinem Einsatz für ein erfolgversprechendes neuartiges Gesangbuch wie die PPM allein, sondern zu einem beträchtlichen Teil auch seinem Gespür für die besondere Eignung des lang bewährten „Habermann" als Ergänzung zu ebenjenem Gesangbuch.[26] Wie der Ansatz einer Erklärung dieser besonderen Eignung lesen sich denn die folgenden Sätze, die dem Habermanns Gebetbuch gewidmeten Abschnitt aus Paul Althaus' Grundlagenwerk zur evangelischen Gebetsliteratur von 1927 entstammen:

> Habermann hat seinem Buch eine Gestalt gegeben, die es wie kein anderes zu einem täglichen Andachtsbuche der Gemeinde brauchbar erscheinen läßt. Den praktischen Bedürfnissen des gemeinen Mannes hatten die früheren Gebetbücher nicht genügend Rechnung getragen. [...] Das Habermannsche Buch ist dagegen in seiner Anordnung und der Auswahl der Stoffe unmittelbar für den täglichen Handgebrauch des Volks eingerichtet.[27]

Und wie die Weiterführung einer solchen Erklärung nimmt sich die pointierte Beschreibung der Grundidee des „Habermann" aus, die eine Expertin für frühneuzeitliche Gebetsliteratur wie Cornelia Niekus Moore in ihrem Beitrag zu einem einschlägigen Wolfenbütteler Arbeitsgespräch von 1998 gegeben hat:

> One of the most popular collections of status and situation prayers was the prayer book by Johannes Habermann. It contained prayers to accompany a variety of activities throughout the day and the week. [...] Such prayers for every day and

---

gehängten, in VD17 allerdings nicht erfassten Ausgabe des „Habermann" in: Hans Dumrese, Friedrich Carl Schilling: Lüneburg und die Offizin der Sterne. Lüneburg 1956, Erster Teil, S. 56: „Gerade die Jahre 1637 und 1638 sind [...] besonders reich an Neuerscheinungen, unter denen vor allem das Gesangbuch von 1637 zu vermerken ist, das in besonders schöner Ausführung herauskam, mit Habermanns Gebetbuch im Anhange."

26 Bemerkenswerterweise findet sich in Vorreden Crügers zu seinem Gesangbuch (vgl. in PPMEDW II/1, Teil 1, die Textdokumente 11 und 14) kein einziges Wort über ein diesem beigefügtes Gebetbuch.

27 Althaus, S. 121 f. – Eine knappe Beschreibung der Anlage des Buches findet sich bei Große, S. 108 f.

for each activity during that day attempted to create what
I have elsewhere called a „durchbeteten Alltag". As the cycle
of prayer was repeated throughout the week, the month, and
the year, the prayers were memorized.[28]

Nicht nur für den sonntäglichen Gottesdienst, sondern „für den täglichen Handgebrauch", für das alltägliche, „immer wieder erneute ‚Einüben' in den Glauben"[29] war schließlich auch Johann Crügers *PRAXIS PIETATIS MELICA. Das ist Vbung der Gottseligkeit in Christlichen und Trostreichen Gesängen*[30] bestimmt:

Durch Wiederholungen sollte Gott ins Leben ‚geholt' werden. Dass sich das ereignete, so wusste Crüger, konnte der Mensch von sich aus nicht erzwingen. Er konnte aber mit Liedern und Singen dafür eine Tür bei sich öffnen. Die auffallende Länge mancher Lieder [...] ist nicht als barocke ‚Weitschweifigkeit' anzusehen: Die Länge sollte die Meditation vertiefen und das Beten intensivieren.[31]

Dem Gedanken eines „durchsungenen Alltags", wie man ihn als Leitvorstellung des Gesangbuchherausgebers Crüger ansehen kann, entsprach die am „Habermann" festgemachte Idee eines „durchbeteten Alltags" nur allzu gut. Wie sehr sich hier Gesänge und Gebete gegenseitig ergänzen, wird dem Leser geradezu auf Anhieb deutlich – so nämlich, wenn ihm auf Seite 1 des Gesangbuches nicht wie bis dahin üblich ein Adventslied wie Martin Luthers [83*] „Nun komm, der Heiden Heiland" begegnet, sondern Paul Gerhardts zum Erkennungszeichen des Werkes gewordenes, symbolisch für alltägliche „Vbung der Gottseligkeit in [...] Gesängen" stehendes Morgenlied [1*] „Wach auf, mein Herz, und singe", dem am Anfang des Gebetbuches der *Morgensegen am Sonntage*[32] korrespondiert.

Eine genauere Erkundung solcher Entsprechungen ist an dieser Stelle freilich nicht zu leisten, und so bleibt nur noch festzuhal-

---

28 Cornelia Niekus Moore: Lutheran Prayer books for Children as Usage Literature in the Sixteenth and Seventeenth Centuries. In: Ferdinand von Ingen, Cornelia Niekus Moore (Hg.): Gebetsliteratur der Frühen Neuzeit als Hausfrömmigkeit. Funktionen und Formen in Deutschland und den Niederlanden. Wiesbaden 2001 (= Wolfenbütteler Forschungen 92), S. 113–129, hier S. 126.
29 Christian Bunners: Nachwort zu SchmüDi, S. 73.
30 Titel hier in der Form seines ersten Vorkommens in PraxBln 1647 (vgl. PPMEDW II/1, Teil 1, Bilddokument 6).
31 Bunners (wie Fußnote 29).
32 Vgl. S. 14 f.

PRAXIS PIETATIS MELICA
Das ist:
Übung der Gottseeligkeit,
in Christlichen und Trostreichen
Gesängen,
Herrn Doct. Martini Luther
fürnemlich, wie auch anderer seiner getreuen
Nachfolger, und reiner Evangelischer Lehre Bekenner
ordentlich zusammen gebracht, Und jetzo mit den
neuesten, schönsten und Trostreichsten
Liedern
bis 1316. vermehret,
Auch zur Beförderung des sowohl Kirchen- als
Privat-Gottesdienstes, die nöthigsten mit beygesetzten
bisher gebräuchlichen und vielen schönen neuen Melodien
angeordnet von
Johann Crügern,
Gub. Luſ. Direct. Muſic. ad Div. Nic. in Berlin,
Nebst Johann Habermanns vermehrten
Gebet-Buche,
Mit Königlich-Preußischer Freyheit in keiner Edition
nachzudrucken, noch in Dero Landen einzuführen.
EDITIO XLV.

BERLIN, gedruckt und verlegt
von Johann Friderich Lorentz, Königl. privil. Buchh.

ten, dass die Verbindung der PPM mit dem („übersehen"[33] und „vermehrten") Habermannschen Gebetbuch nach Christoph Runges Tod ihre Fortsetzung fand und bis zur letzten Ausgabe des Werkes, der um 1737 erschienenen „EDITIO XLV." (Gx^e)[34], reichte, auf deren Titelblatt wiederum ausdrücklich vermerkt ist „Nebst Johann Habermanns vermehrtem Gebet=Buche" (vgl. die Abbildung S. 128).

Editionsvorlage und Vorige Ausgaben

Wie die beiden in Berlin und Prag erhaltenen Exemplare der „EDITIO X." der PPM von 1661 (EV) weichen auch die ihnen angebundenen Exemplare der im selben Jahr erschienenen Berliner Ausgabe des Habermannschen Gebetbuches (EV^A) – allerdings weit weniger als die beiden Gesangbuch-Exemplare – voneinander ab. Wie Letztere zwei Druckvarianten einer Ausgabe repräsentierend, waren somit das Berliner[35] und das Prager[36] Exemplar in Entsprechung zur PPM-Edition[37] auseinanderzuhalten und gemäß unserer Siglierung jener beiden Gesangbuch-Exemplare mit „EVb" und „EVp" durch die Sigel „EVb^A" und „EVp^A" zu unterscheiden.

Anders als bei unserer Gesangbuchedition erübrigte sich jedoch eine Festlegung des Berliner Exemplars (EVb^A) als eigentliche Editionsgrundlage, fallen hier doch, wie bemerkt, die Unterschiede zwischen beiden Exemplaren weit weniger ins Gewicht. Über noch wesentlich weitere Teile hinweg sind die Druckträger völlig identisch. Sie erscheinen weniger beansprucht, und der Satz ist insgesamt erheblich besser. Die Handvoll Abweichungen dürfte wiederum in erster Linie auf reine Korrekturmaßnahmen zurückgehen. Die wenigen Fraglichkeiten und Beeinträchtigungen (etwa fehlende Punkte, schadhafte oder verschmutzte Typen) können weitestgehend dahingestellt bzw. unberücksichtigt bleiben; stillschweigend wird die jeweils sicherere Lesart übernommen.

Von den in Band I/1 und I/2 herangezogenen sieben Drucken der PPM bis 1661 (EV, A–F)[38] sind, wie im ersten Teil dieses Berichts festgestellt, noch die „EDITIO V." von 1653 (C) und die Stettiner „EDITIO IX." von

---

33 Der Vermerk „Nach verschiedenen andern Alten und Neuen Exemplaren übersehen / und an vielen Orten wieder ersetzet" findet sich auf den Titelblättern der PPM-Editionen beigegebenen Berliner „Habermann"-Ausgaben so oder in etwas anderer Form seit dem als Anhang zur „EDITIO XII." (Ga) anzusehenden Druck von 1666.
34 Vgl. DKL 1737[05].
35 Staatsbibliothek zu Berlin – Peußischer Kulturbesitz, Musikabteilung mit Mendelssohn-Archiv (Sign.: 2 in: Slg Wernigerode Hb 425).
36 Bibliotheca Strahoviensis Prag (Sign.: BG III 161).
37 Vgl. PPMEDW I/2, Editorischer Bericht, S. 37–39.
38 Vgl. ebd., Legende, S. 31.

1660 (F) mit einer Ausgabe des Habermannschen Gebetbuches verbunden. Wie dem vorigen Abschnitt ebenfalls zu entnehmen (vgl. die Übersicht S. 121), kommt zu diesen beiden Drucken noch eine der „EDITIO VII." von 1657 (E) beigegebene Gebetbuchausgabe hinzu, nämlich eine solche deutlich geringeren Umfangs (72 Seiten) und großteils anderen Inhalts, die dessen ungeachtet als ein Abkömmling des „Habermann" angesehen werden kann, sodass gegenüber den sechs bei unserer PPM-Edition berücksichtigten Vorigen Ausgaben (A–F) hier immerhin drei dergleichen (C[A], E[A], F[A]) in die editorische Arbeit einzubeziehen waren:

1. D. Johann Habermanns | Geistreiches | Gebätbüchlein / | […]. Zu Berlin / bey Christof Runge / 1653.[39]
   (Vgl. den auf S. 120 wiedergegebenen Volltitel sowie die Abbildung S. 157.)

2. Geistreiches | Gebät= und | COMMUNION- | Büchlein / | für | Gottfürchtige / Fromme und | andächtige Hertzen / kürtzlich abgefasset. | Berlin / | Gedruckt bey Christoff Runge / | Anno 1657.[40] (Vgl. die Abbildung S. 172.)

3. Christliche | Gebätlein | Auff alle Tage in der | Wochen / nebenst schönen trost- | sprüchen und andern Geistreichen | Gebäten / nach eines jeden Noth | und Anliegen / meistentheils D. | Joh. Habermanns. | Dabey auch mit angefü- | get ein kurtzer Unterricht für | die jenigen / so zum Tische | des HERRN gehen | wollen. | Alten Stettin / | Gedruckt bey Daniel Starcken / | Jm Jahr 1660.[41] (Vgl. die Abbildung S. 199.)

Edition im Dienst rezeptionsgeschichtlicher Forschung

Begründet durch die Beschränkung des Quellencorpus unserer Gesangbuchedition auf die bis zu Johann Crügers Tod erschienenen PPM-Ausgaben einerseits und durch die oben beschriebene Überlieferungslage hinsichtlich „Habermann"-Drucken aus Christoph Runges Offizin andererseits, ist damit zwar lediglich ein Editionszeitraum von weniger als einem Jahrzehnt erfasst. Gleichwohl lassen sich hier nicht nur bemerkenswerte Unterschiede zu den Steigers

---

39 Als Vorlage diente das Digitalisat des in der Bayerischen Staatsbibliothek München aufbewahrten einzigen erhaltenen Ex.s (Sign.: Res Liturg. 1374 a, Beibd.1).

40 Zur Verfügung stand ein für unser Projekt hergestelltes Digitalisat des im Besitz der Universitätsbibliothek Wrocław befindlichen (in VD17 nicht erfassten) einzigen erhaltenen Ex.s (Sign.: 582077).

41 Verwendet wurde das Ex. der Universitäts- und Landesbibliothek Sachsen-Anhalt (Sign.: II 2383 [2]).

Edition zugrunde liegenden frühen Drucken des Habermannschen Gebetbuches erkennen, sondern auch solche zwischen den vier Herangezogenen Ausgaben (EV^A, C^A, E^A, F^A) selbst, womit unser Unternehmen einen anderen Ansatz als das Steigers hat. Zu tun ist es uns eben darum, den Blick auf einen in puncto „Habermann"-Rezeption überaus wichtigen Rezeptionsstrang zu lenken und so weitere Forschungen zu diesem frömmigkeitsgeschichtlich so relevanten Thema anzuregen.

Beim Vergleich zwischen jenen von Steiger erfassten frühen Drucken des „Habermann" und den von uns berücksichtigten zeigen sich erhebliche, über sprachliche Modernisierung weit hinausreichende Abweichungen, nämlich beträchtliche Erweiterungen des ursprünglichen Textcorpus ebenso wie Auslassungen und Umstellungen großer Teile. Selbst in Partien, in denen die hier edierte Ausgabe mit dem Text (einer) der Originalquellen nahezu übereinstimmt, begegnen kleine, aber durchaus gewichtige Veränderungen. Beispielsweise heißt es am Schluss des ersten Satzes des Gebets *Für weltliche Obrigkeit* „dir lebendigen GOTT"[42] statt „dir ewigen Gott"[43]. Sogar Bibelzitate erfahren Abwandlungen, wofür das Ende des Gebets *Wider der Welt Anfechtung* ein Exempel bietet, indem dort die Worte „vnd warten auff die selige hoffnung"[44] (Tit 2,13) zu „und warten auf dieselbige hoffnung"[45] verändert sind. Auch Zitate aus anderen Texten autoritativen Charakters zeigen Varianten. So ist etwa im *Morgensegen am Sonnabend* „thun und leben"[46] aus Martin Luthers Morgensegen zu „thun und lassen"[47] geworden.[48] Im Allgemeinen bleiben solche Variantenbildungen ganz im vorgegebenen Rahmen; ein eingefügtes weiteres Element in eine Aufzählung im *Morgensegen am Donnerstage*[49] gehört schon zu den auffälligeren Veränderungen. Zu ermitteln, wann und wo derartige frömmigkeits- wie sprachgeschichtlich aufschlussreiche Abweichungen im Laufe der Editionsgeschichte des „Habermann" erstmals aufgetreten sind, ist Aufgabe künftiger Forschung.

---

42 S. 28.
43 St 77.
44 St 183.
45 S. 58.
46 St 223.
47 S. 69.
48 Zu konstatieren ist übrigens, dass Lesarten aus allen fünf von Steiger herangezogenen frühen „Habermann"-Drucken in das *Gebätbüchlein* von 1661 eingegangen sind, mal eine aus diesem, mal eine aus jenem – was bedeutet, dass es in der Zwischenzeit bereits zu Kompilationen der frühen Quellen gekommen sein muss.
49 S. 51 mit Fußnote d.

Erweitert wird vorliegende Edition des *Gebätbüchleins* von 1661 um zwei Anhänge als Zuarbeiten zu wünschenswerten weiteren Studien zur „Habermann"-Rezeption. Anhang I bietet Inhaltsverzeichnisse der vier Herangezogenen Ausgaben in Form tabellarischer Übersichten, die einerseits Aufschluss über Konkordanzen zwischen diesen Ausgaben geben, aufgrund derer sich hier überhaupt von einer Quellengruppe sprechen lässt, und die andererseits beachtliche Unterschiede erkennen lassen, zu denen gehört, dass relativ viele in den drei Vorigen Ausgaben vorkommende Texte nicht in der edierten Ausgabe von 1661 enthalten sind. Ebendiese Texte, wie sie auf eine im Zuge frömmigkeitsgeschichtlicher Differenzierungsprozesse zunehmende Vielgestaltigkeit von „Habermann"-Ausgaben verweisen, werden dann in Anhang II nach den gleichen editorischen Grundsätzen wie das *Gebätbüchlein* von 1661 dargeboten.

Zur Textwiedergabe und zur Anlage des Apparats

Im Unterschied zur schon vom Textcorpus der Editionsvorlage her weitaus umfangreicheren Gesangbuchausgabe sind in der hier als Ergänzung vorgelegten Gebetbuchedition Text und Apparat zusammengefasst.

Wie bei der Gesangbuchedition ist die Frakturschrift auf Antiqua umgesetzt worden; nur die Virgel, das einheitliche Zeichen für I und J sowie der auch als Ergänzungszeichen gebrauchte doppelte Bindestrich („Neben=Christen", „Schul= und Zuchtmeister") erinnern noch an die originale Fraktur. In der Vorlage in Antiqua wiedergegebene Personennamen und lateinische Begriffe erscheinen in serifenloser Type. Die damalige Umlautschreibung (å, ỏ, ủ) ist durch die heutige ersetzt, das Frakturzeichen ⁊c. mit etc. wiedergegeben. Zeitübliche Abbreviaturen wurden aufgelöst. Die unterschiedlichen Schriftgrade der Vorlage sind auf wenige Größen reduziert. Gesperrter Druck und Fettdruck in den Überschriften wird übernommen. Der Text ist durchgehend mit Zeilenzählern versehen, und zwar in der Weise, dass die Zeilenzählung auf jeder Seite neu beginnt. Die originalen Seitenzahlen bzw. Blattsignaturen sind in eckigen Klammern eingefügt.

Stärker als bei der vorangehenden Gesangbuchedition waren die Art der Verwendung von Schmuck-Initialen sowie die typographische Unterscheidung von Textteilen zu berücksichtigen, lässt doch der Berliner „Habermann"-Druck von 1661 in diesen Punkten ein

Konzept erkennen. Wie dort kommen zwei Größen von Initialen vor, deren größere stets am Anfang einer Textgruppe steht, nämlich nach dem einleitenden *Gebät / so man zur Kirchen gehen wil* immer das erste Gebet zu einem neuen Wochentag, also jeweils das Morgengebet, und dann den Beginn der den zweiten Teil des Werkes bildenden *Gebät sonderlicher Personen* anzeigt. Und wie in der Vorlage sind die sechs letzten Gebete des zweiten Teils durch Verwendung einer kleineren Drucktype vom Vorhergehenden abgehoben.

In noch geringerem Maße als bei der PPM-Edition wurde in den Text eingegriffen.[50] Das gilt insbesondere für Flexionsbildung und Virgelsetzung (zwei Punkte übrigens, deren andere Handhabung als in der im gleichen Jahr erschienenen „EDITIO X." der PPM um so mehr dafür spricht, dass hier ein anderer Redaktor am Werk gewesen ist). Berichtigt wurden lediglich eindeutige Fehler.

Für die Wiedergabe der in Anhang II dargebotenen Texte der Vorigen Ausgaben (C[A], E[A], F[A]), die in der Editionsvorlage (EV[A]) nicht enthalten sind, gilt dasselbe, das heißt, dass Eingriffe ebenfalls noch zurückhaltender als bei der PPM-Edition erfolgten. Kommen dort erfasste Texte in mehr als einer der Vorigen Ausgaben vor, so werden sie jeweils nach der frühesten wiedergegeben.

Alle Vermerke von Eingriffen, Angaben von Varianten und sonstige Bemerkungen erscheinen als mit Kleinbuchstaben gezählte Fußnoten. Aus den Herangezogenen Ausgaben Zitiertes ist in Normalschrift wiedergegeben, alles Übrige bis auf Ausgaben-Sigel in Variantenangaben *kursiv*. Eingriffe sind wie folgt (vgl. S. 14) vermerkt:

Im Edierten Text ist das Wort „allezeit" mit einem Fußnotenzeichen versehen – die entsprechende Fußnote lautet: „EV[A]: alleziet *statt* allezeit" – lies: im Edierten Text steht „allezeit", was eine Korrektur von „alleziet" darstellt, wie das Wort in beiden erhaltenen Exemplaren der Editionsvorlage (EVb[A] und EVp[A]) erscheint.

Sofern ratsam, erfolgen Korrekturen unter Berufung auf Vorige Ausgaben bzw. wird mit angegeben, wo in Letzteren ein Fehler oder Mangel ebenfalls vorkommt. Geboten schien dies insbesondere bei Eingriffen in die Interpunktion. Beispiel (vgl. S. 15):

---

50 Vgl. PPMEDW I/2, Editorischer Bericht, S. 47 f.

Im Edierten Text ist die Wortfolge „bewahrest. Groß" mit einem Fußnotenzeichen versehen – die entsprechende Fußnote lautet: „EV^A: bewahrest / Groß *(auch C^A) statt* bewahrest. Groß *(auch F^A)*" – lies: im Edierten Text steht „bewahrest. Groß", was eine Korrektur von „bewahrest / Groß" darstellt, wie die Wortfolge in beiden erhaltenen Exemplaren der Editionsvorlage (EVb^A und EVp^A) erscheint und wie sie auch in C^A vorkommt, wohingegen in F^A richtig ein Punkt statt der Virgel steht. (In E^A ist der betreffende Textteil nicht enthalten.)

Angaben zu den Vorigen Ausgaben beschränken sich auf lexikalische und grammatische Unterschiede, fehlende und zusätzliche Wörter sowie abweichende Wortfolgen. Nicht verzeichnet sind reine Schreibvarianten und offensichtliche Fehler.

Die Darstellung von Textvarianten erfolgt nach einem üblichen Schema: Die betreffende Stelle wird nach dem Edierten Text zitiert und das Zitat durch eine nach links offene eckige Klammer abgeschlossen; es folgt die Lesart der mit Sigel angegebenen abweichenden Vorigen Ausgabe(n). Gibt es zu einer Stelle mehrere Varianten, so sind die Angaben durch Semikolon voneinander getrennt. Beispiel (S. 70):

Im Edierten Text ist die Wortform „wollest" mit einem Fußnotenzeichen versehen – die entsprechende Fußnote lautet: „wollest] wollst C^A; wollstu E^A–F^A" – lies: in beiden erhaltenen Exemplaren der Editionsvorlage (EVb^A und EVp^A) steht „wollest", in C^A stattdessen „wollst" und in E^A und F^A „wollstu".

Abweichungen von dem in Steigers Ausgabe gebotenen Urtext und den dort im Apparat erfassten Lesarten sind, ebenso wie Übereinstimmungen, nur in Einzelfällen angegeben.[51] Nachweise von Bibelstellen erübrigen sich durch Steigers Edition. Stattdessen werden in Form arabisch gezählter Fußnoten einige wenige Hinweise auf Lieder gegeben, die die Gebetstexte mitgeprägt haben könnten. Nicht selten allerdings liegt wohl eine bloß scheinbare Anlehnung vor, indem der hinter einem Lied stehende Bibeltext (insbesondere ein Psalm) oder auch eine einzelne Bibelstelle den eigentlichen Bezug darstellt. Der „Fürst dieser Welt" im *Gebät wider des Satans Reich* und in *Wider des Teufels Anfechtung* kann sich auf Martin Luthers

---

[51] Auf eine von Christoph Runge *nach* 1661 herausgebrachte „Habermann"-Ausgabe wird im kritischen Apparat sogar nur ein einziges Mal verwiesen (vgl. S. 25, Fußnote c).

[320*] „Ein feste Burg ist unser Gott" (Strophe 3) ebenso beziehen wie auf Stellen im Johannesevangelium (12,31; 14,30; 16,11). Solche Doppeldeutigkeit gilt auch für manch andere toposartige Wendung. Beispielsweise nimmt sich der Ausdruck „Wehr und Waffen" ebenfalls wie ein Zitat aus „Ein feste Burg ist unser Gott" (Strophe 1) aus, doch begegnet er hier innerhalb des ersten der beiden dem Werk vorangestellten mottoartigen Zitate, für die Chrysostomus als Autor angegeben ist (vgl. S. 12). Die gegebenen Hinweise auf bis zum Ende des 16. Jahrhunderts entstandene Lieder[52] erheben mithin weder den Anspruch auf absolute Gültigkeit noch auf Vollständigkeit, ist doch Letztere wegen der Fülle möglicher Bezugnahmen gar nicht denkbar. Angeführt sind die Lieder in Entsprechung zur PPM-Edition, also in Form des in eckige Klammern eingeschlossenen Lied-Sigels, gefolgt vom Textanfang in heutiger Schreibung. Für die wenigen Texte, die nicht in einer PPM-Ausgabe bis 1661 enthalten sind, wird ein Editionsnachweis geboten.

Einzelne Male erweist sich im Vergleich zwischen den Herangezogenen Ausgaben (EV^A, C^A, E^A, F^A) einerseits zwar eine weitgehende Übereinstimmung zwischen Textteilen, andererseits aber eine Fülle von Abweichungen, aufgrund derer eine getrennte Wiedergabe ratsam war (vgl. auch S. 144). Ein solcher Fall liegt beispielsweise mit den Texten *Gebät / ehe man zur Beichte gehet* (S. 104) nach EV^A und *Ehe man zur Beichte gehet* (S. 191) nach E^A vor. Im Falle des *Kurtzen / jedoch nothwendigen berichts* (S. 158–161) nach C^A und des *Kurtzen unterrichts* […] *zum H. Abendmahl* (S. 185–189) nach E^A erfolgte die getrennte Wiedergabe nicht nur aufgrund inhaltlicher, sondern auch redaktioneller Abweichungen. Aus denselben Gründen empfahl sich ferner die Wiedergabe teils umfangreicher Bibelzitate, statt nur ihre Fundorte zu bezeichnen. Die Kenntnis ihrer Schreibweisen mag ebenso von Nutzen sein wie die ihrer redaktionellen Behandlung.

Zur Darstellung der Kolumnentitel

Die Erfassung der Kolumnentitel und ihrer Varianten ist Bestandteil vorliegender Edition. Da aber Quellen und Übertragung im Umbruch nicht parallel laufen, sind einer dem Original gleichkommenden Anlage Grenzen gesetzt. Die Seiten der Übertragung enthalten mehr

---

52 Dieser Beschränkung wegen unterblieb beispielsweise bei den *Trostsprüchen am Mittwoch* in F^A zu der Stelle „schreib mit deinem göttlichen finger diesen trost in mein hertz" (S. 202) ein Verweis auf Paul Gerhardts Lied [90*] „Wie soll ich dich empfangen" (vgl. PPMEDW I/1, S. 95, Z. 41).

Text als die der Quellen, und so blieb nicht aus, dass in der PPM-Ausgabe einige wenige originale Kolumnentitel entfallen mussten. Das konnte seinerzeit guten Gewissens in Kauf genommen werden, zumal über die betreffenden Stellen im Apparatband (Band I/2) unterrichtet wird.[53]

Im vorliegenden Band hingegen warf die Darstellung der Kolumnentitel Probleme auf. Die originalen Kopfzeilen würden alsbald nicht mehr dem Textcorpus entsprechen; die dichte Aufeinanderfolge eigens bezeichneter Textteile stünde dem im Wege. Gleichwohl erfordert der Punkt Kolumnentitel angesichts der erheblichen inhaltlichen Unterschiede zwischen den vier Herangezogenen Ausgaben hier nähere Beachtung als einst bei der Gesangbuchedition. Die gewählten Lösungen weichen denn auch von dieser ab.

a) Gebätbüchlein (Berlin 1661)

In unserer Edition des *Gebätbüchleins* von 1661 erscheinen Kolumnentitel allein nach heutigem Standard. Mit anderen Worten: Die Kolumnentitel im Hauptteil des vorliegenden Bandes (S. 11–107) sind nicht durchweg original!

Die originalen Kolumnentitel mit ihren Varianten sind nachfolgend der Reihe nach aufgeführt. An sechs Stellen ist dazwischen noch vermerkt, wenn eine dortige Gebetsüberschrift in einer anderen berücksichtigten Ausgabe (auch) als Kolumnentitel erscheint. Die übrigen Varianten der Kolumnentitel sind auf die beschriebene Weise in Fußnoten erfasst, wo nötig, um klärende Zusätze erweitert.

[1] [Titel]
[2] [kein Kolumnentitel]
[3] [kein Kolumnentitel][54]
    Anruffung zu GOtt / umb Geist und Gnade recht zu bäten.: *dazugehöriger Kolumnentitel*[DS] Vmb Geist und gnade | recht zu bäten. *in* C[A], F[A]
[4–5[DS], 6] Morgensegen[55] | am Sonntage.
[7] Dancksagung für die Schöpffung.
[8–9[DS]] Vmb Vergebung | der Sünden.
[10–11[DS]] Vmb Erhaltung | der Christlichen Kirchen.
[12–13[DS]] Für[56] die Prediger | göttliches Worts.
[14–15[DS]] Für die Zuhörer | göttliches Worts.
    Wider falsche Lehrer und Secten.: *auch als Kolumnentitel in* C[A DS]

---

53 Erstmals dort S. 132 links oben.
54 *Oben auf der Seite das Gebät / so man zur Kirchen gehen wil (vgl. S. 13). Auch die beiden weiteren Quellen C[A] und F[A] haben hierfür keinen Kolumnentitel.*
55 Morgensegen] Morgengebet F[A]
56 Für] Gebät für C[DS] *(S. 16; S. 14 wie EV[A])*

[16-17^DS] Abendsegen[57] | am Sonntage.

[18-19^DS, 20] Morgensegen[58] | am Montage.

[21] Dancksagung für die Erlösung.

[22-23] Vmb rechten Glauben.

[24-25] Vmb das Reich Gottes.

[26-27] Für weltliche Obrigkeit.

[28-29] Für die Vnterthanen.

[30-31^DS] Wider die Feinde | der Christenheit.

[32] Abendsegen[59] am Montage.

[33-34] Morgensegen[60] am Dienstage.

[35] Dancksagung für die Heiligung.

[36-37] Vmb beständige Hoffnung.

[38-39] Vmb Christliche Demut.

[40-41] Für[61] Christliche Eheleute.

[42] Für[62] die Christliche Jugend.

[43-44] Wider[63] des Satans Reich.

[45-46] Abendsegen[64] am Dienstage.

[47] Morgensegen[65] am Mittwoch.

[48-49^DS] Dancksagung für die | Erkäntniß Christi.[66]

[50-51] Vmb[67] rechtschaffene Liebe.

[52-53] Für die[68] Früchte des Landes.

[54] Für die Todsünder.[69]

[55-56] Für[70] die Krancken.

[57-58] Wider des Teufels Anfechtung.

[59] Abendsegen[71] am Mittwoch.

[60-61] Morgensegen[72] am Donnerstage.

[62-63^DS] Dancksagung für | Leibeserhaltung.

[64-65^DS] Vmb Einigkeit | des rechten Glaubens.

[66] Vmb[73] zeitlichen Frieden.

[67-68] Für die Vngläubigen.[74]

[69-70] Für die Wolthäter.

57 Abendsegen] Abendgebät F^A
58 Morgensegen] Morgengebät F^A
59 Abendsegen] Abendgebät F^A
60 Morgensegen] Morgengebät F^A
61 Für] Gebät für C^A
62 Für] Gebät für C^A
63 Wider] Gebät wider C^A
64 EV^A: S. 46: Morgensegen *statt* Abendsegen ◇ Abendsegen] Abendgebät F^A
65 Morgensegen] Morgengebät F^A
66 *Kolumnentitel stattdessen* Dancksagung | für Christi Erkäntniß. *in* C^ADS
67 Vmb] Gebät umb C^A, E^A–F^A
68 Für die] Vmb C^A, F^A
69 Todsünder] Todsünder. | und Sünderin. C^ADS
70 Für] Gebät / für C^A
71 Abendsegen] Abendgebät F^A
72 Morgensegen] Morgengebät F^A
73 Vmb] Gebät / umb C^A
74 EV^A: S. 68: Vngläubigen *statt* Vngläubigen. ◇ *Kolumnentitel stattdessen* Für die ungläubigen | und Verführten. *in* C^ADS

[71] Wider⁷⁵ der Welt Anfechtung.

[72-73] Abendsegen⁷⁶ am Donnerstage.

[74-75] Morgensegen⁷⁷ am Freytage.

[76-77ᴰˢ] Dancksagung für das | Leyden Christi.

[78] Vmb⁷⁸ rechtschaffene Busse.

[79-80] Vmb Gedult in Leydenszeit.⁷⁹

[81-82] Für die Schwangern.

[83] Für die Gefangenen.⁸⁰

[84-85ᴰˢ] Wider des Fleisches | Anfechtung.

[86-87] Abendsegen⁸¹ am Freytage.

[88] Morgensegen⁸² am Sonnabend.

[89-90] Für⁸³ Gottes Barmhertzigkeit.

[91-92] Vmb ein seliges Ende.

[93] Vmb das tägliche Brodt.

[94-95] Für bekümmerte Menschen.

[96-97] Für Wittwen und Weysen.

[98] Wider die Verzweifelung.

[99-100] Abendsegen⁸⁴ am Sonnabend.

[101-102] Gebät eines Seelsorgers.

[103] Gebät eines Pfarrkindes.

[104-105] Gebät einer Obrigkeit.

[106] Gebät eines Vnterthanen.

[107-108] Gebät eines Ehemannes.

[109] Gebät einer Haußmutter.

[110-111] Gebät eines Kindes.

[112-113ᴰˢ] Gebät eines Gesindes | oder Dienstbottens.

[114] Eines Jünglings und Jungfr[auen].⁸⁵

[115-116] Einer⁸⁶ schwangern Frauen.

[117] Eines Wittwers und Wittfr[auen].⁸⁷

[118-119] Gebät eines Wanderers.

[120-121] Einer angefochtenen Person.⁸⁸

[122] Gebät zur Zeit des Donners.

[123-124] Gebät in Sterbensleufften.

[125-126] Gebät wider den Türcken.

75 Wider] Gebät wider Cᴬ
76 Abendsegen] Abendgebät Fᴬ
77 Morgensegen] Morgengebät Fᴬ
78 Vmb] Gebät / umb Cᴬᴰˢ *(S. 98; S. 100 wie EVᴬ)*
79 in Leydenszeit.] im Leiden. *(im Druck Leideu.)* Cᴬ *(S. 101; S. 102-103ᴰˢ wie EVᴬ)*
80 die Gefangenen.] Gefangene. Cᴬ
81 Abendsegen] Abendgebät Fᴬ
82 Morgensegen] Morgengebät Fᴬ
83 Für] Dancksagung für Cᴬ, Eᴬ-Fᴬ
84 Abendsegen] Abendgebät Fᴬ
85 *Kolumnentitel stattdessen* Gebät eines Jünglings *in* Cᴬ
86 Einer] Gebät einer Cᴬ, Fᴬ
87 *Kolumnentitel stattdessen* Für Schwangere Frauen | und Wittfrauen. *in* Cᴬᴰˢ
88 *Kolumnentitel stattdessen* Gebät angefochtener Person. *in* Cᴬ ◇ *kein eigener Kolumnentitel in* Fᴬ

[127] Eine offene Beichte.
[128-131] Gebät vor dem H. Abendmahl.[89]
[132-133^DS] Dancksagung nach dem | H. Abendmahl Christi.[90]
[134] Nach dem Abendmahl.[91]
[135-136] Gebät eines Krancken.
    Das ander Gebät.: *auch als Kolumnentitel in F^A*
    Das dritte Gebät.: *auch als Kolumnentitel in F^A*
    Das vierdte Gebät.: *auch als Kolumnentitel in F^A*
[137] Gebät bey dem Krancken.[92]
[138-139] Vmb Vergebung der Sünden.
[140] Ein Gebät[93] vor der Beichte.
[141] Dancksagung nach der Beichte.[94]
[142] Gebät vor[95] dem H. Abendmahl.
[143-144] Nach[96] dem H.[97] Abendmahl.[98]
    Bey Empfahung des Leibes Christi.: *auch Kolumnentitel* Bey Empf. des Sacraments. *in E^A*

b) Die im Gebätbüchlein (Berlin 1661) nicht enthaltenen Texte Voriger Ausgaben

Da die übrigen Texte aus den Gebetbuch-Anhängen der PPM-Ausgaben vor 1661 zwar der Reihe nach erscheinen, aber aus ihrem Zusammenhang gelöst werden mussten, wurde bei ihnen von einer Wiedergabe von Kolumnentiteln als solchen verzichtet. Deren Behandlung erfolgt gänzlich in den Fußnoten zu den Texten des Anhangs II, dort aber weiterhin lückenlos.

---

89 EV^A: S. 131: Abendmahl *statt* Abendmahl.
90 *Kolumnentitel stattdessen* Gebät nach dem H. Abendmahl. *in* C^A (S. 159); Dancksagung nach dem | Abendmahl Christi. *in* C^ADS (S. 160-161) ◇ *Kolumnentitel stattdessen* Gebät nach dem | Heil. Abendmahl. *in* F^ADS (S. 130-131); Gebät nach dem | H. Abendmahl Christi. *in* F^ADS (S. 132-133)
91 *Kolumnentitel stattdessen* Dancksagung nach dem | H. Abendmahl. *in* C^ADS ◇ *weiterhin gilt Kolumnentitel* Gebät nach dem | H. Abendmahl Christi. *in* F^A
92 *Kolumnentitel stattdessen* Gebät eines Krancken. *in* C^A *(weiterhin),* F^A *(neu)*
93 Ein Gebät] Gebät C^A
94 *kein eigener Kolumnentitel in* C^A
95 Gebät vor] Vor C^A
96 Nach] Dancksagung nach C^A
97 EV^A: S. 143: H Abendmahl *statt* H. Abendmahl
98 *Kolumnentitel stattdessen* Dancksagung nach | dem Abendmahl. *in* E^A

Zu den als Kirchenväter-Zitate ausgewiesenen Textpassagen

Wie die zum Vergleich herangezogene Stettiner Edition des Habermannschen Gebetbuches von 1660 (F^A) enthält auch dessen Berliner Ausgabe von 1661 (EV^A) mehrere mottoartige Passagen, die als Kirchenväter-Zitate ausgewiesen sind. Textform und Autorenangaben beruhen offenbar auf – hier allerdings nicht genau zu benennenden – Ausgaben[99] von Werken der barocken Andachtsliteratur wie den folgenden:[100]

> Basilius Förtsch: Geistliche WasserQuelle / | Darinnen sich ein jedes frommes | Hertz / beydes auff der Reyse vnd daheim | bey guten kühlen Tagen / vnd in mancherley | Hitze der Anfechtung leiblich vnd geistlich er-|quicken vnd erfrischen kan. | Aus dem heilsamen Häuptbrunnen | der heiligen Schrifft / vnd andern Christlichen | Büchern zugericht / Vnd jetzo auffs newe mit fleis vber-|sehen / vnd an vielen örtern gebessert / | Sambt etlicher Königlichen / Fürstlichen | vnd Gräflichen Personen SYMBO-LIS | vnd Gedencksprüchen / etc. | Mit einer Vorrede des Ehrwürdigen / Acht-|barn vnd Wolgelahrten M. Johan. Fladungi, | Pfarrherrn vnd Superint. zu Orlamunda. | Vnd Churf. Sächs. PRIVILEGIO. | Leipzig / | Jn verlegung Henning Großen des ältern Buchh. ANNO M.DC.XVII. [DV:] Gedruckt durch JUSTUM JAN-|SONIUM Danum. | ANNO M.DC.XVII.[101]

> Seelen Paradiß Garte / | Darinnen | Schöne An-|dechtige Gebet vnnd | Trostsprüche aus heili-|ger Göttlicher Schrifft / Altvä-|tern vnd Kirchenlehrern / Als Augustino, | Bernhardo, Hieronymo, Chrysosto-|mo, Ambrosio, vnd andern / mit | besonderm fleiß zusammen | gezogen. | Jn diesen betrübten zeiten / an-|dechtigen Christen zu | teg-

---

99 Vgl. Fußnoten 101 und 102.
100 Für die Ermittlung der angeführten Werke, wie sie hier allem Anschein nach als Zitatvorlagen verwendet worden sind, ist Frau Prof. Dr. Irmgard Scheitler (Würzburg) sowie Herrn Dr. Klaus vom Orde (Halle) zu danken.
101 VD17 28:730732E. – Weitere Ausgaben: Leipzig 1619 (VD17 23:663762V), o.O. [Frankfurt a.d.O.] 1624, Leipzig 1625, Leipzig 1627, Nürnberg 1636, Leipzig 1637, Nürnberg 1640, Lüneburg 1655 (VD17 23:238884G); mit einer Vorrede Johann Michael Dilherrs versehene, durch „Lieder und Sinnbilder" erweiterte Neuausgaben unter dem Titel *Vielvermehrte Geistliche Wasserquelle* bzw. *Neuvermehrte Geistliche Wasserquelle*: Nürnberg 1658, Nürnberg 1663 (VD17 23:663767H), Nürnberg 1664 (VD17 12:105027X), Nürnberg o.J. [ca. 1670] (VD17 12:105022K) u.ö. – Zu Inhalt und Bedeutung des Werkes vgl. Althaus, S. 151 f.

lichem nutz vnd | gebrauch in richtiger Ordnung | auffs newe an Tag ge- | ben. | Eißleben. | CVM PRIVILEGIO. | Jn Vorlegung Henning Grossen B.

[DV:] Gedruckt zu Eißleben / durch | Jacobum Gaubisch. | ANNO | M.DC.IV.[102]

Zu den beiden Zitaten auf S. 12 vgl. die „Kurtze Anweisung vnd Vermahnung zum ernsten vnd andächtigen Gebet", *Geistliche WasserQuelle*, S. 1 bis 9, hier S. 1 und 3, zu dem auf S. 102 f. vgl. das „XXIII. Capitel. Gebet / vmb Vergebung der Sünden / wie man für Gott täglich büssen vnd beichten soll / fürnemlich / wenn man zum hochwirdigen Sacrament wil gehen", *Seelen Paradiß Garte*, S. 259 bis 294, hier S. 259 bis 262, und zu denen in Anhang II, S. 200 f., vgl. wiederum die „Kurtze Anweisung vnd Vermahnung zum ernsten vnd andächtigen Gebet", *Geistliche WasserQuelle*, S. 1 bis 9, hier S. 1 und 3 bis 7.

Für die Annahme, dass hier ein weitverbreitetes Werk wie die *Geistliche WasserQuelle* als Zitatvorlage gedient hat, spricht übrigens nicht zuletzt die Tatsache, dass dieses Werk neun Jahre darauf von Christoph Runge selbst – parallel zu dem als „EDITIO XIV." anzusehenden illustrierten Auszug aus der PPM (Gc)[103] gleichen Formats (5 × 11 cm) – herausgebracht worden ist, und zwar in Form einer erweiterten Ausgabe mit dem Titel[104] *Neuvermehrete Geistliche Wasserquelle* (DKL 1670⁰⁷), bei welcher die „Vermehrung" des Inhalts hauptsächlich in der Beigabe jener „120. Geist= und Trostreichen Lieder" Paul Gerhardts besteht, die 1666/67 von Crügers Amtsnachfolger Johann Georg Ebeling zwar unter dem gleichen Haupttitel[105] *PAULI GERHARDI Geistliche Andachten* (DKL 1666⁰³⁻⁰⁴, 1667⁰⁵), doch in ganz anderer Form, nämlich „Dutzendweise mit neuen sechsstimmigen Melodeyen",[106] und in völlig anderer Reihenfolge „hervor

---

102 Titel des – Henning Grosses (1553–1621) Vorrede zufolge möglicherweise von diesem selbst zusammengestellten, 1604 offenbar in unterschiedlichen Ausgaben (vgl. VD17 23:690266V und VD17 39:157087M) herausgebrachten – Werkes, das ferner in einer Ausgabe von 1603 (VD17 12:106649N) vorliegt und das 1615 als *PARADISUS ANIMÆ Oder SEelen Paradißgarte* (VD17 23:332646M) eine erweiterte, 1624 (VD17 3:308513E) dann nochmals vermehrte Neuedition erfahren hat, nach dem in digitalisierter Form (http://reader.digitale-sammlungen.de/de/fs1/object/display/bsb11291935_00003.html) verfügbaren Ex. der Staats- und Stadtbibliothek Augsburg (Sign.: Th Pr 2415), welches nicht in VD17 erfasst ist.
103 Vgl. PPMEDW I/2, S. 34, sowie im vorliegenden Band die Übersicht auf S. 121.
104 Vgl. die in Fußnote 101 angegebenen ähnlich oder gleich lautenden Titel von Ausgaben, die seit 1658 in Nürnberg erschienen sind.
105 Vgl. Fußnote 107.
106 Bei Runge dagegen sind den 120 Liedern nicht durchweg Noten beigegeben, und wie in der PPM handelt es sich hier bei den „Melodeyen" lediglich um zweistimmige Sätze aus Melodie und beziffertem Bass.

gegeben und verlegt" worden waren und bei deren Originalausgabe Runge ab dem „Vierten Dutzet" ebenfalls als Drucker fungiert hatte:

Neuvermehrete | Geistliche | Wasserquelle: | Darinnen sich ein jedes from-|mes Hertz / beydes auf der Reise und | daheim / bey guten kühlen Tagen / und in | mancherley Hitze der Anfechtung / leiblich | und geistlich erquicken und erfrischen | kan. | Aus dem heylsamen Haupt=|Brunnen der Heiligen Schrifft / | und andern Christlichen Büchern | zugerichtet: | Sampt etlicher Königlichen / | Fürstlichen und Gräfflichen Per-|sonen Symbolis und Gedenksprüchen: | Mit beygefügeten schönen neube-|kandten / fürnemlich Herrn Pauli Gerhar-|di 120. Geist= und Trostreichen Liedern[107] | vermehret / | Jtzo aufs neue mit Fleiß übersehen | und an vielen Orten gebessert. Mit Churf. Brandenburgischen | Privilegio und Freyheit.
Zu Berlin / | Gedruckt und verlegt von Christoff Runge. | Anno MDCLXX.[108]

---

[107] Auf S. 409–684 abgedruckt unter dem Titel „PAULI GERHARDI Geistliche Andachten Bestehende Jn Hundert und zwantzig Geistreichen Gesängen / nebst ihren ihnen zugehörigen rechten Melodien". Dem entspricht denn auch der Kupfertitel der Ausgabe: *Geistliche Waßerquelle Neben Pauli Gerhardi Geistlichen Andacht=Liedern*.
[108] VD17 1:670977R.

Anhang I:
Inhaltsverzeichnisse der Herangezogenen Ausgaben

In den folgenden tabellarischen Inhaltsverzeichnissen werden die Übereinstimmungen und Unterschiede zwischen den Gebetbuchanhängen zu den PPM-Editionen EV, C, E und F erfasst. Alle Zahlen sind (ggf. berichtigte) Seitenangaben. Angegeben werden die Seiten, auf denen die Texte nominell beginnen. Einzelne als Konkordanzen ausgewiesene Texte sind im vorliegenden Band jedoch aufgrund erheblicher Abweichungen als selbständige Fassungen (Fg.) wiedergegeben. Unterschiede und Zusammengehörigkeiten werden durch Einklammerung und Gleichheitszeichen (=) kenntlich gemacht.

Über den Inhalt des von uns edierten *Gebätbüchleins* (Berlin 1661) unterrichtet die erste Tabelle. Die Zahl ganz vorn bezeichnet den Beginn des betreffenden Textes im vorliegenden Band (I/3), darauf folgen die Seitenzahl in der Editionsvorlage und die Überschrift des betreffenden Textes (bzw. Gebetbuchteils). Die nächsten drei Spalten führen die Konkordanzen in den drei Vorigen Ausgaben auf, deren Lesarten in den Fußnoten zum Edierten Text verzeichnet sind. In einer zusätzlichen Spalte folgen noch die Nachweise der jeweiligen Texte in der Edition des Habermannschen Gebetbuches von Johann Anselm Steiger (St). Wie zu ersehen, waren die Texte ab *Vmb Vergebung der Sünden. Hieronymi* in den von Steiger herangezogenen ältesten Quellen noch nicht enthalten.

I/3	EV^A (Gebätbüchlein, Berlin 1661)	C^A	E^A	F^A	St
11	[1] [Titel]	---	---	---	---
12	[2] Chrysost. [Auszüge]			(2)	
13	3 Gebät / so man zur Kirchen gehen wil.	3		3	23
13	3 Anruffung zu GOtt / umb Geist und Gnade recht zu bäten.	3		4	25
14	5 Morgensegen am Sonntage.	6		5	29
15	6 Dancksagung für die Schöpffung.	8	19	47	33
16	8 Vmb vergebung der Sünden.	10	30	61	37
17	10 Vmb Erhaltung der Christlichen Kirchen.	12		74	41
19	12 Gebät für die Prediger göttliches Worts.	14			45
20	14 Für die Zuhörer göttliches Worts.	17			49
21	15 Wider falsche Lehrer und Secten.	19			53
22	17 Abendsegen am Sonntage.	21		9	57
23	19 Morgensegen am Montage.	24		12	61
24	21 Dancksagung für die Erlösung.	26	22	49	65
26	22 Vmb rechten Glauben.	28	32	64	69
27	24 Vmb das Reich Gottes.	30		59	73
28	26 Für weltliche Obrigkeit.	33			77
29	28 Für die Vnterthanen.	35			81

I/3	EV[A] (Gebätbüchlein, Berlin 1661)	C[A]	E[A]	F[A]	St
30	29 Wider die Feinde der Christenheit.	37			85
31	31 Abendsegen am Montage.	39		16	89
33	33 Morgensegen am Dienstage.	41		18	93
34	35 Dancksagung für die Heiligung.	43	24	53	97
35	36 Vmb beständige Hoffnung.	46		68	101
36	38 Vmb Christliche Demut.	48		70	105
37	40 Für Christliche Eheleute.	50			109
38	41 Für die Christliche Jugend.	52			113
39	43 Gebät wider des Satans Reich.	54			117
40	45 Abendsegen am Dienstage.	57		21	121
42	47 Morgensegen am Mittwoch.	59		23	125
43	48 Dancksagung für die Erkäntniß Christi.	61			129
44	50 Vmb rechtschaffene Liebe.	63	35	66	133
45	52 Für die Früchte des Landes.	65		80	137
46	53 Für die Todsünder und Sünderin.	68			141
47	55 Für die Krancken.	70			145
48	57 Wider des Teufels Anfechtung.	72		86	149
50	59 Abendsegen am Mittwoch.	74		28	153
51	60 Morgensegen am Donnerstage.	76		30	157
52	62 Dancksagung für Leibeserhaltung.	78	28	57	161
53	64 Vmb Einigkeit des rechten Glaubens.	81			165
54	65 Vmb zeitlichen Frieden.	83		72	169
55	67 Für die Vngläubigen und Verführten.	85			173
56	69 Für die Wolthäter.	87			177
57	71 Wider der Welt Anfechtung.	90		89	181
59	72 Abendsegen am Donnerstage.	92		34	185
60	74 Morgensegen am Freytage.	94		36	189
61	76 Dancksagung für das Leyden Christi.	96		51	193
62	77 Vmb rechtschaffene Busse.	99		118	197
63	79 Vmb Gedult in Leidenszeit.	101		76	201
64	81 Für die Schwangern.	103			205
65	82 Für die Gefangenen.	105			209
66	84 Wider des Fleisches Anfechtung.	107		91	213
67	86 Abendsegen am Freytage.	110		40	217
68	88 Morgensegen am Sonnabend.	112		41	221
69	89 Dancksagung für Gottes Barmhertzigkeit.	114	26	55	225
71	91 Vmb ein seliges Ende.	116		140	229
72	93 Vmb das tägliche Brodt.	118		78	233
73	94 Für die bekümmerte Menschen.	120		82	237
74	96 Für Wittwen und Weysen.	123			241

I/3	EV^A (Gebätbüchlein, Berlin 1661)	C^A	E^A	F^A	St
75	98 Wider die Verzweifelung.	125			245
76	99 Abendsegen am Sonnabend.	127		45	249
77	101 Gebät sonderlicher Personen.	129		---	253
77	101 Eines Seelsorgers.	129			253
78	102 Gebät eines Pfarrkindes.	131			257
79	104 Gebät einer Obrigkeit.	132			261
80	106 Gebät eines Vnterthanen.	134			265
81	107 Gebät eines Ehemannes.	135	37	93	269
82	109 Gebät einer Haußmutter.	137	39	95	273
83	110 Gebät eines Kindes.	138		100	277
84	112 Eines Gesindes oder Dienstbottens.	140			281
85	114 Eines Jünglings und Jungfrauen.	141		99	285
86	115 Gebät einer schwangern Frauen.	143		97	289
88	117 Eines Wittwers und Wittfrauen.	144			293
89	118 Gebät eines Wanderers.	146		105	297
90	120 Gebät einer angefochtenen Person.	148		85	301
91	121 Zur zeit des Donners und Vngewitters.	149		107	305
92	123 Gebät in Sterbensleufften.	151		109	309
93	125 Gebät wider den Türcken.	152			313
94	126 Eine offene Beichte.	154		120	317
95	128 Gebät vor dem Abendmahl Christi.	156		125	321
96	130 Ein anders / Gebät vor dem H. Abendmahl.	158		127	325
98	132 Dancksagung nach dem Abendmahl Christi.	159		130	329
99	134 Eine andere Dancksagung nach dem H. Abendmahl [...].	161		132	333
100	135 Gebät eines Krancken.	163		135	337
100	135 Das ander Gebät.	164		136	339
101	136 Das dritte Gebät.	165		137	341
101	136 Das vierdte Gebät.	165		138	343
102	137 Gebät der umbstehenden für den Krancken [...].	166		139	345
102	138 Vmb Vergebung der Sünden. Hieronymi.	172			
103	139 Ein anders / aus den Psalmen.	173			
104	140 Gebät / ehe man zur Beichte gehet.	183	(59 Fg. = 122)		
104	141 Dancksagung nach der Beichte.	184	(60 Fg. = 123)		
105	142 Gebät vor dem H. Abendmahl.	185			
106	143 Bey Empfahung des Leibes Christi.	186	66	129	
106	143 Bey Empfahung des Blutes Christi.	186	66	130	
106	143 Dancksagung nach dem heiligen Abendmahl.	186	68		
107	144 [Schlussformel, Vignette]				

Die drei weiteren Tabellen unterrichten auf dieselbe Weise über den Inhalt der Gebetbuch-Anhänge C^A, E^A und F^A zu den drei EV vorangegangenen PPM-Ausgaben C, E und F (vgl. S. 129 f.). Wieder bezeichnet die Zahl ganz vorn den Beginn des betreffenden Textes im vorliegenden Band, und es folgen Seitenzahl und Überschrift des betreffenden Textes in der jeweiligen Quelle. Die drei anschließenden Spalten führen wiederum die Konkordanzen der drei anderen Herangezogenen Ausgaben auf.

Durch Angabe in Halbfettdruck mit vorangehendem Vermerk „Nicht in EV^A" sind jeweils diejenigen Texte bzw. Textkomplexe der jeweiligen Quelle kenntlich gemacht, die in EV^A nicht (oder nicht mehr) vorkommen. Von 1 bis 17 durchgezählt, sind diese Teile im Anhang II abgedruckt. Etwaige Konkordanzen werden in den Tabellen nicht nochmals hervorgehoben. Die Wiedergabe der mit „Nicht in EV^A" bezeichneten Texte bzw. Textkomplexe im Anhang II erfolgt nach dem angegebenen frühesten Vorkommen, und die Lesarten der Konkordanzen sind dort ebenfalls in den Fußnoten erfasst. Da diese Texte ebenso wie die hinteren von EV^A sämtlich nicht in Steigers Edition des Habermannschen Gebetbuches enthalten sind, fällt für C^A, E^A und F^A die betreffende Spalte weg.

I/3	C^A (Geistreiches Gebätbüchlein, Berlin 1653)	EV^A	E^A	F^A
157	[1] [Titel]	---	---	---
	[2] [leer]			
13	ab 3 (Inhalt = EV^A [beträchtliche Paginierfehler], bis:)			
102	166 Gebät der umbstehenden für den Krancken [...].	137		139
	Nicht in EV^A (Anhang II,1):			
158	167 **Kurtzer / jedoch nothwendiger bericht [...].**			(48 Fg. = 112)
102	172 Vmb Vergebung der Sünden. Hieronymi.	138		
103	173 Ein anders / aus den Psalmen.	139		
	Nicht in EV^A (Anhang II,2):			
161	174 **Die Sieben Bußpsalmen.**			
104	183 Gebät / ehe man zur Beichte gehet.	140		(59 Fg. = 122)
104	184 Dancksagung nach der Beichte.	141		(60 Fg. = 123)
105	185 Gebät vor dem H. Abendmahl.	142		
106	186 Bey Empfahung des Leibes Christi.	143	66	129
106	186 Bey Empfahung des Blutes Christi.	143	66	130
106	186 Dancksagung nach dem Abendmahl.	143	68	
	Nicht in EV^A (Anhang II,3):			
168	187 **Die Drey Häupt = Symbola.**			
171	192 [Schlussformel]			

I/3	E^A (Gebät= und Communion-Büchlein, Berlin 1657)	EV^A	C^A	F^A
172	[1] [Titel]	---	---	---
	[2] [leer]			
	Nicht in EV^A (Anhang II,4):			
173	3 Tägliches Morgengebät.			
175	8 Ein ander Morgengebät.			
176	10 Tägliches Abendgebät.			
178	15 Ein ander schön Abendgebät.			
180	18 Dancksagung für allerley [...] Wolthaten [...].			
15	19 Dancksagung für die Schöpffung.	6	8	47
24	22 Dancksagung für die Erlösung.	21	26	49
34	24 Dancksagung für die heiligung.	35	43	53
69	26 Dancksag. für Gottes Barmh.	89	114	55
52	28 Dancksag. für Leibeserhaltung.	62	78	57
16	30 Vmb vergebung der sünden.	8	10	61
26	32 Vmb rechten Glauben.	22	28	64
44	35 Vmb rechtschaffene liebe.	50	63	66
81	37 Gebät eines Ehemannes.	107	135	93
82	39 Gebät einer Haußmutter.	109	137	95
	Nicht in EV^A (Anhang II,5):			
181	41 Gebät der Eltern für ihre kinder.			103
182	43 Gebät der kinder für ihre Elt.			
183	44 Gebät wenn man verreisen wil.			104
183	45 Gebät in allerley nöthen [...] außm 121. [Psalm.]			
184	46 Gebät täglich zu sprechen.			
184	47 (zweites Gebet, ohne Überschrift)			
185	48 So offt der Seiger schlägt.			
185	48 (zweites und drittes Gebet, ohne Zwischenraum und Überschrift)			
185	48 Kurtzer unterricht [...] zum H. Abendmahl [...].		(167 Fg.)	112
189	55 Vmb vergebung der sünden.			
191	59 Ehe man zur Beicht gehet.		(140 Fg. = 183)	122
191	60 Dancksagung nach empfangener Absolution.		(141 Fg. = 184)	123
192	62 Gebät vor empfahung des heiligen Abendmahls.			
193	63 Ein anders vor Empfahung des H. Abendmahls.			
194	65 So du itzo hingehen wilt.			129
106	66 Bey empfahung des hochwürdigen Sacraments.	143	186	129
	Nicht in EV^A (Anhang II,6):			
195	66 Hierauff bedencke diese worte.			130
195	66 Darauff.			130
195	67 Dancks. nach dem Abendmahl.			

I/3	E^A (Gebät= und COMMUNION-Büchlein, Berlin 1657)	EV^A	C^A	F^A
106	68 Eine andere Dancksagung.	143	186	
	Nicht in EV^A (Anhang II,7):			
196	69 Gebät umb ein gottseliges leben / zu Gott dem Vater.			
197	71 Zu Gott dem Sohn.			
197	72 Zu Gott dem Heiligen Geist.			
	[fehlende Seiten?]			

I/3	F^A (Christliche Gebätlein, Stettin 1660)	EV^A	C^A	E^A
199	[1] [Titel]	---	---	---
	Nicht in EV^A (Anhang II,8):			
200	2 Anweisung und Vermahnung [...]. Chrysost.	([2] Auszüge)		
13	3 Gebet wenn am zur Kirchen gehen will.	3	3	
13	4 Anruffung zu Gott / umb Geist und Gnade recht zu bäten.	3	3	
14	5 Morgensegen am Sontage.	5	6	
	Nicht in EV^A (Anhang II,9):			
201	7 Trostsprüche am Sontage.			
22	9 Abendgebät am Sontage.	17	21	
23	12 Morgengebät am Montage.	19	24	
	Nicht in EV^A (Anhang II,10):			
202	14 Trostsprüche am Montage.			
31	16 Abendgebät am Montage.	31	39	
33	18 Morgengebät am Dienstage.	33	41	
	Nicht in EV^A (Anhang II,11):			
203	19 Trostsprüche am Dinstage.			
40	21 Abendgebät am Dienstage.	45	57	
42	23 Morgengebät am Mittwoch.	47	59	
	Nicht in EV^A (Anhang II,12):			
204	25 Trostsprüche am Mittwoch.			
50	28 Abendgebät am Mittwoch.	59	74	
51	30 Morgengebät am Donnerstage.	60	76	
	Nicht in EV^A (Anhang II,13):			
206	32 Trostsprüche am Donnerstage.			
59	34 Abendgebät am Donnerstage.	72	92	
60	36 Morgengebät am Freytage.	74	94	
	Nicht in EV^A (Anhang II,14):			
207	38 Trostsprüche am Freytage.			
67	40 Abendgebät am Freytage.	86	110	
68	41 Morgengebät am Sonnabend.	88	112	

I/3	F^A (Christliche Gebätlein, Stettin 1660)	EV^A	C^A	E^A
	Nicht in EV^A (Anhang II,15):			
208	43 **Trostsprüche am Sonnabend.**			
76	45 Abendgebät am Sonnabend.	99	127	
15	47 Dancksag. für die Schöpffung.	6	8	19
24	49 Dancksagung für die Erlösung.	21	26	22
61	51 Dancks. für das Leyden Christi.	76	96	
34	53 Dancks. für die Heiligung.	35	43	24
69	55 Dancksag. für Gottes Barmh.	89	114	26
52	57 Dancks. für Leibeserhaltung.	62	78	28
27	59 Vmb das Reich Gottes.	24	30	
16	61 Vmb vergebung der sünden.	8	10	30
26	64 Vmb rechten Glauben.	22	28	32
44	66 Vmb rechtschaffene liebe.	50	63	35
35	68 Vmb beständige Hoffnung.	36	46	
36	70 Vmb Christliche Demut.	38	48	
54	72 Vmb zeitlichen frieden.	65	83	
17	74 Vmb erhaltung der Christlichen Kirchen.	10	12	
63	76 Vmb gedult in Leydenszeit.	79	101	
72	78 Vmb das tägliche Brod.	93	118	
45	80 Für die Früchte des Landes.	52	65	
73	82 Für die bekümmerte Menschen.	94	120	
90	85 Einer angefochtenen Person.	120	148	
48	86 Wider des teufels Anfechtung.	57	72	
57	89 Wider der Welt Anfechtung.	71	90	
66	91 Wider des Fleisches Anfechtung.	84	107	
81	93 Gebät eines Ehemannes.	107	135	37
82	95 Gebät einer Haußmutter.	109	137	39
86	97 Gebät einer schwangern Frauen.	115	143	
85	99 Gebät Eines Jünglings und Jungfrauen.	114	141	
83	100 Gebät eines Kindes.	110	138	
181	103 Gebät der Eltern vor ihre Kinder.			41
183	104 Gebät wenn man verreisen wil.			44
89	105 Gebät eines Wanderers.	118	146	
91	107 Zur zeit des Donners und Vngewitters.	121	149	
92	109 Gebät in Sterbensläufften.	123	151	
185	112 Kurtzer Unterricht [...] zum H. Abendmahl [...].		(167 Fg.)	48
62	118 Vmb rechtschaffen Busse.	77	99	
94	120 Eine offene Beichte.	126	154	
191	122 Ehe man zur Beichte gehet.	(140 Fg.	= 183)	59
191	123 Dancksagung nach empfangener Absolution.	(141 Fg.	= 184)	60

I/3	F^A (Christliche Gebätlein, Stettin 1660)	EV^A	C^A	E^A
95	125 Gebät vor dem heiligen Abendmahl Christi.	128	156	
96	127 Ein ander Gebät vor dem heil. Abendmahl.	130	158	
194	129 So du itzo hinzugehen wilt.			65
106	129 Bey empfahung des hochwürdigen Sacraments.	143	186	66
195	130 Hierauf bedencke diese worte.			66
195	130 Darauff			66
98	130 Dancksagung nach dem Abendmahl Christi.	132	159	
99	132 Ein andere Dancksagung nach dem H. Abendmahl [...].	134	161	
	Nicht in EV^A (Anhang II,16):			
209	135 **Wenn der Mensch kranck ist / kan er also bäten.**			
100	135 Gebät eines Krancken.	135	163	
100	136 Das ander Gebät.	135	164	
101	137 Das dritte Gebät.	136	165	
101	138 Das vierdte Gebät.	136	165	
102	139 Gebät der umbstehenden für den Krancken [...].	137	166	
71	140 Vmb ein seliges Ende.	91	116	
	Nicht in EV^A (Anhang II,17):			
210	[143] **Verzeuchnis der Gebäte / so in diesem Büchlein begriffen.**			

Anhang II:
Im Gebätbüchlein (Berlin 1661) nicht enthaltene Texte der Vorigen Ausgaben

Die nachfolgend von 1 bis 17 durchgezählten Texte bzw. Textkomplexe sind die Partien aus den drei Vorigen Ausgaben C^A, E^A und F^A (vgl. S. 129 f.) ohne Konkordanzen in EV^A. Sie entsprechen den in den tabellarischen Inhaltsverzeichnissen (S. 147–151) als „Nicht in EV^A" kenntlich gemachten Teilen. Als eine Ergänzung zur Edition des 1661 bei Christoph Runge erschienenen *Gebätbüchleins* (S. 11–107) sind diese Partien nach den gleichen editorischen Grundsätzen wiedergegeben.

Inhaltsverzeichnis

1 (C^A, S. 167–172)
Kurtzer / jedoch nothwendiger bericht / für diejenigen / so da
beichten und zum tische des HErrn gehen wollen / neben den dazu
gehörigen gebätlein 158

2 (C^A, S. 174–183)
Die Sieben Bußpsalmen
1. Der VI. Psalm 161
2. Der XXXII. Psalm 162
3. Der XXXVIII. Psalm 163
4. Der LI. Psalm 164
5. Der CII. Psalm 165
6. Der CXXX. Psalm 167
7. Der CXLIII. Psalm 167

3 (C^A, S. 187–192)
Die Drey Häupt=Symbola
Das Apostolische Symbolum 168
Das Nicenische Symbolum 168
Das Symbolum Athanasii 169

4 (E^A, S. 3–18)
Tägliches Morgengebät 173
Ein ander Morgengebät 175
Tägliches Abendgebät 176
Ein ander schön Abendgebät 178
Dancksagung für allerley von Gott empfangene Wolthaten
    an Leib und Seel 180

5 (E^A, S. 41–66)
Gebät der Eltern für ihre kinder 181
Gebät der kinder für ihre Elt[ern] 182
Gebät wenn man verreisen wil 183
Gebät in allerley nöthen und gefährlichkeiten außm 121[. Psalm] 183
Gebät täglich zu sprechen 184
So offt der Seiger schlägt 185
Kurtzer unterricht / für die jenigen / so zum H. Abendmal gehen
    wollen 185
Vmb vergebung der sünden 189
Ehe man zur Beichte gehet 191
Dancksagung nach empfangener Absolution 191
Gebät vor empfahung des heiligen Abendmahls 192
Ein anders vor Empfahung des H. Abendmahls 193
So du itzo hingehen wilt 194

6 (E^A, S. 66–68)
[Fortsetzung zu S. 106, Z. 8] 195
Dancks[agung]. nach dem Abendmahl 195

7 (E^A, S. 69–72)
Gebät umb ein gottseliges leben / zu Gott dem Vater 196
Zu Gott dem Sohn 197
Zu Gott dem Heiligen Geist 197

8 (F^A, S. 2–3)
Anweisung und Vermahnung zu einem ernsten und andächtgem
    Gebät. Chrysost. 200

9 (F^A, S. 7–9)
Trostsprüche am Sontage 201

10 (F^A, S. 14–15)
Trostsprüche am Montage 202

11 (F^A, S. 19–21)
Trostsprüche am Dinstage 203

12 (F^A, S. 25–28)
Trostsprüche am Mittwoch 204

13 (F^A, S. 32–34)
Trostsprüche am Donnerstage 206

14 (F^A, S. 38–39)
Trostsprüche am Freytage 207

15 (F^A, S. 43–45)
Trostsprüche am Sonnabend 208

16 (F^A, S. 135)
Wenn der Mensch kranck ist / kan er also bäten 209

17 (F^A, S. [143]–[144])
Verzeuchnis der Gebäte / so in diesem Büchlein begriffen 210

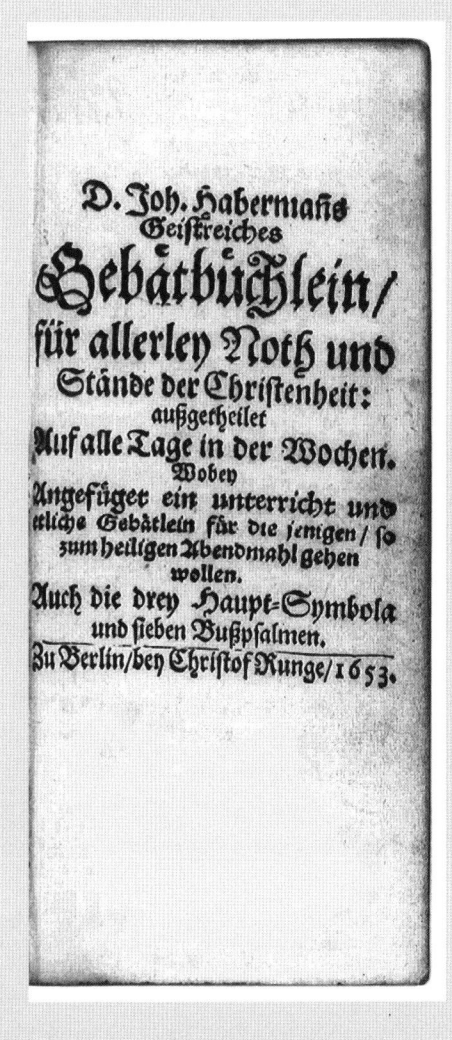

C^A

D. Joh. Habermans
Geistreiches
Gebätbüchlein/
für allerley Noth und
Stände der Christenheit:
außgetheilet
Auf alle Tage in der Wochen.
Wobey
Angefüget ein unterricht und
etliche Gebätlein für die jenigen/ so
zum heiligen Abendmahl gehen
wollen.
Auch die drey Haupt=Symbola
und sieben Bußpsalmen.
Zu Berlin/bey Christof Runge/1653.

1

C^A, S. 167–172^a

[167] [...] **Kurtzer / jedoch nothwendiger bericht / für diejenigen / so da beichten und zum tische des Herrn gehen wollen / neben den dazu gehörigen gebätlein.**^b

1.

Wer zum Tische des Herrn gehen wil / der sol zusehen / daß er würdiglich hinzu gehe.

2. Die aber gehen würdiglich hinzu / die sich selbst prüfen / 1. Cor. 11.

3. Solches prüfen aber geschicht durch wahre rechtschaffene busse.

4. Diese busse (ausser dem streit davon zu reden) hat und begreift in sich diese drey stück / 1. Wahre reu und leid über die begangene sünden. 2. Wahren glauben an JEsum Christum den einigen wahren sündenbüsser. 3. Einen ernsten und beständigen fürsatz / hinfort von sünden abzustehen / und das leben zu bessern.

5. Zu wahrer reu und leid über die begangene sünde / gehören sechs stück.

6. Das erste ist das erkäntniß der sünden / oder daß einer erkenne und betrachte / wie offte und mannigfaltig er gesündiget.

7. Hierzu dienen die heiligen zehen Gebot / als welche sind der spiegel zart / der uns anzeigt die sündig art[1] / in unserm fleisch verborgen. [168]^c

8. Für diesen spiegel sol man treten / ein gebot nach dem andern für sich nehmen / und sein thun und leben darnach außforschen und prüfen.

9. Zum andern gehöret zu wahrer reu und leid / wenn einer nun aus den heiligen zehen geboten GOttes seine sünde erkennet / sol er ferner bedencken / wie schrecklich der zorn GOttes wider die sünde / und wie grausamlich er dräut zu strafen / alle / die seine gebot übertreten.

10. Solches aber ist am besten zu sehen erstlich auß dem beschluß der heiligen zehen gebot im Catechismo / der also lautet: Jch der Herr dein GOtt bin ein starcker eiveriger GOtt / der über die / so mich hassen / die sünde der väter heimsucht an den kindern bis ins dritte und vierde glied: Aber denen / so mich lieben / und meine gebot halten / thu ich wol in tausend glied.

11. Darnach / aus dem schrecklichen^d zetergeschrey des 5. Buchs^e Mosis am 27. Verflucht sey / der nicht alle worte dieses gesetzes erfüllet / daß er darnach thue.

12. Drittens / aus den schrecklichen exempeln. Als der ersten welt im 1. Buch Mosis 7. Sodoma und Gomorrha / 1. Mose. 19. Core / Dathan

---

a C^A: mäßiger Erhaltungszustand, etwas Textverlust, rekonstruierbar || **b** C^A: Überschrift über vier Druckzeilen in drei Typengrößen || **c** C^A, S. 168–171: Kolumnentitel^DS Vnterricht für die [S. 170: diejenigen statt die] / so | zum Tische des Herrn gehen. || **d** C^A: schrechlichen statt schrecklichen || **e** C^A: Bnch statt Buch

---

1 „Maria zart von edler Art" (W II,1035–1044)

und Abiram / 4. Mose. 16. der ungehorsamen kinder Jsrael / 4. Mose. 11. und 25.

13. Vors dritte / gehöret zu wahrer reu und leid / daß man nicht allein den zorn GOttes wider die sünde erkenne / sondern auch hertzlich dafür erschrecke / und ihm schmertzlich lasse leid seyn / daß man Gottes zorn über sich erwecket / und sein gewissen beschweret und verletzet / 2. Cor. 7. Jerem. 31.

14. Jn solcher hertzlicher und schmertzlicher gewissens= und hertzensangst sol ein bußfertiger sünder vors vierdte heraus brechen / und seine vielfältige sünden weh= und demütiglich bekennen / beklagen und beweinen / Psal. 32.

15. Neben dem und vors fünfte sol er solchen sündenwust selbst verfluchen / und einen greuel und abscheu dafür haben.

16. Vors sechste sol er auf mittel und wege dencken / damit er seiner grossen vielfältigen sünden [169] möge loß und ledig werden / und wiederumb einen gnädigen Gott und geruhiges gewissen überkommen.

17. Da kömmet nu herbey das ander stück der wahren busse / der glaube nemlich an den einigen wahren sündenbüsser Jesum Christum[a].

18. Der glaube aber hat gleichsam drey stuffen / daran ein büssender sünder zu seinem Herrn Jesu hinaufsteigen muß.

19. Die erste / daß er wisse / was ihm sein Herr Christus zu gute gethan und erlitten habe.

20. Solches aber zeiget und weiset uns gar fein / in unserm Catechismo[b] der andere Articul unsers Christlichen glaubens / da wir bekennen und sagen: Jch gläube / daß Jesus Christus warhaftiger GOtt vom Vater in ewigkeit geboren / und auch ein warhafftiger mensch von der Jungfrauen Maria geboren / sey mein Herr / der mich verlornen und verdamten menschen erlöset hat / erworben / gewonnen von allen sünden / vom tode / und von der gewalt des teufels / nicht mit gold oder silber / sondern mit seinem heiligen theuren blute / und mit seinem unschuldigen leyden und sterben.

21. Die ander ist / daß man solches vestiglich gläube / und sich dessen wider seine sünde hertzlich tröste.

22. Welches geschicht / wenn ein bußfertiger solcher gestalt und also wider seine sünde sich tröstet / und spricht in seinem hertzen: Jch bin zwar ein armer und sehr grosser sünder / ich gestehe und bekenne auch / daß ich mit meinen sünden verdienet habe GOttes zorn und ungnade / zeitlichen tod und ewige verdamniß. Jedoch aber wil ich meiner sünden halber nicht verzagen: Denn Christus wahrer GOtt von ewigkeit geboren / und auch warhafftiger mensch von der Jungfrauen Maria geboren / der ist mein Herr / und hat mich verlornen und verdamten Menschen erlöset / erworben / gewonnen / von allen sünden / vom tode / und von der gewalt des teufels / nicht mit golde oder silber / sondern mit seinem heiligen theuren blut / und mit seinem unschuldigen leyden und sterben. Das gläub ich vestiglich / und bin gewiß / daß mir Gott im himmel umb deß willen alle meine sünde aus gnaden verzeihet und vergiebet. [170]

a C^A: Chirstum *statt* Christum || **b** *Gemeint ist Luthers* Kleiner Katechismus.

23. Die dritte ist das bekantniß des glaubens / oder die beichte für dem Beichtstuel.

24. Daher dreyerley zu erinnern / 1. was man thun sol vor der beicht / 2. Jn der beicht. 3. nach der beicht.

25. Vor der beicht in der Kirchen sol vorher gehen / zweyerley beichte: Die eine sol geschehen für GOtt: Die andere gegen dem nechsten.

26. Für Gott sol man sich aller sünden schuldig geben / und nach den heiligen zehen geboten seine sünde nacheinander erzehlen und beichten. Hierzu kan man auch brauchen den 51. Psalm / und das gebät Manasse.

27. Gegen dem nechsten sol die privatbeicht geschehen / und deme / so etwan beleidiget / es sey Vater / Mutter / Herren / Frauen / Geschwister und sonst iemand / abbitte gethan werden.

28. Jn der beichte sol man folgende stücke setzen und begreifen. 1. Daß einer bekenne / daß er in der erbsünde empfangen / und dieselbe mit vielen würcklichen sünden vermehret. 2. Daß er hiemit verdienet Gottes zorn / zeitliche straf / ewige verdamniß. 3. Daß ihm solches hertzlich und schmertzlich leid sey. 4. Daß er gläube / und sich wider seine sünde tröste seines lieben Herrn Jesu Christi / der ihn davon erlöset / und vergebung seiner sünden erworben. 5. Daß er darauf wolle hingehen zum tische des Herrn und daselbst zu bekräfftigung dieses seines glaubens empfahen den wahren leib[a] und blut Christi. 6. Daß er hinfort durch die gnade GOttes / so viel ihm müglich / sein leben wolle bessern und frömmer werden. 7. Daß er begehre / der Priester wolle ihn an GOttes stat von seinen sünden loß zehlen / und GOtt für ihn bitten.

29. Vnd wenn ihm denn der Priester die Absolution verkündiget / und ihn von seinen sünden loß zehlet / sol er solches annehmen / nicht als menschenstimm / sondern / wie es auch warhafftig ist / als Gottes stimme.

30. Nach der beicht und absolution sol er erstlich Gott dem HErrn hertzlich dancken / daß er ihn zum erkäntniß der sünden gebracht / und demütiglichst bitten / daß er ihn die krafft der heiligen Absolution in seinem hertzen kräfftiglich wolle lassen empfinden. [171]

31. Zum andern sol er hierauf sich schicken zum würdigen gebrauch des heiligen Abendmahls / welches beruhet auf diesen dreyen stücken.

32. Erstlich / sol er GOtt den HErrn von grund seines hertzens bitten und anrufen / daß er jhn einen würdigen Communicanten wolle seyn lassen.

33. Nachmals sol er die predigt mit hertzlicher andacht hören.

34. Endlich / wenn er itzt zum altar wil hinzu gehen / sol er solches thun mit gebührender reverentz / und inbrünstiger betrachtung der teuren wehrten wort der einsetzung: Das ist mein leib / der für euch gegäben / das[b] ist mein blut des neuen Testaments / das für euch vergossen wird zur vergebung der sünden.

35. Jn solcher betrachtung sol er das heilige Abendmahl empfahen / und nicht zweiffeln / sondern gewiß gläuben / er empfahe eben den leib Christi / der umb seinet willen am creutz gehangen / und für seine sünde in den tod dahin gegäben / und eben das blut Christi / welches er für seine sünde am stamme des heiligen creutzes vergossen.

a C^A: leib *entstellt* || **b** C^A: daß *(auch an der Parallelstelle in E^A; vgl. S. 188)* statt das

36. Nach empfahung dieses theuren schatzes / sol er seinem hochverdienten Heylande Jesu Christo wiederumb hertzlich dancken:

37. Auch darneben bitten / daß er ihm diese heylsame seelenspeise und seelentranck wolle gedeyen lassen / zu starckem glauben gegen Gott / zu brünstiger liebe gegen seinem nechsten / zu beständiger hoffnung und gedult im creutz und widerwertigkeit / und auch in der letzten todesnoth.

38. Das dritte stück der busse ist der neue gehorsam / welcher bestehet in diesen dreyen:

39. Erstlich in wahrer gottesfurcht gegen GOtt im himmel.

40. Darnach in rechtschaffener liebe gegen dem nechsten.

41. Endlich in treuer und fleißiger verrichtung der werck unsers berufs.

42. Wer diese articul in gebürende acht nimmet / der empfähet das Sacrament des wahren leibes und blutes Christi würdiglichen / und hat daher leben / trost und seligkeit. [172]

Solches / damit es also geschehe / wolle allen Christlichen Communicanten die gnade des heiligen Geistes geben und verleihen Gott der himlische Vater / durch seinen lieben Sohn Jesum Christum / Amen.

Hier können nun ferner gebätet werden:

Vmb rechtschaffene busse. Blat	99 [62]
Vmb vergebung der sünden: Blat	10 [16]
Die offene beichte: Blat	154 [94]

2
C^A, S. 174–183

[174]ᵃ [...] **Die Sieben Bußpsalmen.**

1.   **Der VI. Psalm.**
        1. Ein Psalm Davids / vorzusingen auf acht Seyten.

Ach Herr / straf mich nicht in deinem zorn / und züchtige mich nicht in deinem grimm. [175]ᵇ

2. HERR / sey mir gnädig / denn ich bin schwach / heile mich / HErr / denn meine gebeine sind erschrocken.

3. Vnd meine seele ist sehr erschrocken / ach du HErr / wie lange?

4. Wende dich / HERR / und errette meine seele / hilf mir umb deiner güte willen.

5. Denn im tode gedencket man deiner nicht: Wer wil dir in der höllen dancken?

6. Jch bin so müde von seuftzen / und schwemme mein bette die gantze nacht / und netze mit meinen thränen mein lager.

---

a C^A, S. 174: *Kolumnentitel* Der 6. Psalm || **b** C^A, S. 175: *Kolumnentitel* Der 32. Psalm.

7. Meine gestalt ist verfallen für trauren / und ist alt worden / denn ich allenthalben geängstiget werde.

8. Weichet von mir alle übelthäter / denn der HErr höret mein weinen.

9. Der HERR höret mein flehen / mein gebät nimmet der HErr an.

10. Es müssen alle meine feinde zu schanden werden / und sehr erschrecken / sich zurück kehren und zu schanden werden plötzlich.

2.   **Der XXXII. Psalm.**

1. Ein Vnterweisung Davids:

WOl dem / dem die übertretung vergeben sind / dem die sünde bedecket ist.

2. Wol dem menschen / dem der HERR die missethat nicht zurechnet / in deß Geist kein falsch ist.

3. Denn da ichs wolte verschweigen / verschmachteten meine gebeine durch mein tägliches[a] heulen.

4. Dann deine hand war tag und nacht [176][b] schwer auf mir / daß mein safft vertrocknete / wie es im sommer dürre wird / Sela.

5. Darumb bekenne ich dir meine sünde / und verhöle meine missethat nicht / Jch sprach: Jch wil dem HErrn meine übertretung bekennen / da vergabest du mir die missethat meiner sünde / Sela.

6. Dafür werden dich alle heiligen bitten zu rechter zeit / Darumb wann grosse wasserfluthen kommen / werden sie nicht an dieselbigen gelangen.

7. Du bist mein schirm / du woltest mich für angst behüten / daß ich errettet gantz frölich rühmen könte / Sela.

8. Jch wil dich unterweisen / und dir den weg zeigen / den du wandeln solt: Jch wil dich mit meinen augen leiten.

9. Seyd nicht wie roß und mäuler / die nicht verständig sind / welchen man zäume und gebiß muß ins maul legen / wann sie nicht zu dir wollen.

10. Der gottlose hat viel plage / wer aber auf den HErrn hoffet / den wird die güte umbfahen.

11. Freuet euch des Herrn / und seyd frölich / ihr gerechten / und rühmet alle / ihr frommen.

---

a C^A: täliches *statt* tägliches || **b** C^A, S. 176f.: *Kolumnentitel* Der 38. Psalm.

3. Der XXXVIII.ᵃ Psalm.

1. Ein Psalm Davids zum Gedächtniß.

HErr / strafe mich nicht in deinem zorn / und züchtige mich nicht in deinem grimm.

3. Dann deine pfeile stecken in mir / und deine hand drucket mich.

4. Es ist nichts gesundes an meinem leibe [177] für deinem dräuen / und ist kein friede in meinen gebeinen für meiner sünde.

5. Dann meine sünde gehen über mein häupt / wie eine schwere last sind sie mir zu schwer worden.

6. Meine wunden stincken und eitern für meinerᵇ torheit.

7. Jch gehe krum und sehr gebückt / den gantzen tag gehe ich traurig.

8. Dann meine lenden verdorren gantz / und ist nichts gesundes an meinem leibe.

9. Es ist mir gar angst / und bin sehr zerstossen / ich heule für unruhe meines hertzens.

10. HErr / für dir ist alle meine begierde / und mein seufftzen ist dir nicht verborgen.

11. Mein hertz bebet / meine krafft hat mich verlassen / und das liecht meiner augen ist nicht bey mir.

12. Meine lieben und freunde stehen gegen mir / und scheuen meine plage / und meine nehesten treten ferne.

13. Vnd die mir nach der seelen stehen / stellen mir nach /ᶜ und die mir übel wollen / reden / wie sie schaden thun wollen / und gehen mit eitel listen umb.

14. Jch aber muß seyn / wie ein tauber / und nicht hören / und wie ein stummer / der seinen mundᵈ nicht aufthut.

15. Vnd muß seyn wie einer / der nicht höret / und der keine widerred in seinem munde hat.

16. Aber ich harre / HErr / auf dich / du HErr mein GOtt wirst mich erhören.

17. Denn ich dencke / daß sie ja sich nicht [178]ᵉ über mich freuen: Wann mein fuß wanckte / würden sie sich hoch rühmen wider mich.

18ᶠ. Dann ich bin zu leiden gemachet / und mein schmertz ist immer für mir.

---

a Cᴬ: XXXVIII *statt* XXXVIII. || **b** Cᴬ: für / meiner *statt* für meiner || **c** Cᴬ: mir / *statt* mir nach / ||
d Cᴬ: muud *statt* mund || **e** Cᴬ, S. 178 f.: *Kolumnentitel* Der 51. Psalm || **f** Cᴬ: 28 *statt* 18

19. Dann ich zeige meine missethat an / und sorge für meine sünde.

20. Aber meine feinde leben und sind mächtig / die mich unbillich hassen / sind groß.

21. Vnd die mir arges thun umb gutes / setzen sich wider mich / darumb / daß ich ob dem guten halte.

22. Verlaß mich nicht / HErr mein Gott / sey nicht ferne von mir.

23. Eile mir beyzustehn / Herr meine hülfe.

4.   **Der LI.ᵃ Psalm.**
1. Ein Psalm Davids / vorzusingen. 2. Da der Prophete Nathan zu ihm kam / als er war zur Bath=
Seba eingangen.

GOTT sey mir gnädig nach deiner güte / und tilge meine sünde / nach deiner grossen barmhertzigkeit.

4. Wasche mich wol von meiner missethat / und reinige mich von meiner sünde.

5. Dann ich erkenne meine missethat / und meine sünde ist immer für mir.

6. An dir allein hab ich gesündiget / und übel für dir gethan / auf daß du recht behaltest in deinen worten / und rein bleibest / wenn du gerichtet wirst.

7. Sihe / ich bin aus sündlichem samen gezeuget / und meine mutter hat mich in sünden empfangen.

8. Sihe / du hast lust zu warheit / die im [179] verborgen liget: Du lässest mich wissen die heimliche weißheit.

9. Entsündige mich mit Jsopen / daß ich rein werde / wasche mich / daß ich schneeweiß werde.

10. Laß mich hören freude und wonne / daß die gebeine frölich werden / die du zerschlagen hast.

11. Verbirge dein antlitz nicht von meinen sünden / und tilge alle meine missethat.

12. Schaffe in mir / Gott / ein reines hertz / und gib mir einen neuen gewissen Geist.

13. Verwirf mich nicht von deinem angesichte / und nim deinen heiligen Geist nicht von mir.

14. Tröste mich wieder mit deiner hülfe / und der freudige Geist enthalte mich.

15. Denn ich wil die übertreter deine wege lehren / daß sich die sünder zu dir bekehren.

ᵃ Cᴬ: LI *statt* LI.

16. Errette mich von den blutschulden / Gott / der du mein Gott und Heyland bist / daß meine zunge deine gerechtigkeit rühme.

17. HErr / tue meine lippen auf / daß mein mund deinen ruhm verkündige.

18. Denn du hast nicht lust zum opffer / ich wolte es dir sonst wol geben / und Brandopffer gefallen dir nicht.

19. Die opffer / die Gott gefallen / sind ein geängsteter Geist / ein geängstetes und zerschlagen hertz wirstu / Gott / nicht verachten.

20. Thue wol an Zion nach deiner gnade / baue die mauren zu Jerusalem.

21. Denn werden dir gefallen die opffer [180][a] der gerechtigkeit / die brandopffer und gantzen opffer / denn wird man farren auf deinem altar opffern.

5.   **Der CII. Psalm.**
   1. Ein Gebät des Elenden / so er betrübet ist / und seine klage für dem HErrn außschüttet.

HERR / höre mein gebät / und laß mein schreyen zu dir kommen.

3. Verbirge dein antlitz nicht für mir / in der noth neige deine ohren zu mir / wenn ich dich anrufe / so erhöre mich bald.

4. Denn meine tage sind vergangen / wie ein rauch / und meine gebeine sind verbrannt wie ein brand.

5. Mein hertz ist geschlagen / und verdorret wie graß / daß ich auch vergesse mein brodt zu essen.

6. Mein Gebeine klebet an meinem Fleische für heulen und seufftzen.

7. Jch bin gleich wie ein rohrdommel in der wüsten: Jch bin gleich wie ein käutzlein in den verstöreten städten.

8. Jch wache / und bin wie ein einsamer vogel auf dem dache.

9. Täglich schmähen mich meine feinde / und die mich spotten / schweren bey mir.

10. Denn ich esse aschen wie brodt / und mische meinen tranck mit weinen:

11. Für deinem dräuen und zorn / daß du mich aufgehaben und zu boden gestossen hast.

---

a C^A, S. 180 f.: *Kolumnentitel* Der 102. Psalm.

12. Meine tage sind dahin wie ein schatten / und ich verdorre wie graß.

13. Du aber / HErr / bleibest ewiglich / und mein gedächtniß für und für. [181]

14. Du wollest dich aufmachen / und über Zion erbarmen / denn es ist zeit / daß du jhr gnädig seyest / und die stunde ist kommen.

15. Denn deine knechte wolten gerne / daß sie gebauet würde / und sähen gerne / daß jhre steine und kalch zugerichtet würden.

16. Daß die Heyden den namen des Herrn fürchten / und alle Könige auf erden deine ehre.

17. Daß der HErr Zion baue / und erscheine in seiner ehre.

18. Er wendet sich zum gebät der verlassenen / und verschmähet jhr gebät nicht.

19. Das werde geschrieben auf die nachkommen / und das volck / das geschaffen sol werden / wird den HErrn loben.

20. Denn er schauet von seiner heiligen höhe / und der Herr siehet vom himmel auf erden.

21. Daß er das seuftzen der gefangenen höre / und loß mache die kinder des todes.

22. Auf daß sie zu Zion predigen den namen des HErrn / und sein lob zu Jerusalem.

23. Wenn die völcker zusammen kommen / und die königreiche dem HErrn zu dienen.

24. Er demütiget auf dem wege meine krafft / er verkürtzet meine tage.

25. Jch sage: Mein GOtt / nim mich nicht weg in der helfte meiner tage.

26. Deine jahre währen für und für / du hast vorhin die erde gegründet / und die himmel sind deiner hände werck.

27. Sie werden vergehen / aber du bleibest: Sie werden alle veralten / wie ein gewand: Sie werden verwandelt / wie ein kleid / wenn du sie verwandeln wirst. [182][a]

28. Du aber bleibest / wie du bist / Vnd deine jahre nehmen kein ende.

29. Die kinder deine knechte werden bleiben / und ihr same wird für dir gedeyen.

a C[A], S. 182: *Kolumnentitel* Der 130. Psalm.

6.   Der CXXX.ª Psalm.

1. Ein Lied im höhern Chor.

Aus der tiefen rufe ich / HERR / zu dir.
2. HErr / höre meine stimme / laß deine ohren mercken auf die stimme meines flehens.
3. So du wilt / HERR / sünde zurechnen / HERR / wer wird bestehen?
4. Denn bey dir ist die vergebung / daß man dich fürchte.
5. Jch harre des HErrn / meine seele harret und ich hoffe auf sein wort.
6. Meine seele wartet auf den HErrn / von einer morgenwache bis zur andern.
7. Jsrael hoffe auf den HErrn / denn bey dem HErrn ist die gnade / und viel erlösung bey ihm.
8. Vnd er wird Jsrael erlösen aus allen seinen sünden.

7.   Der CXLIII. Psalm.

1. Ein Psalm Davids.

HERR / erhöre mich umb deiner gerechtigkeit willen / höre mein gebät / vernim mein flehen umb deiner warheit willen.
2. Vnd gehe nicht ins gericht mit deinem knecht / denn für dir ist kein lebendiger gerecht.
3. Denn der feind verfolget meine seele / und zuschläget mein leben zu boden / er leget mich ins finster / wie die todten in der welt.
4. Vnd mein geist ist in mir geängstiget / [183]ᵇ mein hertz ist mir in meinem leibe verzehret.
5. Jch gedencke an die vorigen zeiten / ich rede von deinen thaten / und sage von allen den wercken deiner hände.
6. Jch breite meine hände aus zu dir / meine seele dürstet nach dir / wie ein dürres land / Sela.
7. HErr / erhöre mich bald / mein Geist vergehet / verbirge dein antlitz nicht von mir / daß ich nicht gleich werde denen / die in die grube fahren.
8.ᶜ Laß mich früe hören deine gnade / denn ich hoffe auf dich / thue mir kund den weg / darauf ich gehen soll / denn mich verlanget nach dir.
9. Errette mich / mein GOtt / von meinen feinden / zu dir habe ich zuflucht.

a Cᴬ: CXXX *statt* CXXX. || **b** Cᴬ, S. 183: *Kolumnentitel* Der 143. Psalm. || **c** Cᴬ: 9. *statt* 8.

10. Lehre[a] mich thun nach deinem wolgefallen / denn du bist mein GOtt / dein guter Geist führe mich auf ebener bahn.

11. HErr / erquicke mich umb deines namens willen / führe meine seele aus der noth / umb deiner gerechtigkeit willen.

12. Vnd verstöre meine feinde umb deiner güte willen / und bringe umb alle / die meine seele ängstigen / denn ich bin dein knecht.

3

C[A], S. 187–192

[187] [...]   **Die Drey Häupt = Symbola.**

Das Apostolische Symbolum.

JCh gläube an Gott den Vater / allmächtigen Schöpffer himmels und der erden.

Vnd an Jesum Christum seinen einigen Sohn unsern Herrn / der empfangen ist von dem heiligem Geist / geboren von der Jungfrauen Maria / gelitten unter Pontio Pilato / gecreutziget / gestorben und begraben / niedergefahren zu der höllen / am dritten tage wieder auferstanden von den todten / aufgefahren gen himmel / sitzend zur rechten Gottes des allmächtigen Vaters / von[b] dannen er kommen wird zu richten die lebendigen und die todten.

Jch gläube an den heiligen Geist / eine heilige Christliche kirche / die gemeine der heiligen / vergebung der sünden / auferstehung des fleisches / und ein ewiges leben. Amen. [188][c]

Das Nicenische Symbolum.

JCh gläube an einen allmächtigen Gott den Vater / schöpffer himmels und der erden / alles was sichtbar und unsichtbar ist.

Vnd an einen einigen Herrn Jesum Christum / GOttes einigen Sohn / der vom Vater geboren ist vor der gantzen welt / GOtt von GOtt / licht vom licht / warhafftigen GOtt vom warhafftigen GOtt / geboren / nicht geschaffen / mit dem Vater einerley wesen / durch welchen alles geschaffen ist.

a C[A]: lehre *statt* Lehre || **b** C[A]: won *statt* von || **c** C[A], S. 188: *Kolumnentitel* Das Nicenische Symbolum.

Welcher um des menschen willen / und umb unser seligkeit willen vom himmel kommen ist / und leibhafftig worden durch den heiligen Geist / von der Jungfrauen Maria / und mensch worden / auch für uns gecreutziget / unter Pontio Pilato / gelitten und begraben / und am dritten tage auferstanden nach der schrifft / und ist aufgefahren gen himmel / und sitzet zur rechten des Vaters / und wird wiederkommen mit herrlichkeit / zu richten die lebendigen und die todten / des reich kein ende haben wird.

Vnd an den HErrn den heiligen Geist / der da lebendig machet / der vom Vater und dem Sohn außgehet / der mit dem Vater und dem Sohn zugleich angebätet und zugleich geehret wird / der durch die Propheten geredet hat.

Vnd eine heilige Christliche Apostolische Kirche.

Jch bekenne eine einige taufe / zur vergebung der sünden / und warte auf die aufer-[189]ᵃ stehung der todten / und ein leben der zukünfftigen welt / Amen.

Das Symbolum Athanasii.

WEr da wil selig werden / der muß vor allen dingen den rechten Christlichen glauben haben.

Wer denselben nicht gantz und rein hält / der wird ohne zweifel ewiglich verloren seyn.

Diß ist aber der rechte Christliche glaube / daß wir einen einigen GOtt in dreyen Personen / und drey Personen in einiger Gottheit ehren.

Vnd nicht die Personen ineinander mengen / noch das göttliche Wesen zertrennen.

Ein andere Person ist der Vater / ein andere der Sohn / ein andere der heilige Geist.

Aber der Vater / und der Sohn / und der heilige Geist ist ein einiger GOtt / gleich in der Herrlichkeit / gleich in ewiger Majestät.

Welcherley der Vater ist / solcherley ist der Sohn / solcherley ist auch der heilige Geist.

Der Vater ist nicht geschaffen / der Sohn ist nicht geschaffen / der heilige Geist ist nicht geschaffen.

Der Vater ist unmäßlich / der Sohn ist unmäßlich / der heilige Geist ist unmäßlich.

---

a Cᴬ, S. 189–192: *Kolumnentitel* Das Symbolum Athanasii.

Der Vater ist ewig / der Sohn ist ewig / der heilige Geist ist ewig.

Vnd sind doch nicht drey ewige / sondern es ist ein ewiger.

Gleich wie auch nicht drey ungeschaffene / noch drey unmäßliche / sondern es ist ein ungeschaffener und ein unmäßlicher. [190]

Also auch der Vater ist Allmächtig / der Sohn ist Alllmächtig / der heilige Geist ist Allmächtig.

Und sind doch nicht drey Allmächtige / sondern es ist ein Allmächtiger.

Also / der Vater ist GOtt / der Sohn ist GOtt / der heilige Geist ist GOtt.

Vnd sind doch nicht drey Götter / sondern es ist ein GOtt.

Also / der Vater ist der HErr[a] / der Sohn ist der HErr / der heilige Geist ist der HErr.

Vnd sind doch nicht drey HErren / sondern es ist ein HErr.

Denn gleich wie wir müssen nach Christlicher warheit eine jegliche Person für sich Gott und HErrn bekennen.

Also können wir im Christlichen glauben nicht drey götter oder drey Herren nennen.

Der Vater ist von niemand / weder gemachet / noch geschaffen / noch geboren.

Der Sohn ist allein vom Vater / nicht gemacht / nicht geschaffen / sondern geboren.

Der heilige Geist ist vom Vater und Sohn / nicht gemacht / nicht geschaffen / nicht geboren / sondern außgehend.

So ist nun ein Vater / nicht drey Väter / ein Sohn / nicht drey Söhne / ein heiliger Geist / nicht drey heilige Geister.

Vnd unter diesen dreyen Personen ist keine die erste / keine die letzte / keine die grösseste / keine die kleineste.

Sondern alle drey Personen sind miteinander gleich ewig / gleich groß. [191]

Auf daß also / wie gesaget ist / drey Personen in einer Gottheit / und ein GOTT in dreyen Personen geehret werde.

Wer nun wil selig werden / der muß also von den dreyen Personen in GOtt halten.

ES ist aber auch noth zur ewigen seligkeit / daß man treulich gläube / daß Jesus Christus / unser HErr / sey warhafftiger mensch.

a C^A: Herr *statt* HErr

So ist nun diß der rechte glaube / so wir gläuben und bekennen / daß unser HERR Jesus Christus GOttes Sohn / GOtt und mensch ist.

Gott ist er aus des Vaters natur / vor der welt geboren / mensch ist er aus der mutter natur / in der welt geboren.

Ein vollkommener GOtt / ein vollkommener mensch / mit vernünftiger seelen und menschlichem leibe.

Gleich ist er dem Vater nach der Gottheit / kleiner ist er denn der Vater nach der menschheit.

Vnd wiewol er Gott und mensch ist / so ist er doch nicht zween / sondern ein Christus. Einer / nicht daß die Gottheit in die menschheit verwandelt / sondern / daß die Gottheit hat die menschheit an sich genommen.[a]

Ja / einer ist er / nicht daß die zwo naturen ineinander vermenget sind / sondern daß er eine einige Person ist.

Denn gleich wie leib und seel ein mensch ist / so ist GOtt und mensch ein Christus.

Welcher gelitten hat umb unserer selig-[192]keit willen / zur höllen gefahren / am dritten tage auferstanden.

Aufgefahren gen himmel / sitzet zur rechten GOttes / des allmächtigen Vaters.

Von dannen er kommen wird zu richten die lebendigen und die todten.

Vnd zu seiner zukunft müssen alle Menschen auferstehen mit jhren eigenen leibern.

Vnd müssen rechenschafft geben / was sie gethan haben.

Vnd welche gutes gethan haben / werden ins ewige leben gehen: Welche aber böses gethan / ins ewige feuer.

Dis ist der rechte Christliche glaube: Wer denselben nicht vest und treulich gläubet / der kan nicht selig werden.

Alles zur Ehre GOttes.

ENDE.

---

a C^A: genommen *statt* genommen.

E^A

Geistreiches
Gebät- und
COMMUNION-
Büchlein/
für
Gottfürchtige/ Fromme und
andächtige
Hertzen/
kürtzlich abgefasset.

Berlin/

Gedruckt bey Christoff Runge/
Anno 1657.

4

E^A, S. 3–18

[3]^a   Tägliches Morgengebät.

BArmhertziger^b gnädiger Gott und Vater / des güte und treue alle morgen neu ist / du hast den tag und die nacht durch deine göttliche weißheit geschaffen und unterschieden / dazu auch verordnet / daß / so lange die erde stehet / sie nicht sollen aufhören / auff daß der mensch des nachts möge seine ruhe haben / und am Tage wieder an seine arbeit gehen. Liebster Gott / wie sind deine wercke so groß und viel / wie hastu alles so weißlich geordnet / wie ist die erde so voll deiner güte / für solche und andere deine wolthaten / insonderheit / daß du mich mit den lieben meinen in dieser vergangenen nacht unter dem schatten deiner flügel abermal hast sicher ruhen und schlaffen / auch wiederumb frölich und gesund erwachen lassen / darzu für aller des bösen feindes / und böser leute gewalt und boßheit / an leib und seel väterlich beschirmet hast / sage ich dir von grund meines [4]^c hertzen lob und danck. Ach liebster Gott und Vater / wie viel haben ihr wol eine böse und schwere nacht gehabt / die in krieges= feuers= wassers= oder sonst in grosse noth gerathen / oder auch wol in des Satans anfechtung und schwere sünden gefallen sind. Mich grossen sünder / der ichs vielleicht mehr als sie verschuldet / hast du so gnädiglich für allem unglück und übel leibes und der seelen bewahret / und da ich im tieffen schlaff gelegen und geruhet / haben sich deine heilige Engel umb mich her lagern müssen / und eine wagenburg umb mich schlagen / daß mir der Teuffel / der umbher gehet wie ein brüllender Lew / nicht beykommen können. Du hast mich von meinem schlaffe / der ein fürbild ist des todes / frisch und gesund erwecket / daß ich nicht in meinen sünden entschlieffe / sondern noch zeit hätte meine begangene sünde zu bereuen / und von grund meines hertzens mich zu dir zu bekehren. Darümb so kom ich wieder zu dir / du Vater der barmhertzigkeit / und GOtt alles trostes / und bitte demütiglich / du wollest mir meine vielfältige sünde und missethat / die ich von kindheit auff bis auff [5] diese stunde wider dich und dein heiliges wort begangen / umb Christi willen verzeihen / und vergeben / und mich heute diesen Tag / ja

---

a E^A, S. 3: *kein Kolumnentitel* || **b** E^A: *Zeilenumbruch auf große Initiale eingerichtet, tatsächliche Type aber zu klein* || **c** E^A, S. 4–7: *Kolumnentitel*^DS Tägliches | Morgengebät.

die gantze übrige zeit meines Lebens / sampt allen den lieben meinigen / in deinen väterlichen schutz nehmen / deine rechte hand über mich halten / und den schutz deiner heiligen Engel gnädiglich verleihen / daß sie den bösen Satan von mir treiben / damit derselbe mit seiner list mich nicht betriege. O HERR / zeige mir deine wege / lehre mich deine steige / leite mich in deiner warheit / und lehre mich / lencke und regiere mein unwissendes blindes hertze / meine sündliche glieder / meine verderbete sinne / meine gefährliche wort und gedancken / und alle mein thun und lassen. Gib mir die gnade des heiligen Geistes / daß ich heute diesen tag von hertzen frömmer werde / und denselben zu lob und ehre deines heiligen namens / zu nutz meines nechsten / und meiner seligkeit anfangen / mitteln / und vollenden möge / daß ich wacker sey die geschäffte meines beruffs / und was du mir anbefohlen hast / treulich zu verrichten: dazu du mir denn deinen gött-[6]lichen segen gnädiglich verleihen wollest. Ach liebster Gott / wie so eine geraume zeit habe ich ausser deiner furcht zugebracht: Ach das vergib mir doch gnädiglich / und verleihe / daß ich die hinterstellige zeit meines lebens / und die wenig übrigen tage dir zu ehren und gefallen lebe / und in deiner furcht und hertzlichen liebe beständiglich hinbringe. Es ist ja / HErr / mein ernster wille / und fester fürsatz dich wissentlich nicht zu erzürnen / sondern meine Mängel gern und willig zu bessern / versage mir nur nicht / HErr / deinen heiligen Geist dazu / welchen du mit so teuren worten verheissen und zugesaget hast. Ach Herr / es ist in diesem leben lauter mühe / elend und jammer / und welches das allergröste elend ist / so ist es ja leicht umb uns geschehen / daß wir aus betrug des Teuffels / durch reitzung der bösen welt und versuchung unseres eigenen fleisches an unsern Glauben schiffbruch / und also an der seelen schaden leiden. Darümb laß mich doch diß kurtze / sündhafftige / und mühselige leben ja nicht lieben / sondern vielmehr mit höchstem fleisse streben nach dem vorgesatzten ziel / [7] und kleinod / welches uns Christus erworben. Laß mich nicht trachten nach dem / was auff erden ist: sondern nach dem / das droben ist / da Christus ist sitzend zur rechten Gottes / da freude die fülle und liebliches wesen ist immer und ewiglich. Daß ich stets und ohn unterlaß von hertzen mit dem Apostel sage: ich habe lust abzuscheiden / und bey Christo zu seyn / und abermal: Jch habe vielmehr lust ausser dem leibe zu wallen / und daheim zu seyn bey dem HErrn / und mit David wie lieblich sind deine wohnungen / HErr Zebaoth / meine seele verlanget und sehnet sich nach den vorhöfen des HErrn. Mein Leib und seel erfreuet sich in dem lebendigen Gott. Ach HErr / ich weiß gar wol / daß ich deiner gnade nicht wehrt bin / ja ich bin nicht wehrt / daß ich meine augen für dir auffschlagen / und für deinem angesicht beten sol. Jch bitte dich aber / barmhertziger Gott und Vater / verbirge dein antlitz von meinen sünden / und siehe meinetwegen an deinen eingebohrnen Sohn / an welchem deine seele ein wolgefallen hat. Ach HErr Jesu / du Heyland aller menschen / zeige deinem himlischen Va-[8]ᵃter deine wunden und nägelmahl / und laß doch dein schweres und bitteres leyden an mir nicht ümbsonst und verloren seyn. Nim dich meiner auch hertzlich an / wie du gethan hast an allen bußfertigen sündern. Das thue / HErr JEsu / um deines bittern leydens willen / Amen.

Ein ander Morgengebät.

HEiliger GOTT / frommer Vater / treuer hirte / und hüter: Ach wie wol habeᵇ ich abermal diese Nacht geruhet und geschlaffen: wie sanfft liget sichs doch in deinem schooß und armen / wie so sicher ruhet sichs doch unter dem schatten deiner flügel: du mein schützer und beschirmer / hast allein gesehen / wie viel jammer und hertzleid mir diese nacht von meinem feinde und widersacher zugedacht gewesen / ich weiß nichts davon / habe auch nichts davon vernommen: sondern wie ich mich frisch und gesund niedergeleget / also bin ich auch nun frisch und gesund wieder auffgestanden. So sey nun gelobet / du frommes treues Vaterhertz / sey gelobet für die ruhige / stille und friedsame nacht / die du mir verliehen hast: sey gelobet für den [9] bequemen Ort und stelle / die du mir zu meinem nachtlager bescheret hast: sey gelobet für das bettlein und decklein / mit welchem du meinen armen leib gewärmet und erquicket hast: sey auch gelobet für die fleißige wache so viel schöner heiliger Engel / durch welche du mich und die liebe meinigen behütet und bewahret hast. Ach HErr / hör doch nicht auff ferner mein frommer GOtt und Vater zu seyn / stehe auch diesen tag bey mir / und hilff mir denselben wol und

8 Eᴬ, S. 8 f.: *Kolumnentitel*ᴰˢ Ein ander | Morgengebät. ǁ **b** Eᴬ: hahe *statt* habe

Christlich vollbringen. Bewahre mich für dem höllischen Geist / und erfülle mich mit deinem heiligen und guten Geiste: behüte mich für sündlichen wercken und missethaten / und unterweise mich zu heiligen dir wolgefälligen tugenden. Beschütze mich in aller verfolgung und feindseligkeit / und tröste mich in allem unglück und widerwertigkeit. Reinige mein hertz von aller weltlichen üppigkeit und eitelkeit / und beselige dasselbe mit deiner himlischen klarheit und süßigkeit. Nim mich mir selbst und vereinige mich gantz und gar mit dir / damit in allem meinen thun und fürhaben ich dich allein fürchte [10]ᵃ und scheue / in aller meiner noth und anligen dir allein vertraue / und in aller meiner lust und begierde dich allein liebe. Speise meinen leib / stärcke meine seele / gib glück und segen zu meiner arbeit / segneᵇ meine Obrigkeit / erhalte treue Lehrer / und versorge alle Christliche hauß=väter / und hauß=mütter. Gib friede im lande / friede in allen häusern und hütten / mehre deine Christenheit / wehre aller list und grausamkeit / und bekehre alle welt durch deines wortes warheit. Gib mir wahren glauben deinen Sohn recht zu ergreiffen / erleuchteten Verstand deine wunder wol zu betrachten / und endlich eine fertige zunge / und fröligen mund / dir für alle deine zeitliche und ewige / himlische und irdische / leibliche und geistliche gaben und güter lob und danck / ruhm und preiß / ehre und herrlichkeit zu bringen / und zu geben / Amen.

Tägliches Abendgebät.

O Ewiger / himlischer Vater / wenn ich nicht durch die verheissung deines heiligen wortes / und durch die exempel an vielen grossen bußfertigen sündern dessen gewiß und versichert [11] wäre / daß du so voller mitleidens / und geneiget wärest allen / ja auch den grösten sündern ihre übertretung zu verzeihen / so offt sie sich zu dir mit zuschlagenem hertzen bekehren / ihre sünde beweinen / und umb gnade bitten: so dörfte ich wegen meiner vielfältigen grossen sünden nimmermehr für dir erscheinen / insonderheit / wenn ich bedencke / wie ich nicht allein an diesem vergangenen tage sondern auch

---

a Eᴬ, S. 10–13: *Kolumnentitel*ᴾˢ Tägliches | Abendgebät. ‖ **b** Eᴬ: arbeit segne *statt* arbeit / segne

die gantze zeit meines lebens / von kindheit auff / alle deine heilige gebot vielfältig und gröblich mit worten / wercken und gedancken überschritten / nicht allein aus schwachheit: sondern auch offtermals aus fürsatz wider mein gewissen. Du hast / liebster GOtt / meine seele und leib geheiliget / daß sie solten seyn ein tempel und wohnung des heiligen Geistes: ich armer sünder habe sie beyde beflecket in vielen wegen. Meine augen haben ihre lust gehabt in eitelkeiten: meine ohren haben offtmals leichtfertigem geschwätz gehör gegäben: meine zunge hat sich oftermals mit falsch= und affterreden erlustiget / meine hände sind voller unreinigkeit / daß ich mich schämen muß sel-[12]bige zu dir aufzuheben / meine füsse haben vielfältig geirret / und mich auf eigenen wegen lassen gehen / mein gemüthe und Verstand sind in dieser weltlust verwickelt / und hingegen in geistlichen dingen blind und unwissend / mein gedächtniß / so mir als ein schatz seyn solte / alles gutes darin zu bewahren / wil nichtes behalten / als was nur eytel und unnütz ist. Vnd in summa / ich befinde in der warheit / daß die gedancken meines hertzens von natur böse sind zu jeder zeit / und daß meiner sünden mehr sind / als haar auff meinem häupte / ja daß von der scheitel bis auff die füsse nichts reines an mir sey / also daß / wenn du mit mir handeln woltest nach deiner gerechtigkeit / und nach meinem verdienst / ich nichtes anders / als die ewige verdamniß / zu gewarten hätte. Aber demnach du gerechter Gott durch deine unendliche barmhertzigkeit so lange gedult mit mir getragen / und zu meiner rew und busse mir zeit und raum gegäben / so bitt ich dich demütiglich umb das bittere leyden Christi willen / du wollest mir alle meine wissentliche und unwissentliche sünden verzeihen / und [13] dieselbe mit dem theuren blut Christi abwaschen / in seinen tod begraben / und mit seinen heiligen wunden bedecken / damit sie nimmermehr mögen gesehen werden / mich in diesem leben zu beschämen / noch in dem zukünfftigen für deinem richterstul zu verdammen. Gib mir deinen heiligen Geist / der mein hertz reinige / und erneuere / daß es sey ein tempel und wohnung Gottes / und ich dir dienen möge in heiligkeit und gerechtigkeit / bis ich nach vollendetem lauffe meines lebens alhie diese welt mit fried und freuden[1] verlasse / und dir meine seele in deine väterliche hände / in gewisser hoffnung und zuversicht des ewigen lebens

1 [531*] „Mit Fried und Freud ich fahr dahin"

übergeben möge. Jmmittelst danck ich dir / lieber GOtt und Vater / für alle wolthaten / die du mir aus lauter gnaden und barmhertzigkeit an seel und leib die gantze zeit meines lebens erwiesen hast / und insonderheit daß du mich diesen heutigen tag über für allem unglück[a] und gefahr leibes und der seelen / nebenst den lieben meinigen so gnädiglich und väterlich behütet hast. Gleich wie du aber den tag geschaffen hast dem menschen zur arbeit / also wol-[14][b]lest du / lieber Vater / diese nacht meine ruhe heiligen / auff daß dieser mein armer leib durch den Schlaff erquicket werde / und ich dir am morgen weiter dienen / und die guten Wercke verrichten möge / die du geboten hast. Wache du für mich / o du hüter Jsrael / damit der böse Feind / noch andere boßhafftige leute kein theil noch macht an mir / oder den meinigen haben. Befiehle deinen heiligen Engeln / daß sie sich umb mich her lagern / meine seel und leib nebest allem / was du mir gegäben hast / zu beschützen. Jst es dein väterlicher wille / daß du mich / o HErr / diese nacht abfodern wollest / so verfahre mit mir in gnaden / ümb Christi teures verdienst willen / und nim meine seele auff in dein himmelreich / gefällt dirs aber / das meine tage noch länger währen sollen / so verleihe mir besserung meines lebens / und laß mein gemüthe nicht eingewurtzelt seyn in der liebe dieser welt / und in eytelen dingen / sondern gib / daß mein hertz und wandel stets im himmel / und in himlischen dingen sey / und also mein leib und seel untadelich behalten werde / bis auff die zukunfft meines erlösers [15][c] und seligmachers Christi JEsu / das bitte ich / o Vater aller barmhertzigkeit / von grund meines hertzens / im namen meines HErren JEsu Christi / welcher uns also zu beten befohlen hat: Vater unser etc.

Ein ander schön Abendgebät.

FReundlicher / holdseliger und liebreicher Vater im himmel / dieweil nun abermal der tag vergangen / und der abend herbey kommen / so bitte ich dich ümb eine gesunde / selige und geruhsame nacht / zwar muß ich gestehen und bekennen / daß ich leider diesen tag so zugebracht habe / daß ich mehr zorn

---

a E^A: ungück *statt* unglück || **b** E^A, S. 14: *Kolumnentitel* Ein ander || **c** E^A, S. 15: *Kolumnentitel* Ein ander schön

als gnade / und mehr straffen / als wolthaten verdienet habe. Denn wie viel gutes hab ich doch unterlassen / daß ich billich hätte thun sollen / wie viel böses habe ich gethan / daß ich billich hätte unterlassen sollen / wie kalt und verdrossen bin ich doch gewesen in meinem Gottesdienst / wie unachtsamb in meinem ampt / wie undiensthafftig gegen meinem nächsten / wie unbedachtsam bey meinem eignen heyl und wolergehen / aber so du HErr wilt sünde zurechnen / HErr / wer wird bestehen? Darümb [16]ᵃ trete ich für dir / nicht auff meine eigene gerechtigkeit / sondern auff die gerechtigkeit deines eingebornen Sohnes / meines Heylandes JEsu Christi / umb desselben willen wollest du mir vergeben / womit ich dich beleidiget habe / und geben / was ich nicht verdienet habe. Vergib mir meine sünde / und gib mir zu dieser vorstehenden nachtruhe deine väterliche hulde / segen und gedeyen. O treuer GOtt / frommer Vater / wie so grosses unglück kan doch einem Menschen in einer nacht begegnenᵇ? Wie viel edle und köstliche güter kan er doch in einem augenblick verschertzen / und verlieren? Wie so viel mittel und werckzeuge hat doch der leidige Satan / uns an leib und seele / hab und gut / haus und hoff / zu verletzen und zu verderben? Aber / wer unter dem schirm des Höchsten sitzet / der ist sicher / und wer unter dem schatten des Allmächtigen bleibet / dem kan nichts schaden. Nun / so komme doch her / und breite dich aus über mich / du Schirm des Höchsten / überschatte und bedecke mich doch / du Schatten des Allmächtigen. Wache doch / O du Wächter Jsrael / wenn [17] meineᶜ augen nicht mehr wachen / sondern schlummern und schlaffen / sorge du für mich / wenn alle meine sorgen und gedancken ruhig und stille seyn / halte und stärcke du mich mit deiner rechten hand / wenn meine hände und füsse matt und krafftloß danieder ligen. Wehre den bösen Geistern / daß sie mich nicht erschrecken / den dieben / daß sie mich nicht berauben / den feuersflammen / daß sie mich nicht verbrennen / den kranckheiten / daß sie mich nicht anfallen / dem tode / daß er mich nicht plötzlich erwürge. Stelle die schaar deiner Cherubim und Seraphim rings ümb mein bette her / deinen heiligen Geist aber sencke tieff in mein hertz hinein / damit / wenn ich gleich von aussen mit irdischer finsterniß ümbgeben bin / ich dennoch inwendig voller himmeli-

---

a Eᴬ, S. 16f.: *Kolumnentitel*ᴰˢ Ein ander | schön Abendgebät. ‖ **b** Eᴬ: begege-*(Zeilenumbruch)*nen statt begeg-*(Zeilenumbruch)*nen ‖ **c** Eᴬ: wenn / meine *statt* wenn meine

sches lichtes und glantzes seyn möge. Vnd ob gleich der leib mit seinen gliedmassen müßig liget / dennoch meine seele nicht müßig / sondern in heiliger andacht und bewegunge / in heiligen träumen und gesichten / in heiliger Lust und begierde stets thätig und geschäfftig seyn möge / bis so lange / daß nach geendigtem recht-[18]ᵃzeitigen schlaff ich frisch und gesund wieder erwache / aus meinem bettlein aufstehe / und dir für empfangenen schutz und schirm mit frölichem munde und hertzen lob und preiß singe. Amen.

Dancksagung für allerley von Gott empfangene Wolthaten an Leib und Seel.

O Reicher GOtt vom himmel / von dir kommen täglich überflüßige gute gaben / ich dancke dir von grund meines hertzens / daß du mich zu einem vernünfftigen menschen nicht blind / lahm / taub / stumᵇ / oder sonsten gebrechlich / sondern vollkömlich an allen gliedern geschaffen / und frisch und gesund auff diese Welt gebracht hast. Vnd daß du mich in dem lande / und an dem ort / da dein seligmachendes wort lauter und rein geprediget wird / von Christlichen Eltern hast lassen geboren / und erzogen werden. Auch mich von jugend auff bis auff diese gegenwertige stunde / unter so vielem unglück und übel behütet / und zu deinem wahren erkentniß / durch dein liebes wort / so wunderlich gebracht hast. Vnd da ich armer sün-[19]der in meinem fleisch und blut dich alle stunden und augenblick mit meinen sünden erzürne / und wider dich handele / daß du mich / als ein getreuer Vater ohn unterlaß / da ich mich an deinen lieben Sohn halte / in seinem blut von allen meinen sünden täglich wäschest / reinigest / und in grosser gnade wieder annimmst / und lässest deine barmhertzigkeit / so du mir täglich reichlich beweisest / immer grösser seyn / als meine sünde und missethat. Jch bitte dich von grund meiner seelen / du wollest mich ferner in deinen gnädigen schutz / und väterliche hand auch lassen befohlen seyn an leib und seel bis zum ewigen leben. So wil ich deinen göttlichen namen loben und preisen von nun an bis in ewigkeit / Amen.

a Eᴬ, S. 18 f.: *Kolumnentitel*ᴰˢ Dancksagung für | allerley Wolthaten. || **b** Eᴬ: taub stum *statt* taub / stum

5

[41]^a [...]   **Gebät der Eltern für**^b **ihre kinder.**

ACh getreuer lieber Gott und Vater / Schöpffer und erhalter aller creaturen / ich dancke dir von hertzen für die leibesfrüchte / so du mir durch deinen segen gegäben hast / und bitte dich hertzlich / weil du gesaget hast / du wollest deinen heiligen Geist geben allen / die dich darümb bitten. Begnade auch meine arme kinder mit deinem heiligen Geist / der in ihnen die wahre furcht Gottes anzünde / welche ist der weißheit anfang / und die rechte klugheit / wer darnach thut / des lob bleibet ewiglich. Beselige sie auch mit deinem wahren erkäntniß / behüte sie für aller abgötterey^c und falscher lehr / laß sie in dem wahren seligmachenden glauben / und in aller gottseligkeit aufwachsen / und darinn bis ans ende verharren / gib ihnen ein gläubiges gehorsames demütiges hertze / auch die rechte weißheit und Verstand / daß sie [42]^d wachsen und zunehmen an alter und gnade bey GOTT und den menschen. Pflantze in ihr hertz die^e liebe deines göttlichen worts / daß sie seyen andächtig im gebät und gottesdienste / ehrerbietig gegen die Diener des Worts / und gegen iedermann auffrichtig in handlung / schamhafftig in geberden / züchtig in sitten / wahrhafftig in worten / treu in wercken / fleißig in geschäfften / glücklich in verrichtung ihres beruffs und ampts / verständig in sachen / richtig in allen dingen / sanfftmütig und freundlich gegen alle menschen. Behüte^f sie für allen ärgernissen dieser welt / daß sie nicht verführet werden durch böse gesellschafft / laß sie nicht in schlemmen und unzucht gerahten / daß sie ihnen ihr leben nicht selbst verkürtzen / auch andere nicht beleidigen / sey ihr schutz in aller gefahr / daß sie nicht plötzlich umbkommen. Laß mich ja nicht unehr und schande / sondern freude und ehre an ihnen erleben / daß durch sie auch dein^g reich vermehret / und die zahl der gläubigen groß werde / daß sie auch im himmel umb deinen tisch her sitzen mögen / als die himlischen ölzweige / und dich mit allen außerwehleten ehren / loben [43] und preisen mögen / durch Jesum Christum unsern HErrn / Amen.

a E^A, S. 41: *Kolumnentitel* für ihre kinder; F^A, S. 103: *Kolumnentitel* Eltern vor ihre kinder. || **b** für] vor F^A || **c** für aller abgötterey] für abgötterey F^A || **d** E^A, S. 42f.: *Kolumnentitel*^DS Gebät der Kinder | für ihre Eltern. || **e** E^A: hertz / die *(auch F^A) statt* hertz die || **f** E^A: menschen behüte *statt* menschen. Behüte *(auch F^A)* || **g** sie auch dein] sie dein F^A

Gebät der kinder für ihre Elt[ern].

ACh gnädiger / barmhertziger GOtt / lieber Vater / der du bist der rechte Vater über alles / das kinder heisset / im himmel und auf erden / ich dancke dir hertzlich / daß du mir meine liebe eltern / vater und mutter gegäben / und bis daher in guter gesundheit und wolstand erhalten hast / dir sey lob / ehr und danck gesaget für diese deine grosse wolthat / und bitte dich / du wollest mir meinen ungehorsam / damit ich mich gegen meine liebe eltern offt versündiget habe / aus gnaden vergeben / und die strafe von mir abwenden / die du im vierdten gebot dräuest. Gib mir aber ein gehorsames und danckbares hertz gegen sie / daß ich sie ehre / fürchte / liebe / mit meinem gehorsam / und deiner göttlichen furcht erfreue / daß ich sie für GOttes Ordnung erkenne / und ihre väterliche wolmeynende strafen gedultig annehme. Lehre mich bedencken / wie sauer ich meiner mutter worden bin / und mit was grosser mühe und arbeit sie mich erzogen / laß mich dieselbe wieder ehren mit gehorsam / liebe / demut / furcht in [44]ᵃ worten und wercken / auf daß ich den segen und nicht den fluch ererbe / sondern ein langes leben. Laß das Exempel des gehorsames meines HERREN JEsu Christi immer für meinen augen stehen / welcher seinem Vater gehorsam gewest bis zum tode / ja zum tode am creutz / gib mir den gehorsam Jsaacs / die furcht Jacobs / die zucht Josephs / die Gottesfurcht des jungen Tobiä / und gib meinen lieben Eltern den Glauben Abrahams / den segen Jsaacs / den schutz Jacobs / die gottseligkeit Josephs / und die barmhertzigkeit des alten Tobiä / laß sie in einem feinen geruhlichen leben / in friede und einigkeit alt werden / lindere ihnen ihr creutz / und hilfs ihnen tragen / erhöre ihr gebet / und segne ihre nahrung / behüte sie für allem übel leibes und der seelen / und wenn ihre zeit verhanden ist / so laß sie sanfft und stille[1] einschlaffen / und nimm sie zu dir ins ewige vaterland / durch JEsum Christum / Amen.

a Eᴬ, S. 44 f.: *Kolumnentitel*ᴰˢ Gebät wenn man | verreisen wil.

1 [531*] „Mit Fried und Freud ich fahr dahin"

Gebät wenn man verreisen wil.

Allmächtiger / gnädiger Gott und Vater / ein beschützer aller / die sich von hertzen auff dich verlassen / in deinem namen wil ich mich auff den weg machen / [45] und mit anruffung deiner barmhertzigkeit diese meine fürgenommene reise anfahen / denn du bist mein GOtt / der du behütest allen meinen außgang und eingang / und richtest meine füsse auf ebener bahn / daß sie nicht gleiten. Jch bitte dich von hertzen / du wollest auff dieser meiner fürhabenden reise mein gnädiger geleiter[a] und wegweiser seyn / mir deine heilige Engel zugeben / und ihnen befehl thun / daß sie mich behüten auf allen meinen wegen und stegen / und für allem unglück an seel und leib bewahren / mich auf rechter strassen führen / und an den Ort / dahin ich gedencke zu kommen / frisch und gesund hin und wiederumb zu den meinen bringen / damit ich dich ferner hie zeitlich und dort ewiglich loben / und dir dancken möge. Nun Herr Gott Vater / in deine väterliche hände befehle ich meinen leib und meine seele / und alles was mir angehöret / dein heiliger Engel sey mein geleitsmann / Amen.

Gebät in allerley nöthen und gefährlichkeiten außm 121. [Psalm.][b]

O Lieber HERR und GOtt / ich hebe mein augen / hertz / sinn und gedancken stets zu dir auf gen himmel / von [46][c] dannen warte ich von einer stunde zur andern deine gnädige hülff: komme mir in meinen nöthen zu hülffe / du frommer GOtt / denn solches ist dir gar leicht zu thun. Du hast himmel und erden / und alles / was darinnen ist / gemacht / beschützest / und erhältest es auch noch täglich / so bin ich gewiß / du wirst mir deine hülfe auch nicht versagen / laß meinen fuß nicht[d] wancken / behüte mich / sey mein schatten über meiner rechten hand / und mein widerstand wider alle meine feinde / und gottlosen / daß sie mich nicht treffen und mir schaden. Hilf / daß ich mich nicht überhebe / wenns mir wol gehet / und nicht blöde werde / noch verzage / wenns mir übel gehet / und mir widerwertigkeit zu handen stehet / behüte mich für allem

---

a geleiter] begleiter F^A || **b** E^A: fährlichkeiten außm 121. *nach Zeilenumbruch in kleinerer Type* || **c** E^A, S. 46: *Kolumnentitel* Gebät in allerley nöthen. || **d** E^A: fußnicht *statt* fuß nicht

übel an leib uns seel / behüte meinen eingang und außgang / umb JEsu Christi deines lieben Sohnes willen / Amen.

Gebät täglich zu sprechen.

HERR GOtt himlischer Vater / du bist unser leben / leib und seel. Was unser ist / das hast du uns gegäben / von dir / lieber Herr / haben wirs empfangen / richte und ordne du / o lieber Herr und GOtt im himmel / allen unsern handel / [47]ᵃ thun und leben / nach deinem göttlichen willen / dir zu lob / und iedermann zu nutz und dienste / denn an dich gläuben wir / auf dich trauen wir / du wirst uns nicht verlassen / behüte uns für sünden / schanden / feuer= und wassersnoth / für einem bösen schnellen tode / für Krieg und blutvergiessen / für pestilentz und theuer zeit / und für allem ubel / an seel und leib. Sende uns / lieber Herr / deine heilige Engel / die uns leiten und führen auf allen unsern wegen / auf daß wir nichts thun / reden / oder gedencken wider dein heiliges gebot und willen / sondern darnach leben / und dich loben und ehren immer und ewiglich / durch JEsum Christum unsern HERRN / Amen.

O barmhertziger GOTT / ein Vater unsers HErren JEsu Christi / sey gnädich mir armen sünder / durch das bitter leiden und sterben JEsu Christi / deines eingebornen Sohnes / meines einigen Erlösers. HErr / handele nicht mit mir nach meiner schuld / sondern nach deiner grossen barmhertzigkeit. Jch arme creatur stehe in deiner allmächtigen hand / O allmächtiger Gott / o lieber Vater / verlaß mich nicht / ich bin dein / es kan mir keinerᵇ [48]ᶜ trost geben oder erretten / denn du allein / du bist der rechte nohthelffer in aller trübniß / HERR / ich hoffe auf dich / laß mich nimmermehr zu schanden werden / Amen.

a Eᴬ, S. 47: *Kolumnentitel* Gebät / täglich zu sprechen. || **b** Eᴬ: kiener *statt* keiner || **c** Eᴬ, S. 48: *Kolumnentitel* So offt der Seiger schlägt.

So offt der Seiger schlägt.

HERR JEsu Christe / dir leb ich / dir sterb ich / dein bin ich tod und lebendig. JEsu Christe Gottes Sohn / verleihe mir ein seligs stündlein von diesem jammerthal abzuscheiden / daß ich unsträfflich und unbefleckt für deinem angesicht erfunden werde / und hören möge die frölige stimme / da du sagen wirst: Kommet her ihr gesegneten meines Vaters / ererbet das reich / welches euch bereitet ist von anfang der welt / Amen.ᵃ

HERR JEsu Christe / verleihe mir gnade / daß ich mein leben täglich bessere / für sünden mich fürsehe und hüte / nach deinem willen lebe und wandele / Amen.

Lieber HErr und GOtt / wir bekennen / daß wir gesündiget haben / erbarme dich unser / und vergib uns unsere sünde / gedenck an deine barmhertzigkeit / die von ewigkeit zu ewigkeit währet / Amen.

Kurtzer unterricht / fürᵇ die jenigen / so zum H. Abendmal gehen wollen.ᶜ

[49]ᵈ WEr zum hochwürdigen Abendmahl gehen wil / der sol wol zusehenᵉ / daß er würdiglich hinzu gehe. Die aber gehen würdiglich hinzu / die sich selbst prüfen / und zwar durch wahre rechtschaffene und ernstliche Busse.

Die Busse aber hat / und begreifft in sich 3. stück.

1. Wahre reu und leid über die begangenenᶠ sünden.

2.ᵍ Einen wahren glauben an den Herrn Christum den ewigen und wahren sündenbüsser.

3. Einen ernsten und beständigen fürsatz / hinfort von sünden abzustehen / und das leben zu bessern.ʰ

Vom ersten Stücke.

Zu wahrer reu und leid über die begangene sünde gehören fünff stück.

1. Das erkäntniß der sünden / oder / daß einer erkenne und in seinem hertzen betrachte / wie offt und mannigfaltig er wider GOtt und sein hei-

---

a Eᴬ: Amen: *statt* Amen. ‖ **b** unterricht / für] Unterricht und Betrachtungen / vor Fᴬ ‖ **c** Eᴬ: *Überschrift über zwei Zeilen in zwei Typen* ◇ gehen wollen.] wollen gehen. Fᴬ ‖ **d** Eᴬ, S. 49: *Kolumnentitel* Vnterricht der Communicanten.; Fᴬ, S. 112–117): *Kolumnentitel*ᴰˢ Vnterricht für die | Communicanten. *gleichbleibend für den gesamten Text* ‖ **e** Eᴬ: wohlzusehen *statt* wohl zusehen ‖ **f** Eᴬ: begange- *(Zeilenumbruch)*nn *statt* begange- *(Zeilenumbruch)*nen ‖ **g** Eᴬ: 2 *statt* 2. ‖ **h** Eᴬ: bessern *statt* bessern.

liges wort gesündiget habe. Hierzu dienen die heiligen zehen gebot / als welche sind der spiegel zart[1] / der uns zeigt an die sündig art in unserm fleisch verborgen. Jn denselben stehet die gantze summa und anfoderung der schuld / so wir zu thun schuldig sind / kurtz zusammen gezogen. Für diesen spiegel sol man treten / ein gebot nach dem andern für sich nehmen / und sein thun und leben darnach examiniren und prüfen.

Zum andern gehöret zu wahrer reu und [50][a] leid / wenn einer nun aus den heiligen zehen geboten seine sünde erkennet / daß er ferner bedencke / wie schrecklich der zorn Gottes sey über die sünde / und wie grausamlich er dräuet zu straffen / alle / so seine gebot übertreten. Welches zu sehen 1. Aus dem beschluß der heiligen zehen gebot / welcher also lautet: Jch der Herr dein Gott bin ein starcker eyveriger Gott / der über die / so mich hassen / die sünde der väter heimsucht an den kindern bis ins dritte und vierdte glied: Aber denen / so mich lieben / und meine gebot halten / thu ich wol in tausent glied.

2. Aus den schrecklichen worten Deut. 27. Verflucht sey / der nicht alle wort dieses Gesetzes erfüllet / daß er darnach thut.

3. Aus den schrecklichen exempeln / als der ersten welt Genes. 7. Sodoma und Gomorrha Gen. 19. Corah / Dathan und Abiram. Num. 16. der ungehorsamen kinder Jsrael. Num. 11.

Fürs dritte / gehöret zu wahrer reu und leid / daß man nicht allein den zorn GOttes wider die sünde erkenne: sondern auch hertzlich dafür erschrecke / und ihm schmertzlich lasse leid seyn / daß man GOttes zorn über sich erwecket / und sein gewissen beschweret und verletzet habe.

Jn solcher schmertzlichen und hertzlichen gewissens= und hertzens=angst sol fürs vierdte eine bußfertiger sünder heraus brechen / und seine vielfältige sünde weh und demütiglich bekennen / beklagen / und beweinen / [51] und solchen sündenwust selbst verfluchen / und einen greuel und abscheu dafür haben.

Fürs fünffte / sol er auf mittel und wege dencken / damit er seiner grossen vielfältigen sünden möge loß und ledig werden / und wiederumb einen gnädigen GOtt / und ruhiges gewissen überkommen: Dazu dienet nun

Das ander stück der wahren Busse.

Nemlich der glaube an den einigen sündenbüsser Jesum Christum. Welcher gleichsam drey stuffen hat / daran ein bußfertiger sünder zu seinem HErrn JEsu muß hinauff steigen.

Die erste ist / daß er wisse / was ihm sein HErr JEsus zu gut gethan und erworben / welches uns gar fein zeiget /[b] und weiset in unserm Catechismo der ander Artickel unsers Christlichen glaubens / da wir bekennen und sagen: Jch gläube / daß Jesus Christus warhafftiger GOtt vom Vater in ewigkeit geboren / und auch ein warhafftiger mensch von

---

a E^A, S. 50–55: *Kolumnentitel*[DS] Vnterricht für die jenigen / so | zum Tische (S. 55: Tisch *statt* Tische) des Herrn gehen. || **b** E^A: *unsicher (Spieß oder Durchschlag statt Virgel?)*

---

1 „Maria zart von edler Art" (W II,1035–1044)

der Jungfrauen Maria geboren / sey mein Herr / der mich verlornen und verdammten menschen erlöset hat / erworben / gewonnen von allen sünden / vom tode / und von der gewalt des teufels / nicht^a mit gold oder silber: sondern mit seinem heiligen theuren blut / und mit seinem unschuldigen leiden und sterben.

Die andere ist / daß man solches festiglich gläube / und sich dessen wider seine sünde hertzlich tröste. Vnd in seinem hertzen spreche: Jch bin zwar ein armer und grosser sün- [52] der: Jch gestehe und bekenne auch / daß ich mit meinen sünden verdienet habe GOttes zorn und ungnade / zeitlichen tod / und ewiges verdamniß. Jedoch aber / wil ich meiner sünden halben nicht verzagen / denn^b Christus wahrer GOtt von ewigkeit geboren: vnd auch warhafftiger mensch von der jungfrauen Maria geboren: der ist mein HErr / und hat mich verlornen und verdampten menschen erlöset / erworben / gewonnen von allen sünden / und von der gewalt des teufels mit seinem heiligen theuren blut^c / und mit seinem unschuldigen leiden und sterben. Das gläube ich festiglich / und bin gewiß / daß mir GOtt im himmel ümb des willen alle meine sünde aus gnaden verzeihet und vergiebet.

Die dritte ist das bekäntniß des glaubens / oder die beichte für dem beichtstuel. Darbey dreyerley zu erinnern.

1. Was man thun sol vor der beichte.
2. Jn der beichte.
3. Nach der beichte.

Vor der beichte in der kirchen sol vorhergehen zweyerley beichte:

Die eine sol geschehen für Gott.

Die andere gegen dem Nechsten.

Für Gott sol man sich aller sünden schuldig geben / und nach den heiligen zehen geboten seine sünde nacheinander erzehlen und beichten.

Hierzu kan man auch gebrauchen den 51. Psalm / das gebät Manasse. Vnd andere schöne buß= und beicht=gebätlein^d. [53]

Gegen dem nechsten sol die privatbeichte geschehen / und deme / so etwan beleidiget / abbitt gethan werden.

Jn der beichte sol man folgende stück setzen und begreiffen.

1. Daß man erkenne / daß man in der erbsünde empfangen / und dieselbe mit vielen würcklichen sünden vermehret.
2. Daß man hiemit verdienet habe Gottes zorn / zeitliche straffe und ewige verdamniß.
3. Daß ihm solches hertzlich und schmertzlich leid sey.
4. Daß er sich in wahrem glauben wider seine sünde tröste seines lieben HErrn Jesu Christi / der ihn von seinen sünden erlöset / und vergebung derselben erworben.
5. Daß er darauff wolle hingehen zu dem tisch des HErrn / und daselbst zu bekräfftigung dieses seines glaubens empfahen den wahren leib / und das wahre blut Christi.

a E^A: teufels nicht *statt* teufels / nicht *(auch F^A)* || **b** E^A: den *(auch F^A) statt* denn || **c** E^A: blnt *statt* blut || **d** E^A: gebätlem *statt* gebätlein

6. Daß er hinfort durch die gnade GOttes / und beystand des Heiligen Geistes / so viel ihm müglich / sein leben wolle bessern und frömmer werden.

Vnd wenn ihm dann der Priester die Absolution verkündiget / und ihn von seinen sünden loß spricht / sol er solches annehmen / nicht als menschenstimme / sondern / wie es auch warhafftig ist / als Gottes stimme.

Nach der Beichte und Absolution.

Sol er 1. GOTT dem HErren hertzlich dancken / daß er ihn[a] zur erkäntniß seiner sünden gebracht / und demütiglich bitten / daß [54] er ihme die krafft der heiligen Absolution in seinem hertzen wolle kräfftiglich empfinden lassen.

2. Sol er hierauff sich schicken zum würdigen gebrauch des heiligen Abendmahls / welches beruhet in diesen dreyen stücken.

1. Sol er GOtt den HErren von grund seines hertzens bitten und anruffen / daß er ihn einen würdigen gast dieser himlischen mahlzeit wolle seyn lassen.

2. Sol er die predigt mit hertzlicher andacht hören.

3. Wenn er itzt zum Altar hinzu gehet / sol er solches thun mit gebührender reverentz und inbrünstiger betrachtung der theuren wehrten wort der einsetzung: das ist mein leib / der für euch gegeben: das[b] ist mein blut / das für euch vergossen wird / zur Vergebung der sünden.

Jn solcher betrachtung sol er das heilige Abendmahl empfahen / und nicht zweiffeln / sondern gewiß gläuben / er empfahe eben den leib Christi / der umb seinet willen am creutz gehangen / und für seine sünde in den tod gegeben: und eben das blut Christi / welches er für seine sünde am stamm des heiligen creutzes vergossen.

Nach empfahung[c] dieses theuren schatzes / sol er seinem hochverdienten Heyland Jesu Christo wiederum hertzlich dancken / und daneben bitten / daß er ihm diese heilsame seelenspeise / und seelen tranck wolle gedeyen lassen zu starckem glauben gegen Gott: zu [55] brünstiger liebe gegen seinen[d] nechsten / zu beständiger hoffnung und gedult in creutz und widerwertigkeit / und auch in der letzten todesnoth.

Das dritte stück der Busse.

Jst der neue gehorsam / welcher in diesen dreyen stücken bestehet.

1. Jn wahrer Gottesfurcht gegen GOtt im himmel.
2. Jn rechtschaffener liebe gegen dem nechsten.
3. Jn treuer und fleißiger verrichtung der wercke unsers beruffs.

Wer dieses alles in gebührende acht nimmet / der empfähet das Sacrament des wahren leibes und blutes Christi würdiglich / und hat dahero leben / trost und die ewige seligkeit.

---

a E^A: ih *statt* ihn *(herausgefallene Type im einzigen erhaltenen Ex.)* || **b** E^A: daß *(auch an der Parallelstelle in C^A; vgl. S. 160) statt* das *(auch F^A)* || **c** E^A: emfahung *statt* empfahung *(auch F^A)* || **d** seinen] seinem F^A

Welches allen Christlichen Communicanten durch die gnade des heiligen Geistes geben und verleihen wolle GOtt der himlische Vater in Christo JEsu seinem Sohn / Amen.

Vmb vergebung der sünden.

O Lieber HERR / du grosser und erschrecklicher Gott / der du bund und gnade hältest / denen / die dich lieben / und deine gebot halten / wir haben gesündiget und unrecht gethan / wir sind gottlos gewesen / wir sind von deinen geboten und rechten gewichen. Versündiget ha-[56]ᵃben wir uns an dir unserm Gott mit unglauben und mißtrauen / mit ungehorsam und halsstarrigkeit: wir haben uns offtermal zu viel auf menschen / oder andere vergängliche dinge verlassen. Wir haben dich nicht allezeit über alles geliebet / wie wir solten / noch deinen heiligen namen genugsam geehret: den schuldigen Gottesdienst / und was demselben angehöret / haben wir manchmal versäumet / oder nicht / wie uns wol gebühret hätte / in acht genommen. Versündiget haben wir uns auch offt an unserm nechsten / und denselben nicht geliebet / wie uns selbst / seinen nutzen nicht befördert / wie wir billich gesolt hätten: Seinen schaden nicht allezeit abgewendet / wo wir wol gekunt hätten. Vnd / o lieber GOTT / wie offt und unbesonnen haben wir wider unsern nechsten gesündiget mit bösen / hoffärtigen / neidischen / zornigen / argwöhnischen gedancken / worten / geberden und wercken? Versündiget haben wir uns auch zum öfftern an uns selbst mit unmäßigkeit / mit bösen affecten / lüsten und mancherley unbesonnen fürnehmen. Jn Summa: Wir haben sehr mißgehandelt / und un-[57]ser sünde sind mehr / denn des sandes am meer / also / daß / wenn du mit uns handeln woltest nach deiner gerechtigkeit / und nach unserm verdienst / wir nichts anders / als die ewige verdamniß zu gewarten hätten. Darumb beugen wir nun die knye unserer hertzen / und bitten dich / HErr / ümb gnade. Ach HErr / wir haben gesündiget / ja wir haben gesündiget und erkennen unser missethat. Wir bitten und flehen / vergib uns / o HErr / vergib uns / und laß uns nicht in sünden verderben / sondern erbarme dich unser / habe gedult mit uns / und hilff uns elenden und unwürdigen nach deiner grossen barmhertzigkeit / so

---

a Eᴬ, S. 56–59: *Kolumnentitel*ᴰˢ Vmb vergebung | der sünden.

wollen wir unser lebenlang dich loben. Entsündige uns / unser Gott / mit dem theuren blut Jesu Christi / daß wir rein werden / wasche uns / daß wir schneeweiß werden. Laß uns hören freud und wonne / daß die gebeine frölich werden / die du zerschlagen hast. Verbirge dein antlitz für unsern sünden[a] / und tilge alle unser missethat. Schaffe in uns / GOtt / ein reines hertz / und gib uns einen neuen gewissen Geist / verwirf uns nicht von deinem angesicht / und nim deinen heiligen Geist nicht von [58] uns: Tröste uns wieder mit deiner hülfe / und der freudige Geist enthalte uns. Bekehre du uns / HErr / so werden wir bekehret. Gib ie länger ie mehr deinen Geist in unsere hertzen / und mache solche menschen aus uns / die in deinen geboten wandeln / und deine rechte halten. Du hast geboten fleißig zu halten deine befehle. O daß unser leben deine rechte mit gantzem ernst hielte! Nun / HErr unser Schöpffer / du weist / was für ein geschöpfe wir sind: Du weist / daß wir ohne dich nichts thun können. Du bist allein / der in uns wircket beyde das wollen / und das vollbringen nach deinem wolgefallen. Wollen haben wir / aber das vollbringen finden wir nicht. So gib du uns / lieber Vater / daß wir es können vollbringen / und nach deinem willen leben. Laß unser hertz nicht auff etwas böses / ein gottloß wesen zu führen geneiget werden: Neige es aber zu deinen zeugnissen / damit wir dir dienen in heiligkeit und gerechtigkeit / die dir gefällig ist. Erhöre uns lieber himlischer Vater umb deines lieben Sohnes unsers mittlers und Erlösers willen / Amen.

ACh du frommer Herr Jesu Christe / [59] der du den sünder annimmest / so offt er[b] nur kömmet / und gnade begehret. Jch komme auch wieder mit grossen und vielen sünden aufs neue beladen. Jch hätte mich ja billich sollen fürsehen / und besser für sünden hüten: Aber / HErr JEsu / ich habe es leider nicht gethan. Solches ist mir von hertzen leid / daß ich mich so lange in sünden geweltzet / und nicht alsbald wiederumb auffgestanden und zu dir kommen bin. Ach liebster HErr Jesu / es ist geschehen / ich kan nicht fürüber / ich wils nicht mehr thun / nim mich dißmal wieder in gnaden an / erbarm dich mein[c] / und sey mir armen sünder gnädig / laß[d] deine gnade und güte grösser seyn / denn alle meine sünden und missetha-

---

a E^A: süuden *statt* sünden || **b** E^A: er er *statt* er || **c** E^A: dich / mein *statt* dich mein *(verfehlter Korrekturansatz der nächstfolgenden Unzulänglichkeit?)* || **d** E^A: gnädig laß *statt* gnädig / laß *(vgl. den vorausgehenden redaktionellen Eingriff)*

ten: laß mir armen elenden und betrübten sünder deine tröstliche gnade widerfahren / und siehe mich mit deinen barmhertzigen augen in gnaden an / wie du alle bußfertige sünder gnädiglich angesehen hast / und laß dein unschuldiges bitter leiden und sterben an mir armen sünder nicht verloren seyn / umb deines heiligen namens willen / Amen.

Ehe man zur Beichte gehet.[a]

Allmächtiger Gott himlischer Vater / [60][b] dieweil[c] ich itzt auf erkäntniß meiner sünden / zu stärckung meines schwachen glaubens hingehen wil zur Beichte / allda die sonderbare absolution und vergebung der sünden zu empfahen. So bitte ich dich von hertzen / gib mir deinen heiligen Geist / daß ich dieses hohe gnadenwerck mit rechtem glauben[d] und Christlichem verstande ansehen und bedencken möge / und daran nicht zweiffeln / sondern fest und gewiß gläuben möge / was der diener deines worts allda in der Beichte und Absolution nach deinem befehl mit mir redet und handelt[e] / daß dem allem eigentlich und gewiß also sey / und daß du selbst in der stimme deines Dieners mich allda von meinen sünden absolvirest und entbindest. Gib auch / daß ich mich dieser entbindung und absolution itzt und allezeit trösten möge zu gewisser versicherung deiner gnade / und des ewigen lebens durch deinen Sohn unsern Herren und Heyland Christum Jesum / Amen.

Dancksagung nach empfangener Absolution.[f]

O Allmächtiger / gnädiger und barmhertziger GOtt und Vater / ich sage dir von grund meines hertzens lob / ehr [61] und danck für diese grosse gnade und wolthat / die du mir itzt so väterlich erzeiget hast / in dem du mich armen sünder abermal zu gnaden angenommen / und mir durch die heilige absolution alle meine sünde verziehen und vergeben / und das ewige

---

a E^A: *kein eigener Kolumnentitel;* F^A, S. 123: *Kolumnentitel* Ehe man zur Beicht gehet. ǁ **b** E^A, S. 60 f.: *Kolumnentitel*^DS Dancksagung ǀ nach der Beicht; F^A, S. 124 f.: *Kolumnentitel*^DS Dancksagung nach em-ǀpfangender Absolution. ǁ **c** E^A: (Custos die-)weil *statt* (Custos die-)dieweil ǁ **d** E^A: glaubeu *statt* glauben ǁ **e** E^A: undhandelt *statt* und handelt ǁ **f** E^A: ner Absolution. *nach Zeilenumbruch in kleinerer Type*

leben auffs neue wiederumb zugesaget und versprochen hast /
umb deines lieben Sohnes Christi JEsu willen. Jch bitte dich
hertzlich / du wollest mich in solcher gnade allezeit väterlich
erhalten / und mir deinen Heiligen Geist verleihen / daß ich
dieser itzt empfangenen gnadenreichen vergebung festiglich
gläube / und mich derselben itzt und allezeit in allen anfechtungen und widerwertigkeiten trösten / und mich daher alles
guten zu dir versehen möge / verleihe mir auch die gnade deines Heiligen Geistes / daß ich der sünden hinfort ie länger ie
feinder werde / mich dafür fleißig hüte / und meinem fleische
nicht mehr seinen willen lasse zu sündigen / sondern daß ich
demselben durch ein starck gebät in meinem beruff widerstehen / und mein gantzes leben nach deinem willen anstellen /
und führen möge. Vnd was ich darinn zu schwach bin / wie ich
[62][a] dir denn meine schwachheit mit tieffen seufftzen noch
immerdar bekenne / so wollest du durch dein starckes wort
und heiligen Geist mir beystehen und überwinden helffen.
Alles umb= und durch deinen lieben Sohn / meinen Herren
und Heyland Jesum Christum / Amen.

Gebät vor empfahung des hei-
ligen Abendmahls.[b]

HErr Jesu Christe / du Lämmlein Gottes / mein einiger trost /
hoffnung und leben / ich grosser sünder komme abermal
beruffen zu deinem himlischen Abendmahl / in welchem du
mir deinen wahren leib und blut / zu meiner seligkeit / zu
essen und trincken fürtragen lässest / dabey ich mich erinnern
sol deines leidens und sterbens / und meiner von der höllen
erlösung. Jch bitte dich demütiglich[1] / du wollest mein hertz
durch deinen Heiligen Geist anzünden mit einem hertzlichen
verlangen / hunger und durst nach dieser ewigen speise / und
mir einen starcken festen glauben geben / daß ich in wahrer
erkäntniß meiner sünde / und starcker zuversicht zu dir / dein
hochwürdig Sacrament zu meiner seelen heyl und seligkeit
würdiglich geniessen möge / [63] und also nach diesem zeitlichen das ewige himlische vaterland erlange / und ewiglich bey

---

a E[A], S. 62–64: *Kolumnentitel* Gebät (S. 63: Gebet *statt* Gebät) vor dem Abendmal. ‖ **b** E[A]:
ligen Abendmahls. *nach Zeilenumbruch in kleinerer Type*

---

1 [2*] „Aus meines Herzens Grunde"

dir bleibe. Dazu verhilff mir / o Jesu Christe / umb deines blutes und todes willen / Amen.

Ein anders vor Empfahung des H. Abendmahls.ᵃ

HERR JEsu Christe / mein getreuer hirte¹ und Bischoff meiner seelen / der du gesaget hast: Jch bin das brodt des lebens / wer von mir isset / dem wird nicht hungern / und wer an mich gläubet / den wird nimmermehr dürstenᵇ. Jch komme zu dir / und bitte dich demütiglich / du wollest mich durch wahren glauben bereiten / und zum würdigen gast machen dieser himlischen mahlzeit / wollest mich dein armes schäflein heute weiden auff deiner grünen Auen / und zum frischen wasser des lebens führen / du wollest meine seele erquicken / und mich auf rechter strasse führen umb deines namens willen. Ach du süsses himmelbrodt / erwecke in mir einen geistlichen hunger / und heiligen durst / daß ich nach dir schreye / wie ein hirsch schreyet nach frischem wasser. Vor allen dingen aber gib mir wahre hertzliche reue und leid ü- [64] ber meine sünde / und lege mir an das rechte hochzeitliche kleid des glaubens / durch welchen ich dein heiliges verdienst ergreiffe / damit ich nicht ein unwürdiger gast bin. Gib mir ein demütiges versöhnliches hertz: Pflantze in meine seele liebe und barmhertzigkeit / daß ich meinen nechsten / ja alle menschen in dir lieb habe. Ach du wahres Osterlämmlein / sey du meine speise / laß mich dich geniessen und essen mit hertzlicher reu über meine sünde / und einem reinen heiligen bußfertigen leben. Jch komme zu dir mit vieler und grosser unsauberkeit beladen / und bringe zu dir einen unreinen leib und seel voller aussatz und greuel. Ach reinige mich / duᶜ höchste reinigkeit. Dein heiliger leib / als er vom creutz abgenommen ward / wurde in ein rein leinwand eingewickelt. Ach wolte Gott / ich möchte dich mit so reinem hertzen auffnehmen und bewahren / als es dir wolgefällig. Ach mein HErr / du hast ja selbst gesagt / die starcken bedürffen des artztes nicht / sondern die krancken

---

a Eᴬ: des H. Abendmahls. *nach Zeilenumbruch in kleinerer Type* || **b** Eᴬ: dürsteu *statt* dürsten || **c** Eᴬ: mich du *statt* mich / du

---

1 [325] „Der Herr ist mein getreuer Hirt, darum" und [x51] „Der Herr ist mein getreuer Hirt, hält mich"

und schwachen. Ach ich bin kranck / ich bedarf deiner / als meines himlischen seelenartztes. Du hast gesagt / kommt her zu mir alle / die ihr müh-[65]ᵃ selig und beladen seidᵇ / ich wil euch erquicken. Ach HErr / ich komme mit vielen sünden beladen / nim sie von mir / und entledige mich dieser grossen bürde. Reinige mich / und mache mich an meiner seelen reich und selig. O JEsu mein liebster Seelenbräutigam / komme zu mir / ich wil dich führen in die kammer meines hertzens / da wil ich dich küssen / daß mich niemand höre. Bringe mir mit die süßigkeit deiner liebe und güte / den geruch und vorschmack deines seligen ewigen lebens: die schönheit deiner freundlichkeit: die zierde deiner demut: die frucht deiner barmhertzigkeit. Ach du süsses brodt des lebens / speise mich ins ewige leben / daß mich in ewigkeit nicht hungere oder dürste. Bleibe in mir / und laß mich ewig in dir bleiben / wie du gesagt hast: Wer mein fleisch isset / und trincket mein blut / der bleibet in mir / und ich in ihm / und ich werde ihn aufferwecken am jüngsten tage.

So du itzo hingehenᶜ wilt.

O HErr Jesu Christe / dieweil du dein fleisch und blut für meine sünde am creutze gegäben und vergossen hast / ich bitte dich von hertzen / verleihe mir deine [66] gnade und krafft / daß ich das Sacrament deines leibes und blutes / als meinen himlischen zehrpfennig / mit rechtschaffenem starckem glauben / zu meiner seelen heil und seligkeit würdiglich geniessen möge / daß ich des verdiensts deines leidens zum ewigen leben nicht beraubet werde / Amen.

a Eᴬ, S. 65: *Kolumnentitel* So du itzo hingehen wilt.; Fᴬ: *kein eigener Kolumnentitel* || **b** Eᴬ: sind *statt* seid; *zur Veränderung von Bibelzitaten (vorliegend Mt 11,28) vgl. den Editorischen Bericht, S. 131* || **c** hingehen] hinzugehen Fᴬ

6

E^A, S. 66–68

[66] [... (vgl. S. 106)] zum ewigen leben / Amen.

Hierauff bedencke diese worte.

O HERR / vereinige mich mit dir / durch deine zusage / und wircke in mir alle gute wercke / und bleibe in solcher weise mit mir / auff daß ich ewiglich bleibe in dir / Amen.

Darauff.

O du mein lieber HErr JEsu Christe / ich sage dir hertzlich lob und danck / daß du mich itzo abermal / so väterlich an deinem tische / mit deinem selbst eigenem leib und blut / gespeiset und geträn-[67]^a cket hast / und bitte dich von hertzen / laß mir solches gedeyen zu stärckung meines glaubens / zu sicherer Beleitung aus diesem jammerthal in das ewige leben / Amen.

Dancks[agung]. nach dem Abendmahl.

JCh dancke dir Herr Gott himlischer Vater für deine grosse unaußsprechliche gnade und wolthat / daß du mich armen sünder auff die fürbitte deines allerliebsten^b Sohnes hast zu gnaden an= und aufgenommen / und mir alle meine sünde verziehen und vergeben / umb des willen / daß dein liebster Sohn / mein getreuer Heyland und mittler / für mich / mit seinem vollkommenen gehorsam / leiden und sterben bezahlet / und genug gethan hat. Hast auch zum herrlichen zeugniß deiner grossen liebe und gnade gegen mir / itzt abermal mich mit dem wahren leib und blut deines allerliebsten Sohns / im hochwürdigen seinem Abendmal reichlich und mildiglich gespeiset und geträncket / und damit auch zugleich mir übergeben und versichert alle himlische güter und gaben des ewigen lebens. Jch bitte dich hertzlich / gib mir darzu auch deinen heiligen Geist / der in mir wircke / [68]^c wie ich itzund das heilige Sacrament mit dem munde habe empfangen / daß ich auch also deine göttliche gnade / vergebung der sünden / vereinigung mit Christo / und ein ewiges leben / in und bey diesem theuren pfande und sigel / mit vestem glauben ergreiffen / und ewig erhalten möge / dich darumb auch allezeit lobe und

---

a E^A, S. 67: *Kolumnentitel* Dancksagung nach || **b** E^A: aller *(Zeilenumbruch)* liebsten *statt* aller- *(Zeilenumbruch)* liebsten || **c** E^A, S. 68 f.: *Kolumnentitel*^DS Dancksagung nach | dem Abendmal.

preise hie und dort in alle ewigkeit / der du mit deinem lieben Sohn unserm HErren JEsu Christo / und dem heiligen Geist lebest und regierest / ein einiger GOtt / hochgelobet in ewigkeit / Amen.

7

E^A, S. 69–72

[69] **Gebät umb ein gottseliges leben / zu Gott dem Vater.**^a

Allmächtiger Gott und Vater / dieweil es nicht in meinen kräften und vermögen stehet etwas gutes zu thun / und nach deinem göttlichen willen zu leben: sün-[70]^b digen kan ich mehr als wol / aber das gute finde ich in meinem fleisch und blut allerdinge nicht / was du in mir nicht thust / und durch deinen heiligen Geist nicht wirckest / das bleibt wol ungethan. Darumb bitte ich dich demütiglich[1] / weil du mich nach deinem ebenbild erstlich zum menschen erschaffen / und da ich verloren ward / wiederumb aufs neue / durch deinen lieben Sohn hast erschaffen / und vom teufel / sünde und ewigem verdamniß erlöset / und der ewigen seligkeit theilhafftig gemacht / und zu deinem kinde in grosser gnade angenommen / du wollest mir deinen heiligen Geist geben / daß ich durch desselbigen krafft und macht / würckung und regierung / dich Vater in ewigkeit[2] / als dein erkaufft und erlöset kind / durch mein gantzes leben möge ehren und preisen. Lehre mich deinen willen thun / führe und leite mich auf deinen wegen / laß mich lust und liebe haben zu deinen geboten. Verleihe mir deine gnade[3] / wo ich strauchele / oder auch wol falle / vom teuffel und meinem eigenem fleisch und blut übereylet würde / daß ich durch warhafftige erkäntniß meiner sünden / durch wahre reu und busse / bald mich [71] wieder auffmache / meine missethat dir bekenne / und klage / bey dir gnade und vergebung der sünden suche / und als ein armes schwaches kind / das itzund gewaschen und gereiniget / als-

---

a E^A: ben / zu Gott dem Vater. *nach Zeilenumbruch in kleinerer Type* || b E^A, S. 70 f.: *Kolumnentitel*^DS Gebät umb ein | gottseliges leben.

---

1 [2*] „Aus meines Herzens Grunde" || **2** [249*] „Herr Gott, dich loben wir, Herr Gott" || **3** [396] „O Gott, verleih mir deine Gnad"

bald sich wieder besudelt und verunreiniget / immer und ohn unterlaß deinem lieben Sohne meine füsse darrecke / und mich lasse wiederumb in seinem blut waschen und baden / bis ich dermaleins gar rein aus dem grabe herfür gezogen / ohne sünde und schwachheit / bey dir in ewigkeit leben möge / Amen.

Zu Gott dem Sohn.

HErr JEsu Christe / laß mich auf dieser erden zu nichtes fürnemlich lust und liebe haben / als allein zu dir / laß mich alle meine freude und wollust in dir suchen / wende von mir ab alles / was dir zuwider / und eröffne zu deinen geboten mein hertz und ohren / daß ich mein leben zu deinen ehren möge zubringen / wehre und steure dem leidigen teuffel / welcher wie ein brüllender löwe umb mich hergehet / daß er mich zu fall bringe / und in sünde werffe: verleihe mir deine hülffe und gnade / daß ich mein eigen fleisch möge im zaum halten / nicht alles das thun / [72][a] wozu es reitzet / wozu es lust und liebe hat / sondern laß mich nach deinem willen thun / in deinem willen leben / und in deinen geboten wandeln / behüte mich in dieser bösen welt / welche voller sünden und ärgerniß ist / laß mich dieselbige nicht gelüsten / noch alles was in ihr ist / hilff mir hindurch / daß ich mein leben in deiner furcht möge enden / lust und liebe habe zu sterben / und bey dir zu seyn / Amen.

Zu Gott dem Heiligen Geist.

DV heiliger Geist / wahrer Gott in ewigkeit / weil in mir nichts gutes ist / weder im willen noch im vollbringen / und von dir von oben herab alles muß herkommen / was ich gutes thun sol / dich bitte ich von gantzem hertzen / du wollest mein leben / meine stärcke / mein heiligmacher / mein leiter und Regierer seyn / treibe von mir aus den geist der hofart / für Gott und der welt / gib mir einem niedrigen und sanftmütigen[b] muth und sinn[1]: Tilge aus alle böse lüste / und begierde / und entzünde meine hertz mit deiner liebe[2] / behüte mich für zorn und rache / und gib mir gedult / und

a E^A, S. 72: *Kolumnentitel* Vmb ein gottseliges leben. || **b** E^A: santfmütigen *statt* sanftmütigen

1 [214*] „Komm, Heiliger Geist, Herre Gott" || **2** „Komm, Heiliger Geist, erfülle die Herzen deiner Gläubigen" (HEK I/1,323)

langmütigkeit in aller meiner widerwärtigkeit. Begabe mich mit brünstiger liebe gegen meinen nechsten / und wende von mir abe geist / und sorgfältigkeit der nahrung / sampt allen andern schanden / lastern / und was dir zu wieder ist. Reinige und heilige mich / daß ich dein würdiger tempel und wohnung seyn und bleiben[1] möge / Amen.

1 [341] „Lass mich dein sein und bleiben"

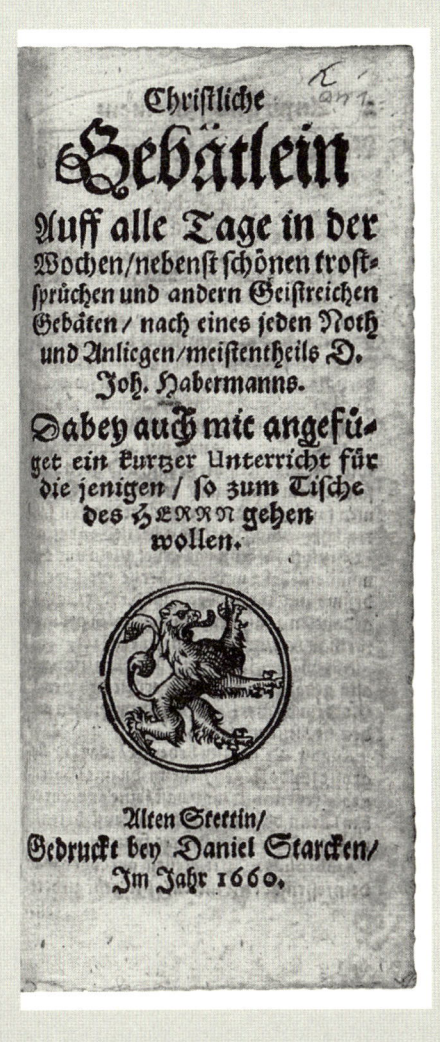

Anhang II: Im *Gebätbüchlein* (Berlin 1661) nicht enthaltene Texte der Vorigen Ausgaben 199

F^A

Christliche
Gebätlein
Auff alle Tage in der
Wochen/nebenst schönen trost-
sprüchen und andern Geistreichen
Gebäten/ nach eines jeden Noth
und Anliegen/meistentheils D.
Joh. Habermanns.

Dabey auch mit angefü-
get ein kurtzer Unterricht für
die jenigen/ so zum Tische
des HERRN gehen
wollen.

Alten Stettin/
Gedruckt bey Daniel Starcken/
Im Jahr 1660.

8

F^A, S. 2–3

[2]^a   **Anweisung und Vermahnung zu einem ernsten und andächtigem Gebät.**^b

Chrysost.

Gleich wie einem krigesmann nicht gebühret ohne wehr und waffen[1] wider den feind zu gehen: Also sol kein Christ aufstehen und ausgehen / er habe sich dann Gott befohlen / und mit dem gebät beschützet wider die feinde leiblich und geistlich / und sonderlich wider die / so in den lüften schweben. Denn Christus spricht Matth. 26. wachet und bätet / das ihr nicht in versuchung fallet.

Idem: Wer recht und mit andacht bäten wil / der muß sein hertz / sinn und gedancken sampt dem mund und worten fein zusammen fassen / alle andere weltgedancken fahren lassen / und Gott von hertzen anrufen.

Chrysost. Wenn das gebet allein aus dem munde[2] gehet / und das hertze weis wenig drüm: und wann der mund redet / und die gedancken spatziren umbher / solch gebät ist wenig nütze / und wird nicht erhöret.

Augustin. Beten heist das hertz / sinn und alle gedancken von der erden erheben zu Gott im himmel / und hertzlich seufzen nach den himmlischen gütern.

August. O mensch bedencke / was für eine grosse sünde es sey / wenn du mit Gott im gebet reden wilt / und hast keine andacht dabey / denn ohne andacht und ernst beten / ist nichts anders / als Gottes spotten.

Ambrosius: Wir stehen auf / oder wandeln / essen oder trincken / oder gehen zu bette / [3] sollen wir unser gebät oft und vielmahl mit dancksagung lassen für Gott kommen / und sonderlich sollen wir mit dem gebät einschlafen / damit uns der schlaf mehr mit geistlichen gedancken / als weltlichen überfalle und einnehme. Wenn wir also mit hertzens andacht beten / so ists gewiß / das unser gebet erhöret / Ja und Amen

---

a F^A, S. 2f.: *Kolumnentitel*^DS Anweisung zu einem | ernsten Gebät. || **b** F^A: *Überschrift in verschiedenen Typengrößen*
Zu den Autorenangaben vgl. den Editorischen Bericht, S. 140–142.

---

1 [320*] „Ein feste Burg ist unser Gott" (vgl. den Editorischen Bericht, S. 134 f.) || **2** [291*] „Vater unser im Himmelreich"

sey / denn Christus spricht Joh. 16. Warlich ich sage euch / alles / was ihr den[a] Vater bitten werdet in meinem namen / das wird er euch geben. Vnd Esa. am 65. spricht GOtt der HErr selbst: Es soll geschehen / ehe sie rufen / will ich sie erhören / weil sie noch reden / will ich ihnen antworten.

9

F^A, S. 7–9

[7] [...] Trostsprüche am Sontage.

Psal. 63. Wenn ich mich zu bette lege / so dencke ich / mein Gott / an dich / wenn ich erwache / so rede ich von dir. Keine zeit soll fürüber gehen / da man nicht an GOtt gedencke / und von ihm rede. Denn / das ist eine selige stunde / in welcher man sein gedenckt. Ein solcher mensch ist gesegnet an leib und seel.   Ja:[b]

Der ist wie ein baum gepflantzet an den wassern / und an dem bach gewurtzelt / der seine früchte bringet zu seiner zeit / und was [8][c] er machet / das gereth wol / Ps. 1. Jerem. 17.

darümb:

Suchet den HErrn / weil er zu finden ist: ruffet ihn an / weil er nahe ist: der gottlose lasse von seinem wege / und der übelthäter seine gedancken / und bekehre sich zu dem HErrn / so wird er sich seiner erbarmen: und zu unserm Gott / denn bey ihm ist viel vergebung / Esa. 55.

Bey dem HErrn ist die gnade und viel erlösung bey ihm / er wird sein volck erlösen aus allen seinen sünden / Psal. 130.   Denn:[d]

Jch bin barmhertzig / spricht der HErr / und will nicht ewiglich zürnen. Allein erkenne deine missethat / das du wider den HErrn deinen Gott gesündiget hast / Jer. 3.

Meine hand / spricht Gott der HErr / ist nicht verkürtzet / das ich nicht helffen könne / und meine ohren sind nicht dicke worden / das ich nicht höre / sondern eure untugend scheiden euch / und euren GOtt voneinander / und eure sünde verbergen das angesicht von euch / das ihr nicht gehöret werdet / Esa. 59.   Derhalben:

Bekehret euch zu mir / so will ich mich zu euch kehren / Zach. 1. Werdet ihr mich suchen / so werdet ihr mich finden / 1. Chron. 28[e].

Denn es sollen wol berge weichen / und hügel hinfallen / aber meine gnade soll nicht von dir weichen / spricht der HErr / dein erbarmer / Esa. 54.

a F^A: dem *statt* den || **b** F^A: Ja | : *statt* Ja : *(Spieß?)* || **c** F^A, S. 8 f.: *Kolumnentitel*^DS Trostsprüche | am Sontage. || **d** F^A: Denn *statt* Denn : || **e** F^A: 1. Chron. 29 *statt* 1. Chron. 28

Wenn eure sünde gleich blutroth ist / soll sie doch schneeweiß werden / Esa. 1. das ist / wie S. Paulus saget: durch das blut Christi haben wir erlösung / nemlich vergebung [9] der sünden / nach dem reichthum seiner gnaden. Denn der HErr Christus hat alle unser sünde auf sich genommen / das nu kein mensch verzagen darf / Coloss. 1.

Fürwar er / der HErr Christus / trug unser kranckheit / und lud auf sich unsere schmertzen. Wir aber hielten ihn für den / der geplaget / und von GOtt geschlagen und gemartert wäre. Aber er ist ümb unser missethat willen verwundet / und ümb unser sünde willen zuschlagen / die straffe liegt auf ihm / auf das wir friede hätten / und durch seine wunden sind wir geheilet. Wir gingen alle in der irre / wie schaafe / ein jeglicher sahe auf seinen weg / aber der HERR warf unser aller sünde auf ihn / Esa. 53.

Christus ist GOttes lamm / das der welt sünde trägt / Joh. 1.

Er hat unser sünde selbst geopfert an seinem leibe / auf das wir der sünden los seyn / und der gerechtigkeit leben / durch welches wunden wir seind heyl worden / 1. Pet. 2.

Nemlich:

Durch das blut Jesu Christi des Sohnes Gottes / welches uns reiniget von allen unsern sünden / Joh. 1.

So spricht auch Christus Esa. 43. Mir hastu arbeit gemacht mit deinen sünden / und hast mir mühe gemacht in deinen missethaten. Jch / ich tilge deine übertretung ümb meinet willen / und gedencke deiner sünde nicht.

10

F^A, S. 14–15

[14]^a [...] Trostsprüche am Montage.

Mich. 7. Jch bin barmhertzig / und will mich deiner wieder erbarmen / deine missethat dämpfen / und alle deine sünde in die tieffe des meers werffen. Derowegen:^b

Kompt her zu mir alle / die ihr mühselig und beladen seyd / ich will euch erqvicken / nehmet auf euch mein joch / und lernet von mir / denn ich bin sanftmütig / und von hertzen demütig / so werdet ihr ruhe finden für eure seele / denn mein joch ist sanft / und meine last ist leicht / Matth. 11.

Der HErr leget uns eine last auf / aber er hilft uns auch / Psal. 68.

GOtt ist getreu / der uns nicht läst versuchen über unser vermögen / sondern macht / das wir die last (unsers unglücks und elends) ertragen können / 1. Kor. 10^c.

Der HErr weiß die gottseligen aus der versuchung zu erlösen / 2. Pet. 2.

a F^A, S. 14f.: *Kolumnentitel*^DS Trostsprüche | am Montage. || **b** F^A: Derowegen *statt* Derowegen: || **c** F^A: Rom. 10 *(!) statt* 1. Kor. 10

Wir werden von dem HErrn gezüchtiget / wie seine knechte / zur besserung / und nicht zum verderben / Judith. 8.

Der HErr euer GOtt versucht euch / auf das er erfahre / ob ihr ihn von gantzem hertzen lieb habet / Deut. 13.[a]

Selig / selig ist der mensch / den Gott strafet. Darumb wegere dich der züchtigung [15] des Allerhöchsten nicht / Job.[b] 5. Denn welchen der HErr lieb hat / den strafet er / und hat wolgefallen an ihm. Solches ist ein zeichen der hertzlichen liebe Gottes gegen dir / Prov. 3.

Selig ist der mensch / der die anfechtung erduldet / denn nach dem er bewehret ist / wird er die kron des lebens empfahen / welche Gott verheischen hat denen / so ihn lieb haben / Jac. 1.

Derowegen habe deine lust an dem HErrn /[c] der wird dir geben / was dein hertz wünschet / befiehl dem HErrn deine wege / und hoffe auf ihn / er wirds wol machen / Ps. 37.

Wirf dein anligen auf den HErrn / der wird dich versorgen / und wird den gerechten nicht ewiglich in unruhe lassen / Ps. 55.

Wir sollen unser elend und sorgen zu beyden händen fassen / aufs hertz und auf die zunge nehmen / und nach dem himmel werfen / fället es einmahl herunter / so wirf es wieder hinauf / kömpt es zum andernmahl / so fasse es getrost und freudig wieder / wirf und waltze es so lange / biß es endlich haftet. Auf den HErrn / spricht David / soll mans werffen / der hat einen breiten rücken / der kan es tragen / uns ists zu schwer. Wol dem / sagt D. Luther / der das werfen wol lernet / und alle sein anliegen auf den breiten rücken Christi werfen kan: Aber wehe dem / der es nicht kan / der bleibet ein verworfener / abgeworfener / hingeworfener / weggeworfener und umbgeworfener mensch.

11

F[A], S. 19–21

[19] [...]   Trostsprüche am Dinstage.

Wol dem / des hoffnung auf den HErrn seinen GOtt stehet / Psal. 146.

[20][d] Mein vater und mutter verlassen mich / aber der HErr nimmt mich auf.[e] Psal. 27. Wolan / ob ich gleich verfolget werde / und alle meine verwandten und freunde mir nicht helfen können / so weiß ich gewiß / das sich Gott meiner werde annehmen / denn seine überschwengliche liebe ist grösser gegen mir / denn meiner Eltern / freunde und verwandten: wo menschliche liebe aufhöret / da gehet Gottes liebe erst recht an / wie Christus spricht:

Kan auch eine leibliche mutter ihres kindleins vergessen / daß sie sich nicht erbarme über den sohn ihres leibes? und ob sie schon deßelben ver-

---

a F[A]: Deut. 15 *statt* Deut. 13 || **b** F[A]: Joh. *statt* Job. || **c** F[A]: HErrn der *statt* HErrn / der || **d** F[A], S. 20 f.: *Kolumnentitel*[DS] Trostsprüche | am Dinstage. || **e** F[A]: auf *statt* auf.

gesse / so wil ich doch dein nicht vergessen / siehe / in meine hände / (als einen steten denckzettel) hab ich dich gezeichnet / Esa. 49.

Jch habe dich einen kleinen augenblick verlassen / aber mit grosser barmhertzigkeit will ich dich samlen / ich habe mein angesicht im augenblick des zorns ein wenig vor dir verborgen / aber mit ewiger gnade will ich mich dein erbarmen / spricht der HErr / dein Erlöser / Esa. 54.

Des HErrn zorn wehret ein augenblick / und er hat lust zum leben / den abendlang wehret das weinen / aber des morgens die freude / Psal. 30.

Darümb:[a]

Fürchte dich nicht / ich habe dich erlöset / ich habe dich bey deinem nahmen gerufen / du bist mein / fürchte dich nicht / denn ich ich bin bey dir: weiche nicht / denn ich bin dein Gott / ich stärcke dich / ich helfe dir auch / ich erhalte dich durch die rechte hand meiner gerechtigkeit / Esa. 41 / 43.

[21] Seid getrost und unverzagt / und harret des HErrn / Psal. 27.

Wollan / so

Fürchte ich mich nicht für viel hundert tausend / die sich umbher wieder mich legen. Auf HErr / und hilf mir mein GOtt / denn bey dir findet man hülffe und segen / Psal. 3.

Der HErr führet seine heiligen wunderlich / Psal. 4. Kanst du mich / lieber GOtt[b] wunderlich führen / so hilf mir durch deine gnade / das ich dir auch wunderlich folge / und bereit sey / auch mein leben / wenn es dir gefället / umb deinet willen in die schantze zu schlagen / und dich allein zum freunde behalte. Denn du sprichst:

Die welt hat das ihre lieb / dieweil ihr aber nicht von der welt seid / sondern ich habe euch von der welt erwehlet / darümb hasset euch die welt / Joh. 15.

Wer Gottes freund ist / der ist der welt feind / Jac. 4.

HErr / wenn ich nur dich habe / so frage ich nichts nach himmel und erden / wenn mir gleich leib und seel verschmacht / so bist du doch / o GOtt / allezeit meines hertzen trost und mein theil / Psal. 73.

12

F^A, S. 25–28

[25] [...] Trostsprüche am Mittwoch.

HErr / zu dir schreye ich / und sage / du bist meine zuversicht / mein theil im lande der lebendigen / Ps. 142. Ach du höchster schatz meines lebens / schreib mit deinem göttlichen finger diesen trost in mein hertz / und hilf / das ich ja in keiner angst / trübsal / und kranckheit verzage noch ungedüldig werde; Son-[26][c]dern mit beten / harren und hoffen bey dir bis in den todt anhalte / weil viel besser ist mit dir sterben / denn mit

---

a F^A: Darümb *statt* Darümb: || **b** F^A: mich lieber | GOtt *statt* mich / lieber GOtt || **c** F^A, S. 26 f.: *Kolumnentitel*^DS Trostsprüche | am Mittwoch.

der gottlosen bösen welt lange leben / Matth. 9. Die starcken bedürfen des artztes nicht / spricht Christus / sondern die krancken und schwachen. Jch bin kommen die sünder zur busse zu rufen / und nicht die frommen. So schweret auch Gott gar theur[1]:

So wahr als ich lebe / ich habe kein gefallen am (ewigen) tode des gottlosen / sondern das sich der gottlose bekehre von seinem wesen / (rew und leid über seine sünde habe /) und (ewig) lebe / Ezech. 18. und 33. Als wolt er sagen: auf das ihr sehen möget / das ichs hertzlich gut mit euch meine / und gerne wolte / das alle gottlosen selig würden / und sich zu mir bekehrten / so verheische ichs euch nicht allein: sondern setze mich auch euch selbst zum pfande / sintemahl ich nichts höhers habe / das ich euch verpfände / als mich: so wahr als ich lebe: so wahr als ich Gott bin / wo ich es euch nicht halte / was ich zusage / so will ich nicht mehr Gott seyn. Ach wie selige leute seyn wir / ümb welcher willen GOtt so theur schweret! Aber wie unselige leute sind wir / wenn wir solchem teuren schwur nicht gläuben wollen. So hilf du getreuer Gott / daß ich dich desto besser lerne erkennen / wie gut du es mit uns meinest / weil du noch dazu schwerest / daß es nicht böse mit mir gemeinet sey.

Jch habe schwerlich gesündiget / 2. Sam. 24[a]. Darümb bekenne ich dir meine sünde / und verhähle meine missethat nicht. Jch [27] sprach / ich will dem HErrn meine übertretung bekennen / da vergabest du mir die missethat meiner sünden / Psal. 32.

Denn / das ist gewißlich wahr / und ein teures wehrtes wort / das Christus Jesus kommen ist in die welt / alle arme sünder selig zu machen / 1. Tim. 1. GOtt der HErr handelt nicht mit uns nach unsern sünden / und vergilt uns nicht nach unser missethat / dessen will ich mich auch wie S. Paulus zu meinem HErrn Christo versehen.

Gott will / das niemand verlohren werde / sondern das sich jedermann zur buße bekehre / 2. Pet. 3.

GOtt hat die welt (alle menschen in der welt) so sehr geliebet / daß er seinen einigen Sohn gab / auf das alle / die an ihn gläuben / nicht sollen verlohren werden / sondern das ewige leben haben / Joh. 3. Jch will mein vertrauen auf nichts anders weder im himmel noch auf erden setzen / denn einig und allein auf das verdienst Jesu Christi / und mich in seine blutrünstige wunden schliessen / so werde ich auch ewig gerecht / fromm und selig.

Rom. 10. So du JEsum mit deinem munde bekennest / und gläubest in deinem hertzen / das ihn Gott von den todten auferwecket hat / so wirst du selig. Denn alle propheten zeugen von diesem Jesu / daß in seinem nahmen vergebung der sünden empfangen sollen alle / die an ihn gläuben / Act. 10. Wolan / so will ich auch fest und gewißlich gläuben / das mir Gott umb Christi willen gnädig und barmhertzig sey / und [28] nicht daran zweifeln / so habe ich warhaftig einen gnädigen GOtt und Vater im himmel.

---

a F[A]: 1. Sam. 24 *statt* 2. Sam. 24

---

1 [80*] „Nun freut euch, lieben Christn gemein"

13

F^A, S. 32–34

[32]^a [...]   Trostsprüche am Donnerstage.

Jst GOtt für uns / wer mag wider uns seyn / welcher auch seines eignen Sohnes nicht verschonet hat / sondern hat ihn für uns alle dahin gegeben / wie solt er uns denn auch mit ihm nicht alles schencken. Wer will die außerwehlten Gottes beschuldigen? GOtt ist hie / der gerecht macht / wer will verdammen? Christus ist hie / der gestorben ist / welcher ist zur rechten Gottes / und vertrit uns / Rom. 8.

Ob jemand sündiget / so haben wir einen fürsprecher bey dem Vater / JEsum Christum / und derselbe ist die versöhnung für unsere sünde / nicht allein aber für die unsere / sondern auch für der gantzen welt / 1. Joh. 2. Derowegen nur mit S. Paulo getrost gesaget: Jch bin gewis / daß weder trübsal oder angst / oder verfolgung / weder tod noch leben / weder Engel noch fürstenthum noch gewalt / weder gegenwertiges noch zukünftiges / weder hohes noch tiefes / noch einige creatur mich scheiden mag von der liebe / die da ist in Christo Jesu unserm HErrn / Rom. 8. So hilf mein liebster HErr Jesu / daß ich bis an mein letztes seuf-[33]zen beständig bey dir verharre. Denn ich weiß:

Vnser keiner lebet ihm selber / und unser keiner stirbet ihm selber / leben wir / so leben wir dem HErrn / sterben wir / so sterben wir dem HErrn. Darumb wir leben oder sterben / so sind wir des HErrn / Rom. 14. Du getreuer Heyland / sey heute mir armen sünder gnädig / und mache mich dort ewig selig: denn wo du bleibest / da will ich auch bleiben. Wie du sprichst:

Vater / ich will / das / wo ich bin / auch die bey mir seyn / die du mir gegeben hast / das sie meine herrlichkeit sehen / Joh. 17. Vnter diese thue ich mich auch zehlen / darümb mag mich weder sünde / tod noch teufel von meinem HErrn Jesu Christo abwenden / noch von ihm abreissen. Wie Christus tröstlich spricht:

Meine schäflein hören meine stimme / und ich kenne sie / und sie folgen mir / und ich gebe ihnen das ewige leben / und sie werden ewig nicht ümkommen / und niemand wird sie aus meiner hand reissen: der Vater / der sie mir gegeben hat / ist grösser denn alles / und niemand wird sie aus meines Vaters hand reissen / Joh. 10. Warümb will sich denn ein mensch betrüben / oder verzweifeln / weil wir einen solchen starcken und gewaltigen HErrn haben? Warüm wil sich ein mensch fürm teufel und der höllen fürchten / weil der HErr Christus den teufel überwunden / und die hölle zerbrochen hat? Warümb will sich ein mensch für der sünde und tod fürchten? weil der tod verschlungen / und [34] die sünde durch Christi tod bezahlet ist. Können derowegen mit S. Paulo in grossen freuden jubiliren und sprechen:

Der tod ist verschlungen in den sieg. Tod wo ist dein stachel? Hölle wo ist dein sieg? GOtt sey danck / der uns den sieg gegeben hat durch unsern HErrn Jesum Christum / 1. Cor. 15. Jn Christo / durch Christum / und mit

---

a F^A, S. 32 f.: *Kolumnentitel*^DS Trostsprüche | am Donnerstage.

Christo können wir alles überwinden / daß uns weder sünde / tod / teufel noch hölle schaden kan. Denn

Alles was von GOtt gebohren ist / überwindet die welt / und unser glaube ist der sieg / der die welt überwunden hat / 1. Joh. 5ᵃ. Denn Christus spricht ferner:

Warlich / warlich ich sage euch / wer mein wort höret / und gläubet dem / der mich gesand hat / der hat das ewige leben / und kömmt nicht ins gerichte / sondern ist vom tode zum leben hindurch gedrungen / Joh. 5. Das ist ja ein überaus tröstlich ding / das ein frommer Christ durch den zeitlichen tod in das ewige leben dringet.

Wie viel ihn aufnahmen / denen gab er macht Gottes kinder zu werden / die an seinem namen gläuben / Joh. 1.

Sind wir nun Gottes kinder / so sind wir auch erben / nemlich Gottes erben / und miterben Christi / Rom. 8.

14

Fᴬ, S. 38–39

[38]ᵇ [...] **Trostsprüche am Freytage.**

Alles was mir der Vater gibt / das kömpt zu mir / und wer zu mir kömpt / den werde ich nicht hinaus stossen. Item: Jch bin das brod des lebens / wer zu mir kömpt / dem wird nicht hungern / und wer an mich gläubet / dem wird nimmermehr dürsten / Joh. 6. [39] Ein solcher mensch ist durch den glauben und hertzliche zuversicht auf Gottes wort und barmhertzigkeit ewig selig. Denn also spricht Christus:

Warlich / warlich ich sage euch / so jemand mein wort wird halten / (daran fest gläuben und nicht davon wancken) der wird den tod nicht sehen ewiglich / Joh. 8ᶜ.

Jch bin die aufferstehung und das leben / wer an mich gläubet / der wird leben / ob er gleich stürbe / und wer da lebet und gläubet an mich / der wird nimmermehr sterben / Joh. 11.

Vnser wandel ist im himmel / von dannen wir auch warten des Heylandes Jesu Christi des HErren / welcher unsern nichtigen leib verklären wird / das er ähnlich werde seinem verkläreten leibe / Phil. 3. Denn

Wir haben hie keine bleibende stätt / sondern die zukünftige suchen wir / Hebr. 13. Wer will sich nun fürm tode fürchten / weil wir im tode nichts verlieren / sondern vielmehr gewinnen / weil wir nicht sterben / sondern schlafen / biß nur das zeitliche vergehe / und wir in das ewige sollen versetzet werden / allda eine solche freude seyn wird:

Die kein auge gesehen / und kein ohr gehöret / auch in keines menschen hertz niemals kommen ist / die GOtt bereitet hat denen / die ihn lieben / Esa. 64.

a Fᴬ: 1. Joh. 2 *statt* 1. Joh. 5 || **b** Fᴬ, S. 38 f.: *Kolumnentitel*ᴰˢ Trostsprüche | am Freytage. || **c** Fᴬ: Joh. 11. *statt* Joh. 8.

Da freude die fülle / und liebliches wesen zu Gottes rechten immer und ewiglich seyn wird / Psal. 16. So hilf du frommer HErr JEsu Christe / das ich auch ein hertzliches sehnen und verlangen nach deiner zukunft trage.

15 F^A, S. 43–45

[43] [...] Trostsprüche am Sonnabend.

Ach wenn werde ich dahin kommen / daß ich Gottes angesicht schaue / Psal. 42.

Nach dir / HERR / verlanget mich / mein Gott ich hoffe auf dich / von einer morgenwache biß zur andern. Die angst meines [44][a] hertzens ist groß / führe mich aus meinen nöthen / Ps. 25. 130. Führe mich bald nach deinem väterlichen willen aus dieser elenden hütten / in welcher ich nur ein frembdling und gast bin / in das ewige selige vaterland[1]. Da

Freude die fülle / und liebliches wesen zu deiner rechten immer und ewiglich seyn wird / Psal. 16. Da ich das himmliche erbe und gut / welches mir Christus mein Heyland erworben hat / in ewiger freude und wonne einnehmen und gebrauchen soll. So hilf HErr Jesu / das ich alles zeitliche verachte / und ohn unterlas mit S. Paulo sage:

Jch begehre aufgelöset / und bey dir mein HErr Jesu zu seyn / Phil. 1. Gefält es dir / so spanne mich aus / auß dieser argen und bösen welt / denn lange hie leben / ist lange in unglück schweben / laß mich bald sterben / damit ich aufhöre zu sündigen. Nun wollan

Jch gläube gewiß / das ich (bald) sehen werde das gute des HErrn im lande der lebendigen / Psal. 27. Allhier ist eitel trauren / weinen und klagen / dort aber wird seyn eine ewige seligkeit / und eine selige ewigkeit. Da wird unser HErr GOtt vor ein qventlein creutzes und unglücks in dem himmelreich hundert centner freude geben. Ach wenn werde ich doch einmahl sterben / daß ich meinen HErrn und Heyland sehen möge! Ach wo bleibt mein Gott so lange / wie gerne wolt ich doch die böse welt gesegnen und einschlafen / damit ich meinen HErrn und erlöser anschauen könte! Nun auf und [45] davon aus dieses lebens jammer und leid / zur himmlischen freud und herrlichkeit.

HErr JEsu / in deine hände befehle ich meinen geist / du hast mich erlöset du getreuer GOtt / Psal. 31.

Jch weiß / das mein erlöser lebet / und er wird mich hernach aus der erden auferwecken / und werde hernach mit dieser meiner haut umbgeben werden / und werde in meinem fleisch Gott sehen / denselben werde ich mir sehen / und meine augen werden ihn schauen / und kein frembder / Job. 19.

a F^A, S. 44 f.: *Kolumnentitel*^DS Trostsprüche | am Sonnabend.

1 [216*] „Nun bitten wir den Heiligen Geist"

16

F^A, S. 135

[135]^a **Wenn der Mensch kranck ist / kan er also bäten.**

OAllmächtiger Gott und himmlischer Vater / du hast mir einen boten zugeschicket / das ist / kranckheit / die mich zur Buße aufmahnen sol. Solchen deinen guten willen / und treues Vaterhertz^b erkenne ich mit danck: Aber ich schicke dir wieder einen boten zu / das ist / mein ernstes gebät / und tieffes seuftzen. Lieber Gott und Vater nim mein gebät an / und laß mein seuftzen vor dich kommen. Gefält dirs / und ist mir gut und selig / das ich länger leben soll / so stärcke mich / und hilf mir wieder auf / und verleihe gnädiglich / daß ich ein neu und Christlich leben führe bis an mein seligs ende. Gefält dirs aber nicht / das ich länger leben soll / und weist es mit mir besser zu machen / denn dein wille ist allezeit der beste[1] / und das dieß mein ende sein soll / so sey es ein seliges Ende / ich bin bereit dir zu folgen / spanne mich aus / und erlöse mich von allem übel.

Herr wenn du wilt so nim mich hin /
Bey dir ich wol versorget bin.

---

a F^A, S. 135: *Kolumnentitel* Wenn der mensch kranck ist. ‖ **b** F^A: Vater hertz *statt* Vaterhertz

1 [359*] „Was mein Gott will, das gscheh allzeit"

17

F^A, S. [143]–[144][1]

[143] **Verzeuchnis der Gebäte / so in diesem Büchlein begriffen.**[a]

Gebät / wenn man zur kirchen gehen wil	F.	3
Anrufung zu GOtt ümb Geist und gnade recht zu bäten		4
Morgengebät am Sontage	Fol.	5
Trostsprüche am Sontage		7
Abendgebät am Sontage.		9
Morgengebät am Montage	Fol.	12
Trostsprüche am Montage		14
Abendgebät am Montage.		16
Morgengebät am Dinstage	Fol.	18
Trostsprüche am Dinstage		19
Abendgebät am Dinstage.		21
Morgengebät am Mitwoch	Fol.	23
Trostsprüche am Mitwoch		25
Abendgebät am Mitwoch.		28
Morgengebät am Donnerstage	Fol.	30
Trostsprüche am Donnerstage		32
Abendgebät am Donnerstage.		34
Morgengebät am Freytage	Fol.	36
Trostsprüche am Freytage		38
Abendgebät am Freytage.		40
Morgengebät am Sonnabend	Fol.	41
Trostsprüche am Sonnabend		43
Abendgebät am Sonnabend.		45

a F^A: diesem Büchlein begriffen. *nach Zeilenumbruch in kleinerer Type.*
Das hier diplomatisch wiedergegebene Register von F^A entspricht dem auf S. 149–151 gebotenen Inhaltsverzeichnis dieser Ausgabe. In seiner Druckform verdeutlicht das Register die Struktur des Buches. Vergleichbar Christoph Runges überlegter Anordnung von Initialen und durchdachter Formatierung, sind die hier mit ihren Titeln aufgeführten Gebete nach inhaltlichen Kriterien zu Blöcken zusammengefasst.

Dancksagung für die schöpffung	Fol.	47
Dancks. vor die erlösung		49
Dancks. vor das leyden Christi		51
Dancks. vor die heiligung		53
Dancks. vor Gottes barmhertzigkeit		55
Dancksagung vor leibes erhaltung		57
Vmb das reich Gottes		59
Vmb vergebung der sünden		61
[144] Vmb rechten glauben		64
Vmb rechtschaffene liebe		66
Vmb beständige hofnung		68
Vmb Christliche demut		70
Vmb zeitlichen frieden		72
Vmb erhaltung der Christl. kirchen		74
Vmb gedult in leidens zeit		76
Vmb das tägliche brodt		78
Für die früchte des landes		80
Für bekümmerte menschen		82
Gebät einer angefochtenen person		85
Wieder des teufels anfechtung		86
Wieder der welt anfechtung		89
Wieder des fleisches anfechtung		91
Gebät eines Ehemannes		93
Gebät einer haußfrauen		95
Gebät einer Schwangern frauen		97
Gebät eines Jünglings und Jungfr.		99
Gebät eines kindes		100
Gebät der Eltern für ihre kinder		103
Wenn man verreisen will		104
Gebät eines Wanderers		105
Zur zeit des donners		107
Gebät in Sterbensläufften		109
Vnterricht vom Heiligen Abendmahl		112
Vmb rechtschaffene Buße		118
Eine offene Beichte		120
Gebät ehe man zur Beichte gehet		122
Dancks. nach empfangener absolution		123
2. Gebät vor dem Abendmahl		125. 127
2. Gebät nach dem Abendmahl		130. 132

Gebät wenn der Mensch kranck ist	134
Gebät eines kranken	135. 136. 137. 138
Gebät der umstehenden bey den krancken	139
Vmb ein seliges Ende.	140

ENDE.

Corrigenda zu Band I/2

S. 34, Z. 28:
statt 1678 (Di) *lies* 1670 (De)

S. 62, Anm. 24:
statt [vgl. Anm. 7] *lies* [vgl. Anm. 22]

S. 66, Z. 33:
statt Veleger *lies* Verleger

S. 80, Nr. 21*, Melodie:
statt Nachweise die Nachweise
lies vgl. die Nachweise

S. 302, Z. 7:
statt „Durchgehend mit Melodien" (A)
lies „Durchgehend mit Melodien" (B)